# dumont taschenbücher

Margery Fish, gest. 1969, machte sich einen Namen durch den (heute noch zu besichtigenden) Garten, den sie in East Lambrook Manor in der Grafschaft Somerset anlegte. Sie schrieb zahlreiche Presseartikel, hielt Vorträge und verfaßte mehrere Bücher über Pflanzen und Gartengestaltung, darunter *Cottage Garden Flowers, Gardening in the Shade* und *Carefree Gardening*.

Margery Fish

# Blumen
# für jeden Tag

Aus dem Englischen übersetzt
und mit einer Einführung
von Annette Roellenbleck

DuMont Buchverlag Köln

Umschlagabbildung: Große Sterndolde *(Astrantia major)*

Die Deutsche Bibliothek – CIP-Einheitsaufnahme

**Fish, Margery:**
Blumen für jeden Tag / Margery Fish. Aus dem Engl. übers.
und mit einer Einf. von Annette Roellenbleck. – Dt. Erst-
veröff. – Köln : DuMont 1992
  (DuMont-Taschenbücher; 277)
  Einheitssacht.: A flower for every day <dt.>
  ISBN  3-7701-2966-0
NE : GT


Aus dem Englischen übersetzt von Annette Roellenbleck
Titel der englischen Originalausgabe: *A Flower for Every Day,* Studio Vista
Publishers, London 1965.
Als Vorlage dieser Übersetzung diente die 1991 als Taschenbuch bei Faber
and Faber, London–Boston erschienene Ausgabe gleichen Titels.

Wir danken Mr. Andrew Norton, East Lambrook Manor, für die freundliche
Überlassung der Abbildungsvorlagen und die Genehmigung zur Reproduk-
tion.

Deutsche Erstveröffentlichung
© 1992 DuMont Buchverlag, Köln
Alle deutschsprachigen Rechte vorbehalten
Satz: Fotosatz Harten, Köln
Druck: Rasch, Bramsche
Buchbinderische Verarbeitung: Bramscher Buchbinder Betriebe

Printed in Germany   ISBN 3-7701-2966-0

# Inhalt

# EINFÜHRUNG

Der vorliegende Band ist eines von insgesamt acht Büchern, die Margery Fish im Laufe ihres rund zwanzig Jahre währenden Gärtnerinnenlebens geschrieben hat. Unter den berühmten Gärtnerinnen dieses Jahrhunderts – wie Gertrude Jekyll, Vita Sackville-West, Penelope Hobhouse und Rosemary Verey – nimmt sie einen besonderen Platz ein, da sie erst im Alter zwischen vierzig und fünfzig nach einer Tätigkeit als Journalistin mit dem Erwerb eines alten Cottages in East Lambrook in Somerset zu gärtnern begonnen hat. In den letzten zwanzig Jahren ihres Lebens – sie ist mit 76 Jahren im März 1969 gestorben – hat sie in einem Alter, in dem sich andere Leute zur Ruhe setzen, im Garten und am Schreibtisch einen 18-Stunden-Tag absolviert. Sie soll niemals zu Bett gegangen sein, ohne ihre Gartenbeobachtungen des Tages notiert und ihre Post erledigt zu haben.

Das Herausragende an dieser erstaunlich vitalen, humorvollen und sympathischen Frau ist die Tatsache, daß sie sich, unerfahren, wie sie zunächst war, in kurzer Zeit ein ungeheuer großes Wissen erworben hat, das ausschließlich auf ihren praktischen Erfahrungen beruhte. Wenn sie eine Pflanze nicht kannte oder erkannte, ruhte und rastete sie nicht, bis sie das Rätsel gelöst hatte. Sie holte sich seltene Pflanzen in den Garten, experimentierte mit ihnen und machte sich ausgiebige Notizen, gab ihre Erkenntnisse auch gern an andere weiter. So entwickelte sie sich noch im Alter zu einer einfühlsamen, kenntnisreichen Gärtnerin und Gartenschriftstellerin.

Trotz ihrer späten Hinwendung zur Gartenkunst und gerade wegen ihres ganz persönlichen Gartenstils gehört sie zu den wegweisenden Gartengestalterinnen dieses Jahrhunderts. In ihrem

Buch »Die Kunst der Gartengestaltung« faßt Penelope Hobhouse das gärtnerische Prinzip, das Margery Fish verfolgt, so zusammen: »East Lambrook wurde bald zu einem Mekka für Pflanzenkundige, und die kleine Anlage, der jede Großartigkeit fehlte und die stilistisch ganz anspruchslos war, vermittelte den Besuchern ein Gefühl für das Machbare in ihren eigenen, möglicherweise sehr viel kleineren Gärten.«

Ganz im Gegensatz zu der von Penelope Hobhouse betreuten berühmten Gartenanlage Tintinhull House in der Nähe von East Lambrook, die ein gärtnerisches Kunstwerk von höchster Perfektion darstellt, war es Margery Fishs Absicht, den Eindruck der Planung nach einem der großen traditionellen Gartenstile zu vermeiden. Betritt man ihren Garten, so ist man zunächst überwältigt von der Fülle verschiedener und seltener Pflanzen und nimmt erst allmählich das gestalterische Prinzip wahr, das diesen Garten zu einer Einheit zusammenschließt.

Margery Fish wollte keine streng gegliederte Anlage wie Vita Sackville-Wests Sissinghurst mit seinen Gartenräumen oder Gertrude Jekylls Hestercombe mit seinen nach Höhe und Farben konsequent durchgestalteten Rabatten; ihr Ziel war es, einen, wie man es heute ausdrücken würde, »naturnahen Garten« anzulegen, in dem die einzelnen Teile wie selbstverständlich ineinander übergehen. In der Einleitung ihres Buches »Carefree Gardening«, dessen deutsche Übersetzung unter dem Titel »Naturnah und schön: pflegeleichtes Gärtnern« im Herbst 1992 in dieser Reihe erscheinen soll, heißt es: »Statt zu versuchen, Gärten anzulegen, die mit der Natur möglichst wenig Ähnlichkeit haben, bemühen wir uns heute, eine natürliche Wirkung zu erzielen und im Garten das zu verwirklichen, was uns die Natur draußen vormacht, mit dem einen Unterschied, daß wir es mit kultivierten Pflanzen tun.« Und weiter: »Wenn wir die Pflanzen frei wachsen lassen, fügen sie sich zu einem harmonischen Bild zusammen, und das Ergebnis ist ein glücklicher Garten.« Genau das ist der Eindruck, den sie uns in ihrem Garten vermittelt.

Das großartige Ergebnis ihrer Arbeit ist nicht nur ein natürlich wirkender, von Pflanzen überquellender Cottage-Garten,

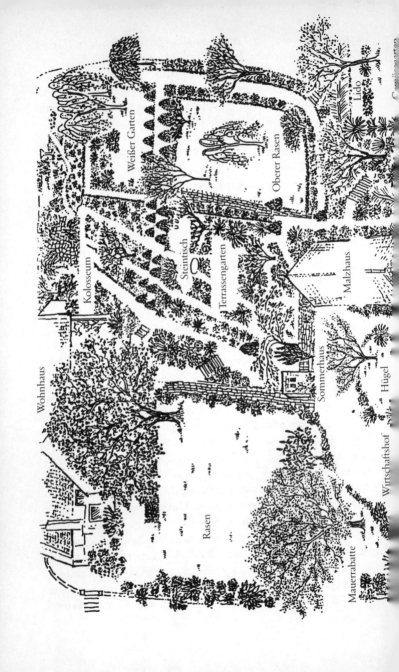

Wohnhaus

Kolosseum

Weißer Garten

Steintisch

Terrassengarten

Oberer Rasen

Malzhaus

Sommerhaus

Rasen

Mauerrabatte

Wirtschaftshof

Hügel

Lido

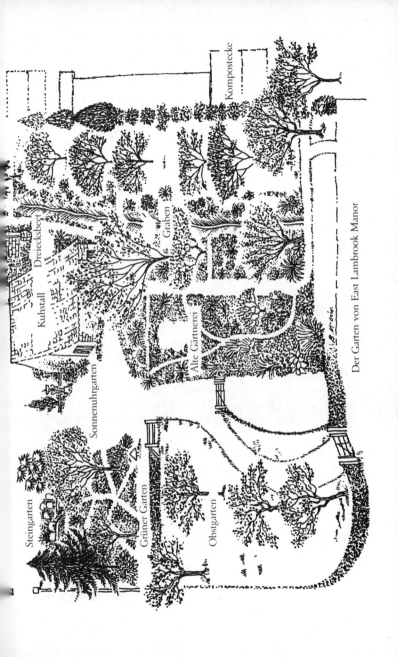

Steingarten

Sonnenuhrgarten

Grüner Garten

Obstgarten

Kuhstall

Dreiecksbeet

Graben

Alte Gärtnerei

Kompostecke

Der Garten von East Lambrook Manor

den seine derzeitigen Besitzer, Mr. und Mrs. Norton, nach ihrem Vorbild liebevoll hegen und instand halten und der jedermann zugänglich ist, sondern auch eine Reihe von Büchern, in denen sie sich in einem einfachen, angenehm lesbaren Stil zu den verschiedenen Gartenthemen äußert. Sie teilt darin ihre Beobachtungen und Erfahrungen mit, gibt praktische Ratschläge – angefangen beim Aufbinden und Abstützen der Pflanzen, über ihre Vermehrung bis hin zur Kompostierung –, unterläßt es aber auch nicht, ihre eigenen Mühen, Fehler und Mißerfolge zu erwähnen, wodurch das Bild einer ungewöhnlich sympathischen, bescheidenen und einfühlsamen Persönlichkeit entsteht. Wenn sie uns in ihren Büchern auch manchmal mit der Aufzählung und Beschreibung unzähliger seltener Pflanzen fast zu erschlagen scheint, wird man dennoch nicht mutlos, denn sie vermag es, auf liebevolle Weise immer wieder unsere Neugier zu wecken und uns spüren zu lassen, daß die größte Freude für jeden Gärtner darin liegt, sich seinen eigenen Garten nach seinen eigenen Vorstellungen anzulegen. So schreibt sie zu unser aller Ermutigung: »Wie mangelhaft das Ergebnis auch sein mag, es liegt doch schon eine Befriedigung darin, einen Garten zu gestalten, der anders ist als alle anderen, und zu wissen, daß man für jeden Stein und jede Blume darin allein verantwortlich ist.«

Wie ein solcher Garten aussehen kann, zeigt die Lektüre dieses Buches. Die Blattformen und -farben sind Margery Fish vielleicht noch wichtiger als die Blütenfarbe. Deshalb fehlt es ihrem Garten zu keiner Jahreszeit an Reiz, und es ist nicht erstaunlich, daß die Kapitel über die Wintermonate nicht kürzer sind als die zu den großen Blütezeiten des Gartenjahres.

Mit dem vorliegenden Band erscheint zum erstenmal ein Buch von Margery Fish in deutscher Sprache; es wäre schön, wenn die im Gartenland England so beliebte Schriftstellerin auch bei uns Leser fände, die an ihrem Gartenstil Freude hätten und sich bei der Gestaltung ihres eigenen Gartens davon anregen ließen.

*Annette Roellenbleck*

# JANUAR

Wohl niemand würde behaupten, der Januar sei der beste Monat für die Gartenarbeit; aber mir scheint es, als hätte ich einige meiner besten Gartentage gerade in diesem Monat erlebt.

Im ersten Monat des Jahres erwarten wir alle Frost und Schnee, bitterkalte Winde und Eisregen; es gibt aber auch Tage, an denen der Boden weder zu hart noch zu naß ist, die Sonne scheint und die Luft warm ist und ein Spaziergang durch den Garten uns schon den nahenden Frühling anzeigt. In einem normalen Januar gibt es viele Tage, an denen wir jäten und pflanzen können, und falls das nicht möglich ist, können wir wenigstens durch den Garten streifen und einfach nur schauen.

Viele Januarblumen sind so klein, daß man sie im Hochsommer kaum bemerken würde. Wenn der Garten jedoch noch kahl ist, wird jede winzige Blume so bewundert, wie sie es verdient. Dann ist Zeit genug, in die Blüten zu schauen, ihre Feinheiten zu studieren und sie einem Kunstwerk gleich zu bestaunen.

Die ersten Schneeglöckchen zeigen sich im Januar, und man kann viele aufregende Stunden damit verbringen, die zierlichen Blütenköpfe hochzuheben und die Gestalt der Blüten zu vergleichen. Die Spannung beginnt, sobald die winzigen weißen Knospen, ringsum von ihren grünen Hüllblättern geschützt, durch den Boden stoßen. Ich beobachte immer mit großem Interesse, wie die größeren Schneeglöckchen an Umfang zunehmen, wenn sie sich erst einmal an der Erdoberfläche gezeigt haben. Die Blüten werden merklich größer und die Blütenstiele länger.

Das Interesse an Schneeglöckchen wächst von Jahr zu Jahr, und zugleich sind auch immer mehr Varietäten erhältlich, da in

11

alten Gärten noch neue Schätze entdeckt und immer wieder Kreuzungen vorgenommen werden. Die Schneeglöckchen variieren in Größe, Form und Zeichnung, und auch Farbe und Form der Blätter sind verschieden.

Das Interesse an besonderen Sorten nimmt uns aber in keiner Weise die Freude an dem gewöhnlichen Schneeglöckchen, *Galanthus nivalis,* das wir alle in großen Mengen im Garten haben können, um es auf Rasenflächen heimisch werden zu lassen, unter Bäume und Hecken zu pflanzen oder vorzuziehen, um es später als Frühjahrsschmuck für die Wohnung in Schalen zu pflanzen. Dieses kleine Schneeglöckchen nimmt schnell an Umfang zu und sät sich selbst so reichlich aus, daß es schon für sich selbst sorgt, wenn es erst einmal im Garten Fuß gefaßt hat.

Die gefüllte Form des gewöhnlichen Schneeglöckchens vermehrt sich in meinem Garten weit schneller als die ungefüllte. Das finde ich schade, da mir – wenn ich auch beide Formen liebe – das einfache, ungefüllte Schneeglöckchen noch anmutiger erscheint. Bei mir wachsen diese Schneeglöckchen auf dem Rasen, und da mein Boden lehmig und schwer ist, blühen sie gewöhnlich erst im Februar. Viele der bekannten Varietäten, die in Beeten wachsen, deren Böden mit Torf angereichert und aufgelockert sind, blühen im Januar, und ich denke immer, daß die Schneeglöckchen unter den Bäumen sich schwertun, den festen Boden der Rasenfläche zu durchstoßen.

*G. elwesii* ist das Schneeglöckchen, das in meinem Garten zuallererst blüht. In der Regel wird empfohlen, diese Art in die Sonne zu pflanzen, aber ich glaube eigentlich nicht, daß die Sonnenlage so ausschlaggebend ist. Bei mir fühlen sich diese Schneeglöckchen unter einer Nordhecke ausgesprochen wohl; sie blühen dort gut und vermehren sich schnell. Bei dieser Form ist im Vergleich zu allen anderen der blaugrüne Farbton der Blätter am stärksten ausgeprägt. Außerdem sind die Blätter breit und umklammern die Blütenstiele. Ein weiteres Unterscheidungsmerkmal ist der zusätzliche grüne Fleck an der Spitze der inneren Blütenblätter. Manchmal laufen die beiden Flecke zusammen, so daß die inneren Blütenblätter fast ganz grün sind.

*G. whittalli* ist eine weitere besonders schöne Art mit inneren Segmenten, die kräftig grün markiert sind. Bei mir blüht sie nach dem gewöhnlichen *G. elwesii,* wobei dieses Schneeglöckchen über viele Wochen nicht an Schönheit verliert.

*G. atkinsii* ist ein weiteres großes, frühblühendes Schneeglöckchen, das die Sonne zwar besonders gern haben soll, sich aber auch im Schatten ganz wohl zu fühlen scheint. Es öffnet im Januar seine Blüten mit ihren langen Blütenblättern und bildet einen ausgesprochen schönen Horst, da seine Blütenstiele oft bis zu 30 cm hoch werden. Puristen beklagen, daß die einzelnen Blüten oft unvollkommen seien; da aber diese Mängel kaum ins Auge fallen, ist der Gesamteindruck angenehm.

Ein anderes frühblühendes Schneeglöckchen mit besonders großen Blüten ist nach dem Züchter John Grey benannt. Diesem großen Gärtner, der in Saxmundham lebte, verdanken wir auch die gefüllte Form der grünäugigen Nelke *Dianthus* ›Musgrave's Seedling‹. *Galanthus* ›John Grey‹ wirkt nicht sehr groß, wenn es sich zu öffnen beginnt, gewinnt aber im Laufe der Zeit an Statur, um am Ende Blüten zu tragen, die im Vergleich zu allen anderen Arten um einiges größer sind.

Ein kleines Schneeglöckchen, das früh seine Blüten öffnet, *G. graecus,* zeichnet sich durch seine schmalen, gedrehten Blätter aus. Auch seine inneren Segmente sind zweifach gezeichnet, was aber von Pflanze zu Pflanze variieren kann.

Vor Jahren habe ich einmal ein sehr reizvolles gefülltes Schneeglöckchen geschenkt bekommen. Seine Blütenblätter hatten vollständig grüne Innenseiten, so daß die ganze Mitte der Blüte grün war. Als ich dieses Schneeglöckchen publik zu machen begann, entzündete sich unter den Experten ein Streit über seinen Namen, bis sie sich schließlich darauf einigten, es als eine Form von *G. plicatus* anzusehen, wobei es aber wesentlich früher blüht als das echte *G. plicatus.* Für mich hat Mrs. Mathias von der Giant Snowdrop Company diesem Schneeglöckchen den Namen *G.* ›Ophelia‹ gegeben – eine Kreuzung, die Mr. H. A. Greatorex aus Witton, Norwich, mit der gefüllten Form des gewöhnlichen Schneeglöckchens vorgenommen hat. Mr. Greatorex haben wir mehrere schöne Kreuzungen zu verdanken; aber *G.* ›Ophelia‹ ist die einzige Sorte, die ich genau kenne. Sie vermehrt sich recht gut, und außer ihrer stark gefüllten Mitte hat sie noch die faszinierende Eigenschaft, nach einer Weile die äußeren Blütenblätter anzuheben, so daß sie wie Flügel erscheinen.

*Galanthus nivalis* ›Samuel Arnott‹, der berühmte Sämling des gewöhnlichen Schneeglöckchens, öffnet sich erst im Februar. Entwickelt wurde er von dem verstorbenen Walter Butt (ihm verdanken wir auch die hübsche blasse Form von *Iris unguicularis*), der ihn in seinem Garten in Chalford in Gloucestershire pflanzte. Einige Jahre vor seinem Tod gab er seinen Garten auf, um zunächst in West Porlock und dann bei einer seiner Töchter zu leben. Mr. und Mrs. Mathias, die seinen Garten erwarben, erkannten den Wert der Schneeglöckchen, die sich bis dahin vermehrt hatten, und gründeten die Giant Snowdrop Company, um die wunderbaren Schneeglöckchen dieses legendären, an einem Hang gelegenen Gartens bekannt zu machen. Im Februar muß der Garten einem Märchenland gleichen, wenn auf seinen steilen Hängen ganze Teppiche von Schneeglöckchen erblühen. Mr. und Mrs. Mathias und ihr hingebungsvoller Gärtner haben viel getan, um das Interesse an Schneeglöckchen zu fördern. Sie wählen alte und seltene Varietäten aus und vermehren sie, damit alle daran teilhaben können.

Natürlich gab es schon vor der Gründung der Gesellschaft begeisterte Schneeglöckchensammler, aber das eigentliche Fieber ist doch erst danach ausgebrochen. Wenn auf einer Ausstellung Schneeglöckchen gezeigt werden, dann ist der Stand den ganzen Tag über von neugierigen Experten umringt, da immer wieder ein paar neue Varietäten angeboten werden – zum einen von Sammlern kultivierte Sämlinge, zum anderen in alten und vergessenen Gärten gefundene Sorten.

Gewöhnlich denkt man bei Schneeglöckchen nicht an Duft, aber es gibt eine Art, *G. alleni,* als etwas temperamentvoller als die meisten anderen angesehen, die einen Geruch nach bitteren Mandeln ausströmt.

Um die Schönheit der Schneeglöckchen wirklich genießen zu können, sollte man sie in Augenhöhe oder noch höher pflanzen. Ich ziehe viele unter den Weiden in meinem Grabengarten. Große Steine stützen die Böschungen ab, und die Lücken dazwischen eignen sich vorzüglich für kleine Kolonien oder einzelne Horste der verschiedenen Varietäten. Da ich meiner Sammlung Jahr für Jahr ein paar neue Varietäten hinzufüge, sehe ich schon kommen, daß mir bald die Nischen ausgehen, in denen ich sie unterbringen kann. Die kleineren Schneeglöckchen pflanze ich in Tröge oder erhöhte Beete, da sich mein Grabengarten im Hochsommer zu einem richtigen Dschungel entwickelt.

Die meisten Frühjahrsschneeglöckchen wachsen zwar gern an schattigen, feuchten Plätzen, müssen aber im Sommer ziemlich trocken stehen. Deshalb fühlen sie sich zwischen Baumwurzeln besonders wohl, vor allem, wenn die Bäume auf einem Hügel stehen. Die herbstblühenden Arten gedeihen am besten an einem warmen, sonnigen Standort.

Während sich das gewöhnliche Schneeglöckchen, *G. nivalis*, selbst reichlich aussät, sollte man die Vermehrung der selteneren Spezies nicht ausschließlich der Natur überlassen. Die Samen keimen nicht immer gut, und der verstorbene E. A. Bowles, ein begeisterter Sammler, plädierte dafür, abzuwarten, bis sich die Samenkapseln gelb zu färben beginnen, und sie dann geschlossen auszusäen.

Die im Januar blühenden Irisarten lassen sich, abgesehen von den verschiedenen Formen von *I. unguicularis, I. histrio* und *I. histrioides,* nicht leicht ziehen. Die meisten blühen im ersten Jahr, sind danach aber verschwunden. Sieht man sie auf den Ständen in Vincent Square, dann wirken sie so einladend und problemlos, daß man immer wieder versucht ist, es noch einmal mit ihnen zu probieren. Mehrmals habe ich mein Glück mit *I. alata,* der Skorpioniris aus dem Mittelmeergebiet, versucht. Sie trägt blaßlavendelblaue Blüten mit einem goldenen Kiel, und wenn sie auch einen ziemlich geschützten Standort benötigt, so gilt sie doch als winterhart. Winterregen und Wind zerstören ihre zarten Blüten, und es ist ratsam, sie in einen leichten Kalkboden in die Sonne zu pflanzen. Aber selbst wenn man alles tut, was ihr Herz begehrt, will sie vielleicht nicht gedeihen, und es ist wohl sicherer, sie in einem Alpinenhaus zu ziehen. Da ich ein solches nicht besitze, ziehe ich lieber Pflanzen, die im Freien gedeihen, aber manche der empfindlicheren Pflanzen fühlen sich in meinem schweren Lehmboden gar nicht wohl. (Ich glaube, daß *I. alata* zu den Irisarten gehört, die nach der Blüte in winzige Zwiebeln zerfallen.) Auch *Iris vartanii* ›Alba‹ wollte nicht gedeihen, obwohl sie im ersten Jahr geblüht hat. Es lohnt sich aber, sich um sie zu bemühen. Sie stammt aus Palästina und wird in der Regel in volle Sonne auf Geröllhalden gepflanzt. Ihre Blüten sind reinweiß oder weiß mit blauen und violetten Adern. Statt des Bartes der sogenannten Bartiris tragen sie auf den Blütenblättern eine Art goldenen Hahnenkamm. *Iris danfordiae* wird nachgesagt, sie blühe im ersten Jahr und dann niemals wieder. Es soll daran liegen, daß die Zwiebeln nach der Blüte in so kleine Zwiebelchen zerfallen, daß sie keine neuen Blüten hervorzubringen vermögen. Natürlich könnten diese kleinen Zwiebelchen in einem gepflegten Garten mit der Zeit wieder wachsen, aber sie tun es nur selten; wahrscheinlich werden sie bei der Gartenarbeit herausgeharkt oder untergegraben. Ich habe einmal einen holländischen Zwiebelzüchter gefragt, wie es ihm denn gelinge, ausreichend große Zwiebeln von *Iris danfordiae* heranzuziehen, und er antwortete mir, in dem nährstoffreichen holländischen Boden sei das gar kein Problem. Durch regelmäßiges Düngen mit Knochenmehl und Pottasche lassen sie sich wohl leichter zum Blühen bringen; außerdem sollten sie in einem gut durchlässigen Boden stehen.

Diese Iris ist eine kräftige kleine Pflanze mit grünlichgelben Blüten, die durch die grüne Zeichnung noch grüner wirken. Sie wird selten höher als 15 cm. Für mich verkörpert sie so sehr den Frühling, daß ich jetzt kein Risiko mehr eingehe und dafür sorge, daß ich mich im Haus an ihren Blüten erfreuen kann. Sie ist erstaunlich billig und läßt sich sehr gut in Schalen mit einer Mischung aus Torf, Holzkohle und gemahlenen Muschelschalen ziehen. Ich bedecke die Gefäße mit einer dicken Torfschicht, und wenn die Spitzen der Blätter zu sehen sind, bringe ich sie ins Haus. Es ist erstaunlich, wie schnell die Pflanzen zu blühen beginnen, sobald sie im Zimmer stehen. Alle Zwiebeln kommen nach der Blüte in den Garten, und in der Regel öffnen sich draußen ein oder zwei Blüten, aber niemals mehr. Die bronzefarbenen, farnartigen Blätter des Lerchensporns *Corydalis cheilanthifolia* eignen sich wunderbar als Hintergrund für diese Iris.

*Iris histrioides* blüht im Freien gut. Wenn man sie ungestört läßt, vermehrt sie sich hervorragend und bringt jedes Jahr im Januar und Februar zuverlässig ihre leuchtendblauen Blüten hervor. Eis und Schnee können ihr nichts anhaben, aber manchmal werden ihre zarten Blütenblätter von kräftigen Winden zerfetzt. Viele Jahre lang gehörte sie zu meinen Januarfreuden, bis die Gier meine Besonnenheit besiegte und ich es zu schade fand, nur einen einzigen Horst in meinem Garten zu haben. So grub ich den Horst nach der Blüte aus, teilte ihn und pflanzte die Stücke an verschiedenen Stellen im Garten wieder ein. Es hat Jahre gedauert, bis die Pflanze mir verziehen hat. Hätte ich bis zum Spätsommer gewartet, wäre ihr gar nichts aufgefallen. Da die Iris im Sommer trocken gehalten werden muß, bedecken manche Züchter sie nach dem Absterben der Blätter bis zum Beginn des Herbstes mit einer Glasscherbe.

In der Regel wird empfohlen, Winterlinge (Eranthis) zu Füßen laubabwerfender Bäume zu pflanzen, wo sie sich nach Herzenslust ausbreiten können. Bei manchen Leuten vermehren sich die gewöhnlichen Winterlinge *(E. hyemalis)* fast zu schnell, während sie bei mir unter der Weide, unter die ich sie vor vielen Jahren gesetzt hatte, überhaupt keine Anstalten machten, Kolonien zu bilden. Wenn sie auch jedes Jahr zuverlässig blühten – vermehren wollten sie sich einfach nicht, bis ich sie schließlich ausgrub und in den Rasen unter eine Sykomore (Maulbeerfeigenbaum) pflanzte, wo sie sich wohl zu fühlen begannen. Inzwischen tauchen sie an verschiedenen Stellen des Gartens auf, und allmählich entstehen auf dem Rasen an mehreren schattigen Standorten ganze Kolonien. Die Winterlinge unter der Sykomore haben sich am besten entwickelt. Ich kann sie vom

Haus aus sehen, und jedesmal, wenn ich in den Garten gehe, freue ich mich über ihre Gesellschaft. Schon nach ein paar milden Januartagen erscheinen ihre kleinen goldfarbenen Blütenköpfe, jeder geschmückt mit einer smaragdgrünen Halskrause. Als sich bei mir die gewöhnlichen Winterlinge auszubreiten begannen, spekulierte ich ein bißchen mit den selteneren Arten, um die Blütezeit noch etwas auszudehnen. *E. cilicica* hat dunkelgelbe Blüten und einen Hauch von Bronze in der Halskrause. *E. × tubergenii,* eine Kreuzung von *E. hyemalis* und *E. cilicica,* schmückt sich mit großen, ansehnlichen Blüten, die lange Zeit halten. Sie ist kräftiger im Wuchs. *E. tubergenii* ›Guinea Gold‹ blüht erst im März. Dieser duftende Winterling trägt dunkelgoldfarbene Blüten an bronzefarbenen Stielen. Von dem seltenen weißen japanischen Winterling, *E. pinnatifida,* habe ich nur gehört, ihn aber nie mit eigenen Augen gesehen. Er hat violette Staubgefäße und fein zerteilte graue bis braungrüne Blätter. Er soll in einem leichten, mit Laub angereicherten Boden im Schatten stehen und muß vor Schnecken geschützt werden.

Die im Winter blühenden Alpenveilchen (Cyclamen) haben für mich noch einen zusätzlichen Reiz, weil Blüten und Blätter gleichzeitig erscheinen und jeder Kormus einen hübschen kleinen Horst mit leuchtenden Blüten über dunkelgrünen Blättern bildet. Das herbstblühende Alpenveilchen *C. neapolitanum* ist in großen Mengen am eindrucksvollsten, da seine Blüten zuerst erscheinen. Man muß dicht pflanzen, um eine gute Wirkung zu erzielen. Die marmorierten Blätter, die in Fülle nach den Blüten erscheinen, bilden dann den ganzen Winter über einen lebhaften Teppich.

Die winterblühenden Formen haben kleinere und bei weitem nicht so viele Blätter. Es ist wesentlich einfacher, daß sie jetzt alle die botanische Bezeichnung *C. orbiculatum* tragen. Das einzige Alpenveilchen, das einen individuellen Status hat, *C. o.* ssp. *coum,* läßt sich von den anderen dadurch unterscheiden, daß seine runden, dunklen Blätter nicht marmoriert sind. Vor dieser neuen Namensgebung fanden es sogar Experten schwierig, *C. hiemale, C. vernum, C. atkinsii* und *C. ibericum* auseinanderzuhalten, selbst wenn diese noch nicht länger zusammengestanden und noch keine Bastarde hervorgebracht hatten.

Ich ziehe meine Alpenveilchen gerne im Schutze der Zwergkoniferen, die den Hauptweg durch den Terrassengarten einfassen. Sie scheinen leichten Schatten zu lieben, und ich glaube, daß sie unter Bäumen sicherer sind. *C. neapolitanum* wächst in dem höher gelegenen Gartenteil, und die verschiedenfarbigen winterblühenden Alpenveilchen schmücken die niedriger gelegenen Terrassen. Es ist aufregend, mitten im Winter diese zarten kleinen Blütenbüschel und Blätter im Garten zu entdecken, Blüten der verschiedensten Farbschattierungen – von Rosa bis hin zu Dunkelmagentarot oder Weiß mit rosa Schattierungen. Die Alpenveilchen, die früher *C. ibericum* und *C. atkinsii* hießen, bilden schönere Horste als *C. o.* ssp. *coum*. Die Blüten erscheinen an aufrechten Stielen zwischen den Blättern, und man ahnt gar nicht, was geschehen wird, bis die kräftig kirsch- oder rosafarbenen Blüten zwischen den runden, dunklen Blättern hervorleuchten. *C. o.* ssp. *coum* ist bei weitem nicht so schön. Seine Knospen, die an ziemlich langen Stielen am Boden liegen, brauchen ungemein lange Zeit, bis sie sich öffnen, und die Pflanzen sehen immer ein bißchen schütter aus. Das gilt besonders für die dunkelkirschrote Art, die mit ihren ziemlich kleinen Blüten immer den Eindruck erweckt, als bestehe sie zum größen Teil aus Blütenstielen. Die weißen und rosa Formen von *C. coum* sind viel kompakter, die Blüten größer und fülliger. Ein weißes *C. coum*, das ich in einen kleinen Trog gepflanzt habe, bietet über zwei Monate einen wunderbaren Anblick. Wenn es sich mit Blüten bedeckt, sieht es allerliebst aus.

Es ist seltsam, daß die winterblühenden Alpenveilchen ihre Sämlinge gleichzeitig mit den herbstblühenden hervorzubringen scheinen. Wie im Winter die Sämlinge der rosafarbenen und weißen Alpenveilchen *C. neapolitanum* erscheinen, zeigen sich auch im Januar rings um die Mutterpflanzen der winterblühenden Alpenveilchen kleine Sämlinge.

Ich kann nicht sagen, daß sich die winterblühenden Alpenveilchen genauso gut ausbreiten wie die anderen Arten, was aber bei mir vielleicht damit zu tun hat, daß ihr Platz unter den kleinen Koniferen sehr begrenzt ist. Hat man dagegen für sie eine freie Bodenfläche unter großen Bäumen zur Verfügung, wo sie sich nach Herzenslust aussäen können, dann bilden sie bald einen dichten Teppich, der sich durchaus mit den Teppichen der herbstblühenden Alpenveilchen messen kann. Ich kenne mehrere Gärten, wo sich winterblühende Alpenveilchen unter Maulbeerbäumen, Stechpalmen und Buchen so ausgebreitet haben, aber schließlich durften sie dort den Platz auch ganz für sich allein beanspruchen. Ich glaube nicht, daß sich Alpenveilchen auf Rasen sonderlich wohl fühlen, obwohl ich bei *C. coum* auch schon das Gegenteil erlebt habe. Die kirschfarbene, spindelbeinige Form von *C. coum* sieht übrigens auf Rasenflächen besonders reizvoll aus.

*C. pseudoibericum,* das manchmal im Januar blüht, ist wohl nicht in die Gruppe der umbenannten Alpenveilchen einbezogen worden, und es kann auch mit Sicherheit nicht der Orbiculatumgruppe zugeordnet werden, denn seine Blätter sind oval und so gekerbt wie die von *C. repandum.* Es lohnt die Mühe, diesen Aristokraten unter den Alpenveilchen, etwas ganz Besonderes, aufzutreiben und im eigenen Garten zu ziehen. Ich habe zwar gehört, daß er nicht ganz winterhart sein soll, aber mein Exemplar hat sogar den harten Winter 1962/63 überstanden, wenn auch ohne Blüten.

Ich habe jahrelang neue Exemplare von *C. pseudoibericum* gekauft und an verschiedenen Stellen in meinem Garten ausprobiert. Früher konnte man sie noch leichter bekommen als heute. Und jedesmal waren sie nach einem kurzen Auftritt wieder verschwunden. Ich hatte es schon fast aufgegeben, es noch einmal mit ihnen zu versuchen, als ich ein wunderbares blühendes Exemplar im Garten von Mr. E. B. Anderson entdeckte, als er noch in Porlock lebte. Es wuchs auf einer steilen Böschung, die Mr. Anderson das »Kliff« nannte. Den Kormus hatte er unter einen Stein gepflanzt. Als ich diese Pflanze gesehen und ihre großen, köstlich duftenden kirschroten Blüten bewundert hatte, machte ich mich auf die Suche nach drei weiteren Kormussen und pflanzte sie unter Steine auf die hohen, nach Süden ausgerichteten Böschungen des Grabens in meinem Garten.

Es gehört zu den aufregendsten Gartenerlebnissen im Januar, nach Blütenknospen von *C. pseudoibericum* Ausschau zu halten. Da sie mehr als 2,5 cm lang, leuchtend kirschrot und wie kleine Regenschirme aufgerollt sind, wird man sie auch gewiß nicht übersehen.

## Zweiter Teil

Obwohl der Januar eigentlich nicht der Monat ist, in dem die Immergrünarten blühen, sieht man doch insbesondere bei *Vinca minor* ›Alba‹ und *Vinca major* häufig vereinzelte Blüten. Ich bin von *Vinca major* sehr angetan, wenn sie an einem Wintertag ihre reinblauen Blüten zeigt. Auch ihr Laub ist dann sehr willkommen, denn es gibt kein frischeres und üppigeres Grün, und selbst strenger Frost kann ihm nichts anhaben. Später verwünschen wir sie allerdings wegen ebender Eigenschaften, die wir im Winter so an ihr schätzen, aber ihre Angewohnheit, sich auf jedem erreichbaren Stückchen Boden niederzulassen und dort eine Familie zu gründen, wird schon nach kurzer Zeit wirklich lästig. *V. acutiloba* kann fast genauso unangenehm werden, aber auch ihr vergibt man gern im Winter, wenn sie sich mit Blüten in dunklem Schieferblau schmückt. Sie wächst nicht ganz so üppig wie *V. major,* macht aber längere Ausläufer und dringt tiefer in verbotene Gebiete vor. Ich kenne Leute, die dieses Immergrün wie einen Schatz hegen und empfehlen, verschiedene Stellen im Garten damit zu bedecken. Offensichtlich verläßt es bei ihnen nicht den ihm zugewiesenen Platz, um wie in meinem Garten den Narren zu spielen und plötzlich mitten in Horsten sorgsam gehüteter Pflanzen aufzutauchen.

Es gibt ein Immergrün, das den ganzen Winter über blüht, wenn man ihm einen guten Standort gibt und wenn das Wetter freundlich ist. Das echte Immergrün *V. difformis,* unter dessen Namen manchmal fälschlicherweise *V. acutiloba* verkauft wird, stammt aus Südwesteuropa. Es trägt Blüten in einem blassen Schieferblau und hat hübsche, mittelgroße Blätter. Nicht immer ist es zuverlässig winterhart, und es unterscheidet sich von anderen Immergrünarten dadurch, daß es lieber aufrecht wächst, als sich über eine Böschung oder eine Mauer zu neigen. In ein offenes Beet gepflanzt, wächst es ungefähr 30 cm in die Höhe und setzt dann Blüten an. Unter einem Baum gedeiht es noch besser, weil es sich dort wie eine Kletterpflanze benimmt und sich mit seinen Ausläufern bis auf eine stattliche Höhe durch die Zweige schiebt. Bei hartem Frost können seine Blätter schwarz werden; in der Regel erholen sie sich aber wieder, wenn die Kälte vorüber ist. In Italien wird dieses Immergrün für die Bepflanzung von Beeten und Parterres verwendet, und auch als Topfpflanze für kühle Räume ist es recht gut geeignet. Der verstorbene Canon Ellacombe zog es unter einer ausladenden Kiefer in seinem Garten in Bitton in Gloucestershire, wo es den ganzen Winter über blühte. In einem durchschnittlichen Garten wäre ein Standort unter einem Strauch oder Baum an einer Süd- oder Westmauer sehr zu empfehlen.

Es gibt verschiedene Nieswurzarten, die den Garten im Januar interessant machen. Einige beginnen natürlich schon im Dezember oder sogar im November zu blühen, und viele öffnen erst im Februar ihre Blüten. Eine Nieswurz, die niemals enttäuscht, ist *Helleborus kochii*. Ungefähr Mitte Januar öffnet sie ihre Blüten und bietet dann vier oder fünf Wochen lang einen schönen Anblick. Weder Frost noch Schnee können ihr etwas anhaben, und da sie kompakter ist als manche andere, wird sie auch vom Wind nicht beschädigt. Ihre Farbe wird manchmal als Primelgelb beschrieben; ich würde sie aber eher als grünliches Weiß oder sehr blasses Grün bezeichnen, wobei die Farbe in der Mitte und an den Rändern der Blütenblätter dunkler wird. Die Blüten lassen sich leicht erkennen, da sie sich so weit öffnen, bis sie nahezu flach sind, und da sich die Blütenblätter wellen, wirken sie sogar noch flacher. Dieser Helleborus ist wirklich die einzige »Lenzrose«, die korrekterweise die Bezeichnung *H. orientalis* trägt. Es ist üblich geworden, alle »Lenzrosen«« als *H. orientalis* zu bezeichnen, obgleich es Hybriden verschiedener Spezies sind. Ich habe noch eine Nieswurz geschenkt bekommen, die wieder eine andere Form von *H. kochii* sein soll. Sie wird höher und blüht später, und sie ist bei weitem nicht so charakteristisch in ihrem Aussehen wie die früher blühende Art mit ihren wohlgestalteten Blüten und Knospen und ihren gezähnten Blättern. Ich ziehe meine frühblühenden *H. kochii* vor einer Nordmauer gegenüber dem Eßzimmerfenster. Das hat viele Vorteile: Die Mauer gibt Schutz, die blassen Blüten kommen vor der Mauer besser zur Geltung, und ich kann mich während des Frühstücks an den Blumen erfreuen.

Ein besonderes Glück ist es, ein Exemplar von *H. lividus* zu besitzen, der auch im Januar seine Blüten öffnet. Es ist sehr schwierig, den echten *H. lividus* aufzutreiben, und viele Pflanzen, die als solcher verkauft werden, sind Kreuzungen zwischen *H. lividus* und *H. corsicus,* bei denen das Lividusblut nur an den spitzen Blättern mit der auffallenden Netzzeichnung sichtbar wird. Die Blüten der echten Pflanze sind ganz charakteristisch: Kleine rosa-grüne Kugeln sind die Vorboten der grünen Blüten, die rötlich angehaucht sind. Die Unterseiten der Blätter zeigen einen Hauch Karminrot. Wenn man diese Nieswurz in einem kühlen Raum zieht, entdeckt man, daß sie einen zarten Duft ausströmt. Auf jeden Fall benötigt sie einen geschützten Standort, da sie voll entwickelt eine Höhe von 45 cm erreicht und ihre holzigen Stiele besonders brüchig zu sein scheinen.

*H. corsicus,* dessen ausgedehnte Blütezeit im Januar beginnt, ist zwar eine stabilere Pflanze als *H. lividus,* dafür aber nicht sehr langlebig. Da auch er holzige Stiele hat, die bei einem steifen Wind abbrechen können, sollte man ihn nicht an einen ungeschützten Standort pflanzen, wo ihm keine Stütze geboten wird. Während die meisten Helleborusarten am besten im Schatten gedeihen, benötigen *H. lividus, H. corsicus* und *H. foetidus* nicht nur einen gut durchlässigen Boden, sondern können auch ein gewisses Quantum an Sonne vertragen. Falls nötig, gebe ich ihnen eine kleine unauffällige Stütze, obwohl einige Gärtner darüber geradezu schockiert sind. Vor allem die Blütenbüschel von *H. corsicus* können sehr schwer sein. An ihrem heimischen Standort sind die Pflanzen entweder zwergwüchsig, oder die Köpfe liegen fast auf dem Boden. Das macht nichts, wenn sie an einer felsigen Böschung wachsen, aber in einem englischen Garten käme ihre Schönheit nicht zur Geltung, wenn wir sie einfach frei wachsen ließen. Die Blüten von *H. corsicus* halten monatelang, und erst wenn der Samen reif ist und sich neue Triebe in der Pflanzenmitte bilden, können die alten Stiele entfernt werden.

Es gibt mindestens drei verschiedene Formen von *H. foetidus*, der Stinkenden Nieswurz – unsere heimische Pflanze, die italienische Form, die aufrechter wächst und höher wird, und eine Form, die Mr. Bowles im Rojatal gefunden hat. Die Knospen öffnen sich gegen Ende Januar, im Februar und März, manchmal auch noch später. Voll erblüht, gehören die Pflanzen zu den schönsten im ganzen Garten.

Die leicht abweichende Form von *H. foetidus* habe ich zum erstenmal bemerkt, als ich den Garten des verstorbenen Mr. Bowles in Enfield besuchte, lang bevor ich in seinen Büchern las, daß er auf seinen Reisen mit Reginald Farrer eine besonders schöne Form entdeckt hatte. Sie schien größere und dunklere Blüten zu haben, ihre Blätter schienen feiner eingeschnitten und die Verzweigungen der Stiele rötlich schattiert zu sein. Mr. Bowles pflanzte *H. foetidus* gern zwischen Bergenien und Funkien, um die Schönheit der fein eingeschnittenen Blätter durch den Kontrast zum kompakteren Laub der Bergenien zu betonen.

Selbst unsere heimische Form kann sich zu einer schönen, dekorativen Pflanze entwickeln, wenn man ihr genügend Platz zubilligt. An ihren natürlichen Standorten kauert sie sich oft unter Hecken und Büsche und wächst krumm und schief. *H. foetidus* zeichnet sich durch eigene schöne Kontraste aus: Der obere Teil der Pflanze ist von einem wunderbaren blassen Grün, die Ränder der Blüten sind rotbraun und die Blätter darunter so dunkel, daß sie nahezu schwarz anmuten.

Alle Nieswurzarten fühlen sich unter Sträuchern wohl, und es gibt ein paar schöne im Januar blühende Sträucher. Die Zaubernuß wird nicht so häufig gepflanzt, wie sie es verdient hätte, ist sie doch auf zweifache Weise wirkungsvoll. Die Sträucher haben nicht nur ansehnliche Blätter, die eine schöne Herbstfärbung annehmen, sondern sie schmücken sich auch mit wunderlichen, spinnenartigen Blüten in Gelb, Orange oder Rot, wenn das Laub abgefallen ist. Der Zaubernuß wird nachgesagt, sie benötige Schatten und einen kalkfreien Boden, doch scheint sie mir einen sauren oder neutralen Boden nicht so dringend zu brauchen wie Schatten. In meinem kalkhaltigen Lehmboden gedeiht sie recht gut, aber einen schattigen Standort gebe ich ihr immer.

Die Zaubernuß *Hamamelis mollis* wird am häufigsten gezogen. Dieser chinesische Strauch hat mittelgelbe Blüten, deren schmale Kronblätter von einem weinroten Blütenkelch umschlossen werden. Es gibt noch eine blassere Form, *H. mollis* ›Pallida‹, die aber eher selten und auch teuer ist. Aus Frankreich kam vor ein paar Jahren *H. mollis* ›Brevipetala‹; der Name weist darauf hin, daß die Blütenblätter dieser Zaubernuß kürzer sind. Außerdem sind sie gerader. Bei *H. mollis* kräuseln sich die Enden der Blütenblätter wie Karottenschabsel, und die Pflanze wirkt deshalb insgesamt zarter und verstrubbelter. *H. mollis* ›Brevipetala‹ hat auch einen kräftigeren, dunkel ockergelben Farbton. Der Blütenkelch, aus dem die Staubbeutel wie vier kleine gelbe Augen herausschauen, ist wiederum kastanienfarben. Ich habe es immer strikt abgelehnt, irgendeine andere Zaubernuß als die gelbe in Betracht zu ziehen, aber einige der roten Formen sehen vor einem passenden Hintergrund doch sehr hübsch aus. (Statt eines satten Erdfarbtons wähle ich ein zartes Grün, wie zum Beispiel die blaß gefleckten Blätter des Storchschnabels *Geranium punctatum* oder das fein eingeschnittene Laub von *G. atlanticum,* das im Frühjahr so reizende blaue Blüten trägt.) Es lohnt sich, mit einem Vergrößerungsglas in die kupfrigen Blüten von *Hamamelis × intermedia* ›Ruby Glow‹ zu schauen; die Blütenblätter sind an den Rändern fein gewellt und zart grüngelb getönt. *H. × intermedia* ›Hiltingbury Red‹, eine Kreuzung zwischen *H. japonica* und *H. mollis,* trägt Blüten in einem kräftigen Mahagonirot. Und wer die Farbe Orange liebt, kann *H. × intermedia* ›Jelena‹ oder *H. × intermedia* ›Orange Beauty‹ pflanzen.

Nach diesen feurigen Pflanzen ruht man sich gern bei dem Becherkätzchen *Garrya elliptica* aus – einer Symphonie in Graugrün, wenn die langen Kätzchen zwischen den ledrigen, graugrünen Blättern herabhängen. Die langen Blütenbänder sind erst nahezu grau, um dann zu cremefarbenen und grünen Quasten von überwältigender Schönheit zu werden. Ich spreche hier natürlich von der männlichen Pflanze. Die weibliche sieht man weit seltener, obwohl auch sie von großer Schönheit ist. Ihre seidig glänzenden, kleinen Beeren in ruhigen Farbschattierungen zwischen Grün und Purpur sind im Winter am schönsten. Das Becherkätzchen gedeiht am besten vor einer Mauer, da ein harter Winter seine exponierten Blätter schwarz färben kann. Auf diese Weise entfällt dann ein Rückschnitt. Ich ziehe mein Exemplar an einer Nordmauer vor dem Haus, und es sieht wunderschön aus, wenn die Blütenquasten zu beiden Seiten der Mauer herabhängen. Wird es aber zu hoch, nimmt es dem Haus zuviel Licht, und da es am voll ausgereiften Holz blüht, kann ein kräftiger Rückschnitt dazu führen, daß es im folgenden Jahr keine Blüten hervorbringt.

Bei den Sarcococcaarten besteht keine Gefahr, daß sie zu groß werden könnten. Die meisten von ihnen bleiben hübsche kleine Büsche, wirklich nicht sehr auffällig, und ich denke immer, daß es sehr klug von ihnen ist, im Winter zu blühen, wenn ihnen die Beachtung geschenkt wird, die ihnen zu einer anderen Jahreszeit vielleicht versagt bliebe. Selbst wenn man an ihnen vorbeiginge, ohne die winzigen, cremefarbenen Blüten und das schöne, immergrüne Laub zu bewundern, so würden sie sich doch durch ihren Duft bemerkbar machen, der sehr kräftig ist und sich in der Winterluft so recht entfaltet. Ich weiß noch immer nicht, woran er mich erinnert – an Honig oder Vanille oder gar an ein raffiniertes orientalisches Parfum (die Sarcococcaarten stammen nämlich aus China). Die Pflanzen gehören zu den Wolfsmilchgewächsen und fühlen sich unter Bäumen ausgesprochen wohl. Der plumpe Name, mit dem man sie geschlagen hat (er bedeutet »fleischige Beere«), scheint nicht nur unfreundlich, sondern auch ziemlich unpassend, da die Beeren gar nicht sonderlich fleischig sind. Sie sind rot oder schwarz und bleiben lange Zeit an den Sträuchern. Die unteren Zweige von *S. humilis* sind im Winter noch schwer von kleinen schwarzen Beeren, wenn die oberen Zweige sich schon mit kleinen Blütenbüscheln schmücken, die nicht viel mehr sind als gebündelte Staubfäden. Bei *S. hookeriana digyna* sind die Blüten rosa angehaucht und die Blätter ziemlich schmal. *S. ruscifolia* hat buchsähnliche Blätter und nach den Blüten leuchtendrote Beeren.

Der Duft der Winterblüte *Chimonanthus fragrans* ist viel charakteristischer als der der kleinen, zurückhaltenden Sarcococcaarten, und mitunter sogar noch kräftiger. Schon ein kleiner Zweig kann einen Raum mit seinem Duft füllen, und dessen außerordentliche Qualität wird niemand bestreiten, wenn es auch Leute gibt, die die Blüten als etwas dürftig charakterisieren. Die durchscheinenden, klauenartigen Blüten, deren Strohgelb durch die kleinen, kastanienfarbenen Blütenblätter an der Basis einen warmen Ton bekommt, wirken aber auf die meisten irgendwie faszinierend. In einem Vorgarten am Rande einer belebten Straße kann diese Winterblüte ausgesprochen traurig aussehen, vor allem, wenn sie nicht von hinten von der Sonne beschienen wird. Sobald aber an einem hellen Tag die Sonne möglichst von hinten durch sie hindurchscheint, wirkt sie viel fröhlicher. Zu Recht trägt *C. fragrans* heute die Bezeichnung *C. praecox*, da er besonders früh im Jahr seine Blüten öffnet. *C. praecox* ›Grandiflorus‹ trägt Blüten in einem etwas leuchtenderen Gelb mit kräftig purpurfarben gestreiften und gerandeten basalen Blütenblättern. Diese Sorte duftet vielleicht nicht ganz so stark wie der gewöhnliche *C. praecox*. Der bezauberndste Vertreter der Familie ist aber wohl *C. luteus*. Ich habe ihn zum erstenmal in den Savill Gardens im Großen Park von Windsor gesehen, wo man ihn an einer Mauer gezogen hatte. Nach einem heftigen Schauer waren die Blüten mit Regentropfen benetzt, die im winterlichen Sonnenlicht wie Diamanten glitzerten und funkelten. Diesen Anblick werde ich wohl nie vergessen. Der Duft dieser Art ist nicht sehr stark, aber auch so hat *C. luteus* uns viel zu bieten.

Der laut Literatur einzige Seidelbast, der im Januar blüht, ist *Daphne blagayana*. Er trägt köstlich duftende, cremefarbene Blüten und gedeiht am besten im Schatten. Dieses niederliegende Sträuchlein, das in alle Richtungen strebt, benötigt viel Platz und möchte mit vielen flachen Steinen bedeckt werden. Wenn man immer wieder Steine auf seine Zweige legt, sucht es sich neues Terrain, wo es erneut Wurzeln schlagen kann. Da dieser Seidelbast nicht immer langlebig ist, sollte man ihn unbedingt ungestört lassen. Die Zweige, die unter den Steinen so gut angewachsen zu sein scheinen, nehmen es nämlich sehr übel, entfernt und an anderer Stelle wieder eingepflanzt zu werden. Ich habe eine Pflanze dadurch vernichtet, daß ich ihre Ausläufer abgeschnitten und voller Hoffnung an anderen Stellen eingepflanzt habe. Angeblich bevorzugt dieser Seidelbast Kalkboden, aber in meinem Garten gedeiht er nur in Grünsand.

Es gibt Rhododendren, die auf saurem Boden schon im Januar blühen, aber sie gehören nicht zu den spektakulärsten und werden wohl hauptsächlich wegen ihrer frühen Blütezeit so geschätzt. *R. dauricum* hat sehr kleine, hellmagentarote Blüten, wähend die Blüten von *R. parviflorum* von dunklerem Magentarot sind. *R. arborea* trägt Blüten in einem lebhaften Rosa und Karminrot, *R. eclecteum* gelbe, weiße und rosafarbene.

Der Januar ist weiß Gott kein langweiliger Gartenmonat. In diesem Monat der Hoffnung und Erwartung werden die Tage wieder länger, und vorwitzige kleine Primeln und Veilchen kündigen das Frühjahr an. Dicke Knospen zeigen sich zwischen dem bunten Bergenienlaub, und überall im Garten sprießen neue Blätter aus dem Boden. Unter- und oberhalb der Erdoberfläche regt es sich, und für den Gärtner beginnt ein neues Jahr voller Überraschungen und Abenteuer.

# FEBRUAR

Alle Gärtner, die Ende Oktober ihre Geräte in die Ecke stellen und gar nicht daran denken, sie vor März wieder herauszuholen, möchte ich gern einmal am ersten Februartag durch meinen Garten führen.

Vor einer Woche noch konnte ich keinen einzigen Krokus entdecken, und nun zeigt sich überall der fröhliche kleine *Crocus tomasinianus*, dessen Blüten in einem ganz blassen Lavendelton bis hin zu einem dunklen Rosa-Lila gefärbt sind. Ich pflanze Krokusse rings um Bäume in den Rasen und sehe sie nicht gern in Blumenbeeten, im Steingarten, in Pflasterritzen oder den Kübeln und Trögen, in denen ich meine besonderen Schätze hege. Die Krokusse säen sich reichlich aus, aber sie müssen auch sehr flinke Arbeiter sein, um überall im Garten so viele blühende Zwiebeln hervorzubringen. Leider wurzeln sie so tief, daß man beim Ausreißen häufig andere Pflanzen in ihrer Umgebung beschädigt. Ich würde sie ohne weiteres an manchen Stellen stehenlassen, wenn ich nicht wüßte, daß aus einer einzelnen Pflanze im nächsten Jahr ein dicker Horst wird. Außerdem sieht das Laub doch zu unordentlich aus. Ich bin sicher, daß es den Zwiebeln nichts ausmacht, wenn ich eine Handvoll Blätter entferne, und ich denke, daß ich jetzt immer so verfahren werde. Aber all diese Nachteile sind vergessen, wenn Hunderte kleiner Krokusse an einem sonnigen Februarmorgen ihre Blütenblätter öffnen und ihre glühenden Farben und leuchtend orangefarbenen Staubfäden in ihrem Innern offenbaren.

Auch die Schneeglöckchen scheinen über Nacht aus dem Boden zu sprießen. *Galanthus elwesii* hat schon vor Wochen zu blühen begonnen, während das kleine Schneeglöckchen *G. nivalis*, das im Gras unter den Apfelbäumen steht, zu Beginn der Woche noch nicht zu sehen war. Nun blühen diese liebreizenden Pflanzen, gefüllt und ungefüllt, überall im Garten. Die gefüllte Form *G. nivalis* ›Green Tip‹ mit grünen Spitzen an den äußeren Blütenblättern ist faszinierend anzuschauen, ebenso das ungefüllte, 20 – 25 cm hohe Schneeglöckchen *G. nivalis viridapicis,* dessen äußere Blütenblätter grüne Markierungen tragen.

Die schöne Sorte *G. nivalis* ›S. Arnott‹ gehört nicht zu den sehr früh blühenden Formen, erscheint aber schon Anfang Februar. Sie trägt ihre runden Blüten an Stengeln, die 30 cm hoch werden können. Die verschiedenen Formen von *G. plicatus* sind zahlreich und zeichnen sich durch besonders breite, gefaltete Blätter aus. Viele Sorten wurden von Soldaten aus dem Krimkrieg nach England mitgebracht und tragen den Namen der Gärten, wo sie zuerst gepflanzt worden sind. *G. plicatus* ›Warham‹ ist eine der besten Sorten.

Obwohl mir die »gelben« Schneeglöckchen eigentlich nicht so gut gefallen wie die grünen, wäre ich doch verstimmt, wenn sie nicht jedes Jahr von neuem erschienen. Die gefüllte Form von *G. lutescens,* ›Lady Elphinstone‹, gedeiht in meinem Garten weit besser als die ungefüllte, und eine oder zwei Zwiebeln, die ich in einen Trog gepflanzt hatte, haben sich zu einem stattlichen blühenden Horst entwickelt. Die ungefüllte Sorte wächst in einem anderen Trog, und ich bin immer ganz unruhig, ob sie endlich erscheint, und immer tut sie es nur dann, wenn ich ihr den Rükken zugekehrt habe. Sie vermehrt sich aber beim besten Willen nicht, und immer noch bleibt es bei einem einzelnen kleinen Schneeglöckchen mit einem gelben Petticoat.

Das Schneeglöckchen ›Straffan‹ stammt aus dem Park von Straffan House in der irischen Grafschaft Kildare, wo Mrs. Barton im Jahre 1856 lebte. Sie erhielt ein paar Zwiebeln von ihrem Bruder Lord Clarina, der damals auf der Krim kämpfte. Von einer Zwiebel, die zwei Blüten hervorgebracht hatte und wesentlich besser war als alle anderen, stammen alle Zwiebeln ab, die heute in den Gärten gezogen werden. Dieses Schneeglöckchen läßt sich leicht von den anderen unterscheiden, da jede Zwiebel zwei Blütenstiele hervorbringt. Im Laufe der Jahre haben sich leichte Variationen eingeschlichen. Eine Sorte, die Mr. Bowles in Myddleton House gezogen hat, trägt ebendiesen Namen, und es gibt die Sorte ›McMarney Straffan‹ und andere, da jede kleinste Abwandlung – zum Beispiel ein besonderer Hauch von Grün oder eine unterschiedliche Länge der Blütenblätter oder Stiele – die Aufmerksamkeit der Sammler weckt. ›Magnet‹ hat besonders lange, geschwungene Blütenstiele, die sich elegant im Wind wiegen, und jede Zwiebel bringt ebenfalls zwei Blütenstiele hervor. *G. nivalis* var. *scharlokii* zeichnet sich durch seine zwei ungewöhnlich langen Hochblätter aus, die über der kleinen Blüte wie Eselsohren abstehen. Es ist eines der wenigen Schneeglöckchen mit Temperament.

Einige der gefüllten Schneeglöckchen sind entzückend, und wenn möglich sollte man sie oberhalb der Augenhöhe pflanzen, da ihr Reiz in ihren kunstvoll angeordneten Blütenblättern liegt. Unsere kleine gefüllte Form von *G. nivalis* hat immer ein paar zusätzliche schrumplige Blütenblätter, die die Symmetrie beeinträchtigen (hinzu kommen noch die goldenen Staubfäden, die sich in der recht unordentlichen Mitte zusammendrängen), aber so bezaubernde Sorten wie ›Poe‹ und ›Miss Hassell‹ sind vollendete kleine Meisterwerke.

Das Schneeglöckchen ist um so interessanter, je grüner seine Blütenblätter sind. Bei der Sorte ›Merlin‹ sind die inneren Blütenblätter ganz grün, während bei ›Colesbourne‹, die etwas später blüht, die vollständig grünen inneren Blütenblätter weiß gerändert sind. Dann haben wir da noch *G. virescens* mit grünen Innen- und Außenseiten, ein Miniaturschneeglöckchen, das Mr. Bowles ›Norfolk‹ getauft hat, und viele andere.

Das einfache kleine Waldschneeglöckchen *G. nivalis* sieht im Gras entzückend aus. Die verschiedenen oben genannten Sorten müssen aber beschildert werden, und ich studiere sie am bequemsten in kleinen Kolonien, die ich in Vertiefungen in den schattigen Böschungen meines Grabens angesiedelt habe. Die leuchtend karminroten Blätter von *Bergenia delavayi* und *B. pur-*

31

*purascens* bieten zusammen mit den Schneeglöckchen ein reizvolles Bild. Das große glänzende Laub von *Fatshedera lizei* paßt
wunderbar zu den großen blaugrünen Blättern und strahlenden
Blüten des Schneeglöckchens *G. elwesii,* und auch die gefleckten
Blätter und kleinen blauen und rosa Blüten des Lungenkrauts
scheinen sich mir mit den Schneeglöckchen zu vertragen. Das
gleiche gilt für die kleinen Efeuarten, von denen einige panaschiert sind. Das silberblättrige Lungenkraut (das ich zur besseren Unterscheidung *Pulmonaria argentea* nenne) bildet eine
schöne Gemeinschaft mit *G. ikariae* mit seinen grünen Blättern.

Gegenüber den rein und unnahbar anmutenden Schneeglöckchen wirkt die Frühlingsknotenblume oder Märzenbecher, *Leucojum vernum,* mit ihren leuchtenden, mit grünen Spitzen versehenen Blüten geradezu üppig. Auch sie wächst in Vertiefungen
in meinem Grabengarten und hat als Hintergrund die großen,
marmorierten Blätter des Aronstabs *Arum pictum* und die flatternden, farbenprächtigen Blätter der Elfenblume (Epimedium).
Es gibt noch zwei weniger bekannte Sorten der Frühlingsknotenblume, *L. vernum* var. *wagneri* mit zwei Blüten an jedem Stiel
und *L. vernum* var. *carpaticum* mit gelben statt grünen Malen.
Dies Charakteristikum mag ausgefallen sein, ich finde es aber
doch nicht so schön.

Ich hatte gar nicht bemerkt, daß sich die kleinen, bronzegrü-
nen Halskrausen des späten Winterlings *Eranthis tubergenii*
durch das Gras drängten, aber an diesem Februarmorgen sehe
ich auf einmal Dutzende winziger goldener Blütenschalen.

Obwohl *Iris stylosa* (syn. *I. unguicularis*) schon vor Weihnachten immer wieder einmal zu blühen begonnen hat, waren ihre
Anstrengungen bis jetzt nur unregelmäßig. Nun aber zeigt sie
viele Blüten und eine Menge Knospen, die sich noch öffnen werden. Ich bestaune immer wieder die Schönheit der nach dem verstorbenen Walter Butt benannten blassen Varietät. Ihre gut
geformten Blüten sind sehr groß; sie blüht als eine der ersten,
und der einzige Horst in meinem Vorgarten hat viel mehr Blüten
als die größeren Horste der gewöhnlichen Form. Es ist immer
eine Überraschung, wenn eine seltene Sorte besser gedeiht als

die gewöhnlichere. Auch zwei meiner verschiedenen Varietäten der kleineren, schmalblättrigen *I. s. angustifolia* gedeihen hervorragend. Beide haben sehr dunkle Blüten und bilden einen wunderbaren Kontrast zu der zart getönten ›Walter Butt‹. Die gefleckten Blüten der Sorte ›La Sainte Campine‹ findet man nur selten. *I. speciosa lindsayae* mit ihren gekräuselten Rändern ist sehr blühfaul, und an *I. cretica* hatte ich niemals auch nur eine Blüte, obwohl sie in den kleinen Gärten einer benachbarten Stadt freudig blüht. Da ich wohl zu vielen Leuten kleine Stückchen von den blühwilligen Exemplaren meiner weißen *Iris stylosa* (syn. *I. unguicularis*) abgegeben habe, begannen die Pflanzen zu rebellieren und praktisch zu verschwinden. Obgleich ich sie daraufhin ein oder zwei Jahre völlig ungestört gelassen habe, schmollen sie weiter und wollen nicht einmal neue Blätter hervorbringen, geschweige denn Blüten. Ehrlicherweise muß ich gestehen, daß ich in diesem Fall die weiße Form nicht so schön finde wie die farbige. Das Weiß der Blütenblätter ist nicht rein, und das Gelb des Bartes wirkt etwas schmuddelig, aber da diese Form selten und heikel ist, schätzen wir sie höher als die gewöhnliche – schönere und sicherlich problemlosere – Pflanze. Zwei weitere ziemlich seltene Varietäten, die bei mir nicht blühen wollen, sind *I. s.* ›Mary Barnard‹ mit schlanken dunkelviolettblauen Blüten und *I. s.* var. *ellisii* mit den blauesten Blüten von allen.

An diesem Februarmorgen habe ich fünf verschiedene Typen von blühendem Lungenkraut gezählt. Die beiden korallenroten zeigen schon seit Weihnachten ab und an Blüten. Das gewöhnliche Lungenkraut, *Pulmonaria officinalis*, ist während der Blütezeit mit seinen rosa und blauen Blüten genauso schön wie die anderen Arten, und *P. saccharata* hat die gleichen Farben, aber größere Blätter. In der Regel sind die Varietäten mit den schönsten Blättern weniger reizvoll als die gewöhnlichen, wenn sie in Blüte stehen; vielleicht weil sich die kleinen, herzförmigen Blätter der gewöhnlichen Varietät nicht verändern, während die silbrigen stark gefleckten oder blaugrauen Blätter der edleren Sorten zerknittert und unscheinbar aussehen, wenn die Pflanzen blühen. Eine Ausnahme gibt es aber; sie stammt, wie man sich denken kann, aus Mr. Bowles' Garten. Diese Varietät, die ich erst seit kurzem besitze, habe ich noch nicht aus dem Versuchsbeet herausgenommen und an ihren endgültigen Standort gepflanzt. Aber ihre ersten Blüten zeigen schon, daß es keine gewöhnliche Pflanze ist. Die zart blaugrünen Blätter sind lang und schmal und nicht so stark gefleckt wie sonst oft. Ihre Blüten, die in einem dunkleren Blau und Rosa getönt sind, erheben sich in dichten kleinen Büscheln über dem Blattwerk.

Hier und da zeigen sich die ersten Primeln. Die blaßlila Blüten von *Primula altaica* ›Grandiflora‹, einer besonders früh blühenden Art, schauen unter dunklen Hecken hervor. Eine kleine, cremefarbene Primel, ›Dorothy‹, schmückt sich mit winzigen gekräuselten Blüten, und das satte Blau von ›Blue Ribbon‹ läßt uns an einen mediterranen Himmel denken. Eine Primel, die aus einem Garten in Craddock stammt, nenne ich einfach ›Craddock Pink‹, und über ›Wanda‹ bin ich geradezu gerührt, wenn sie am Fuß einer Mauer einen bezaubernden Horst voller Blüten bildet. Ich versuche, die wilden Primeln auf den Böschungen außerhalb des Gartens zu halten, denn sie säen sich so üppig aus, daß sonst überall zwischen den Aristokraten kleine Wildlinge auftauchen würden. Ich ziehe auch die großblütige ›Evelyn Arkwright‹ und eine andere Sorte, die sich sehr müht, gefüllte Blüten hervorzubringen, es aber nie ganz schafft. Eine andere erinnert an »Jack-in-the-Green«, eine Primel, bei der der Kelch zu Blättern geworden ist. Manches Jahr fallen die Kelche besonders groß aus, und ich hoffe schon, ich hätte eine neue Varietät gefunden; aber bisher hat sie es sich immer wieder anders überlegt.

Die erste Primel verheißt den Frühling. Wenn ich auch all die kleinen bunten Primeln liebe, so ist doch keine unter ihnen so ungekünstelt lieblich wie die wilde Primel.

Wie sehr wünsche ich mir, ich könnte *Primula bhutanica* ziehen! Sie ist eine der schönsten Primeln, aber auch eine der problematischsten. Petiolarisprimeln (Sektion Craibia) fühlen sich südlich Schottlands nicht richtig wohl, wenn sie auch bei einigen Gärtnern wachsen. In zwei Gegenden von Devonshire gedeihen sie, aber bei mir halten sie sich nie längere Zeit. Von sechs Exemplaren, die ich aus Harrogate geschickt bekommen habe, lebt nur noch eine Pflanze, und ich kann nicht sicher sein, ob sie nächstes Jahr noch da ist. Unter einem Stein auf einer Böschung des Grabens verborgen, schmiegen sich ihre zartblauen Blüten in die graugrünen Blattrosetten. Jede Blüte hat eine weiße Mitte, was noch zu ihrem Liebreiz beiträgt. Nordlage und immer wieder frisches Bettzeug – Torf – scheinen ihnen zu gefallen.

Heidearten sind schöne Begleitpflanzen im Winter; dennoch muß ich gestehen, daß ich sie nicht besonders gern mag. Irgendwie bringe ich sie mit den kleinen Topfpflanzen in Verbindung, die man zu Weihnachten kaufen kann und die ihre Blätter fallen lassen, sobald man sie ins Haus holt. Die Schneeheide, *Erica carnea*, schmückt jedoch den Februargarten mit einem üppigen Flor. Die rosa-malvenfarbigen Blütenwolken unter einer blaugrauen Konifere in meinem Steingarten werden von den farnartigen Blättern der Flockenblume *Centaurea gymnocarpa* aufgelockert. Eine Art, die mich an trüben Tagen heiter stimmt, hat goldfarbene Blätter und weiße Blüten. Ihren dunklen Platz unter einem großen Stein im Steingarten hellen die benachbarten goldgrün geflecken Blätter des winzigen Gänseblümchens *Bellis aucubaefolia* auf, und die gefleckten Blätter des sich darüber ausbreitenden Geißblatts *Lonicera japonica* ›Aureo-reticulata‹ zeigen einen Hauch Karminrot, wenn sie zwischen den karminroten Blättern eines dunklen Löwenmäulchens herabfallen, das sich selbst in einer Mauerfuge angesiedelt hat und dort wohl bleiben möchte. Meine Lieblingsheide, ›Mrs. Pat‹, ist eine Gartenform der Besenheide *Calluna vulgaris*. Sie ist silbern und leuchtendrosa panaschiert, und ihr Farbspiel ist so fein, daß ich ihr nicht böse wäre, wenn sie überhaupt nicht blühte. Natürlich muß sie in einem kalkfreien Boden gezogen werden, und in meinem Garten füllt sie die Lücke zwischen den beiden Steinen aus, die ein Grünsandbeet unter einer Nordmauer abstützen. Dahinter bringen die dunklen, glänzenden Blätter des Wintergrüns *Pyrola rotundifolia* und von *Rhododendron repens* die zarten Farben der Besenheide wunderbar zur Geltung.

Wie *Iris histrioides* für mich die Iris des Januars ist, so ist *Iris reticulata* für mich die typische Iris des Februars. Wochenlang habe ich ihre kantigen grünen Blätterspeere beobachtet, und dann stehe ich eines Tages mitten im Februar der ersten purpurfarbenen Blüte gegenüber, ohne daß ich vorher auch nur das geringste Anzeichen einer Knospe bemerkt hätte. Zwiebelenthusiasten preisen immer die Vorzüge anderer Sorten der *I. reticulata,* zum Beispiel das leuchtende Blau von ›Cantab‹, das kräftige Purpurrot von ›J. S. Dijt‹ und das bronzegetönte Violett von ›Hercules‹. Die völlig duftlose Sorte ›Cantab‹ läßt sich, was die Leuchtkraft der Farbe betrifft, nicht mit *I. histrioides* ›Major‹ vergleichen. Die verschiedenen Purpur- und Weintöne der neuen Sorten von *I. reticulata* sind aufregend, aber ich glaube nicht, daß sie so süß nach Veilchen duften wie die gewöhnlichen Sorten, und ich bin nicht sicher, ob sie genauso zuverlässig sind. Die verschiedenen Sorten, die ich in den letzten Jahren gekauft habe, sind trotz äußerst sorgfältigen Pflanzens und genauer Etikettierung völlig verschwunden. Die gewöhnliche *I. reticulata* enttäuscht mich dagegen niemals. Bei mir erscheint sie regelmäßig, Jahr für Jahr, aber ich weiß, daß nicht jeder die gleiche Erfahrung macht. Ich frage mich, ob sie vielleicht den Kalk in meinem Boden besonders schätzt. Einige meiner Freunde, die einen besseren Boden haben und größere gärtnerische Fähigkeiten besitzen als ich, beklagen sich, daß sie bei ihnen nicht gedeihen will, und wir fragen uns, ob sie nicht zu den recht seltenen Pflanzen gehört, die in Kalkboden geradezu vernarrt sind.

In Norman Haddens bekanntem Garten in Porlock habe ich zum erstenmal die Nieswurz *Helleborus sternii* in Blüte gesehen. Ich weiß nicht, ob sich diese Hybride von der Kreuzung aus *H. corsicus* und *H. lividus,* deren Samen regelmäßig angeboten werden, irgendwie unterscheidet. *H. sternii* ist eine Kreuzung aus *H. corsicus* und *H. lividus,* und ich habe gehört, daß die Sorte ›Bauer's Hybrid‹, eine gute Form von *H. corsicus,* die gleichen Eltern hat. In den Blüten von *H. sternii* läßt sich nur mit Mühe

Blut von *H. lividus* erkennen. Auf den ersten Blick würde man diese Art eher für eine ziemlich reine Form von *H. corsicus* halten; weiß man aber um die Kreuzung, so kann man einen zarten Perlmuttschimmer – mehr aber auch nicht – auf ihren Blüten entdecken. Der recht lockere Wuchs der Blütenbüschel und die Form der Blätter mit ihrer rötlichen Zeichnung erinnern etwas an *H. lividus.*

Alteingesessene Horste von *Helleborus cyclophyllus* blühen im Februar. Direkt nach dem Umsetzen brauchen die Pflanzen allerdings manchmal etwas Zeit. Diese Nieswurzart mit ihren vollendet geformten großen grünen Blüten, dunkler als die von *H. corsicus* oder *H. foetidus,* aber nicht so dunkel wie die von *H. viridis,* der Grünen Nieswurz, ist für mich eine der schönsten. Wie alle Nieswurzarten wirkt sie nach meinem Gefühl am besten, wenn sie einzeln und nicht in Gruppen gepflanzt wird. So kommt ihre elegante Silhouette mit den stolz aufragenden Blüten besonders gut zur Geltung.

Eine der schönsten Nieswurzhybriden, ›Prince Rupert‹, blüht in diesem Monat. Sie ist eine der größten Sorten; mit ihren kräftig kastanienfarbenen Punkten im Innern der blaß grünlich-cremefarbenen Blüten, die die Verwandtschaft mit *H. guttatus* anzeigen, ist sie eine der eindrucksvollsten Nieswurzen im Garten. ›Apotheker Bogren‹, die im Gegensatz zu ›Prince Rupert‹ dunkel ist, blüht zur gleichen Zeit. Diese Sorte zählt wahrhaftig zu den dunkelsten in meinem Garten. Aus verschiedenen Gärten habe ich ausgewachsene Exemplare und Sämlinge von ›Black Knight‹ geschenkt bekommen, aber nicht alle sind so dunkel wie die echte Pflanze. Vor allem die Sämlinge variieren sehr stark, und obwohl mit ihren ziemlich kleinen, hängenden Blütenköpfen in einem weinigen, grün durchsetzten Purpur überaus schön, sind sie nicht alle so dunkel wie die besten Vertreter von ›Black Knight‹. ›Ballard's Black‹ fällt sehr unterschiedlich aus; einige Pflanzen haben tiefdunkle Blüten.

*H. torquatus* ist eine der rätselhaften Nieswurzen, denn nach Meinung der Experten ist er keine echte Spezies, sondern eine Hybride von unklarer Herkunft; daher wahrscheinlich auch die große Variationsbreite bei den Blüten. Ich habe aus verschiedenen Quellen mindestens vier Exemplare von *H. torquatus;* sie variieren leicht, aber die Blüten sind alle bläulich-purpurfarben, ziemlich klein und leicht gewellt. Manche sind besonders dunkel, aber alle zeigen jenen Hauch, der die dunkelfarbigen Nieswurzen so attraktiv macht. Gewöhnlich erscheint die Farbe der Blütenaußenseiten als Rand der Innenseiten.

Auch *H. abchasicus* zeigt leichte Abwandlungen. Meine Pflanzen stammen aus verschiedenen Quellen, und die Blütenfarbe ist zwar hauptsächlich ein dunkles, rötliches Purpur mit leichten Spuren von Grün, aber sie kann heller oder dunkler ausfallen und mehr oder weniger Grün aufweisen. Auch die Größe der Blüten variiert, wobei allerdings die meisten ziemlich klein sind.

Kürzlich habe ich gelesen, daß »Lenzrosen« *(Helleborus orientalis)* vor kalten Winterwinden geschützt stehen sollten; ich denke aber, daß man mit ihnen weniger ängstlich umgehen kann als mit anderen Arten. Ich kenne einen Garten, in dem sie sich in einem ständigem Wind ausgesetzten, erhöhten Beet sehr wohl fühlen. Natürlich wachsen sie dort in guter Erde, und man achtet darauf, daß sie im Sommer nicht austrocknen und benachbarte Bäume ihnen etwas Schatten spenden. Vielleicht weil diese ihre Bedürfnisse befriedigt werden, können sie allerhand kalten Wind vertragen. Diese Nieswurz sät sich selbst recht gut aus. Einige Gärtner bekommen nicht nur von *H. orientalis,* sondern auch von *H. corsicus* und *H. foetidus* mehr Sämlinge als andere. Ich zähle leider nicht zu diesen Glücklichen – vielleicht jäte ich zuviel Unkraut? Rings um die Pflanzen, die ich besonders gern vermehren möchte, verteile ich eine Mischung aus Sand und Torf, aber auch das hilft nicht immer. Nachdem ich nun keine Blütenstiele mehr abschneide und die Nieswurzen im Freien blühen lasse, hoffe ich, daß sie sich künftig reichlicher aussäen.

*Clematis balearica (C. calycina)* blüht im Winter, und wenn wir auch ihre unscheinbaren Blüten im Sommer vermutlich nicht zweimal anschauen würden – zu dieser Jahreszeit sind sie ein erfreulicher Anblick. Die Blüten, meist in einer Farbe wie grünliches Pergament mit karminroten Flecken auf den Innenseiten, haben eine papierene Textur. Ihr farnartiges, bronzefarbenes Laub bildet einen schönen Hintergrund für die Blüten. Es gibt noch eine Form mit feineren, grüneren Blüten, nach der zu suchen lohnt. Ich ziehe diese Clematis an der Nordseite der Mauer beim Gartentor, wo sie ein dichtes Gewirr aus Blüten- und Blattranken über die Mauerkuppe und die Buchenhecke ausgebreitet hat. Gelegentlich sät sie sich auch an anderer Stelle selbst aus.

Es quält mich immer zu sehen, wie sich an den verschiedenen Gartensorten der *Clematis* × *jackmanii* neue Blattknospen bilden, denn ich bin dann immer versucht, meine feste Regel, sie am 15. Februar kräftig zurückzuschneiden, zu durchbrechen. Die Vernunft siegt aber immer, und an diesem Tag werden all diese vielversprechenden Knospen dem Feuer übereignet. Die unteren 60 cm der Clematis sind inzwischen dick und knorrig geworden, und es läßt sich leicht erkennen, an welcher Stelle der jährliche Rückschnitt vorgenommen werden muß. Die neuen Triebe, die beim ersten Anzeichen des Frühlings erscheinen, entwickeln sich sehr schnell. Manchmal kann es passieren, daß die dicken alten Triebe von einem Sturm oder durch menschliche Unachtsamkeit abgeknickt werden, aber die Clematis ist robust und treibt gewöhnlich direkt über dem Boden wieder aus. ›Ville de Lyon‹ und andere Sorten der Viticellagruppe werden ebenfalls radikal zurückgeschnitten, während bei ›Blue Gem‹, *C. henryi* und anderen Sorten der Lanuginosagruppe nur das abgestorbene Holz entfernt wird. Andere Spezies wie *C. tangutica, C. orientalis* und *C. rehderiana* sollte man ebenfalls drastisch bis zum Boden zurückschneiden; sie werden sich jedes Frühjahr in Windeseile wieder über die Mauern ranken. *C. macropetala alpina* rühre ich nicht an, und die verschiedenen Sorten von *C. montana* schneide ich nur so weit zurück, daß sie nicht über den ihnen angewiesenen Platz – ein Drahtnetz an der Mauer – hinausranken.

Die Kornelkirsche, *Cornus mas,* ist ein hübscher Strauch für einen kleinen Garten, denn sie wächst langsam und hat zu jeder Jahreszeit etwas zu bieten. In meinem Garten steht eine Form mit weißgrün panaschiertem Laub. Im Herbst trägt sie rote Beeren, und im Februar sind ihre nackten Winterzweige wie von Zauberhand mit lauter winzigen goldgelben Blütendolden geschmückt.

*Mahonia japonica* blüht noch immer. Ihre duftenden Blütenbüschel werden aber allmählich kürzer, und die Blätter nehmen einen karminroten Farbton an.

*Prunus subhirtella* ›Autumnalis‹ kann schon im September erste Blüten zeigen, aber ihre Blütezeit endet erst im April. Ein Kälteeinbruch, und die Blüten verschwinden; aber sobald wieder milderes Wetter einkehrt, heben sich wieder zartrosa Blüten gegen einen blauen Winterhimmel ab. Ein Hochstamm mit weit ausladenden Ästen kann sehr dramatisch aussehen, aber ein Busch, dessen Zweige vom Boden aufwärts mit Blüten bedeckt sind, wirkt in seiner Silhouette anheimelnder. In einem mir bekannten Garten an einem steilen Hang steht an einem sorgfältig ausgewählten Platz eine strauchige *Prunus subhirtella* ›Autumnalis rosea‹ inmitten eines Taubnesselteppichs. Dieses *Lamium galeobdolon* ›Variegatum‹, eine Königin unter den bodenbedeckenden Pflanzen, schickt seine langen, rankigen Ausläufer mit den grauen und silbernen Blättern gern in alle Richtungen aus. Hier verbergen sie den unteren Teil des Strauches und schmücken seine unteren Zweige wie mit Girlanden. Das Bild, das sich an einem sonnigen Februartag bietet, ist einfach hinreißend. Rings um meine strauchige *P. subhirtella* wachsen Märzenbecher, *Leucojum vernum*. Taubnesseln wirken aber zarter und sind außerdem nicht wie die Märzenbecher nur ein paar Wochen, sondern das ganze Jahr über da.

Zwei Sträucher mit grünen Blüten sind in diesem Monat schön anzuschauen. Die langsam wachsende Johannisbeere *Ribes laurifolium* habe ich zum erstenmal in einer wunderbaren gemischten Bepflanzung rings um ein Haus gesehen. Diese breite Rabatte enthielt schöne immergrüne Pflanzen, die bis auf den Steinweg quollen. Ich kann mich nicht mehr an alle Sträucher erinnern, weiß aber noch, daß dort Blätter in allen Farbschattierungen zu finden waren, angefangen vom Kreuzkraut

*Senecio laxifolius* und Rosmarinarten über das bronzefarbene Ehrenpreis *Veronica hectori* bis hin zu der Raute *Ruta graveolens* ›Jackman's Blue‹ und der Johannisbeere. Ich besuchte diesen Garten im Februar, und die blaßgrünen Blüten der Johannisbeere hoben sich wunderbar gegen das dunkle, glänzende Laub ab. Dieser Strauch mit seinem eher breiten, kriechenden Wuchs ist für diese Art der Bepflanzung ideal. Ich ziehe meinen unter einer Nordmauer zusammen mit Funkien, Nieswurzen und dem blauen, farnartigen Stachelnüßchen *Acaena ascendens*. Diese recht robuste Pflanze breitet sich gern über die Wege aus und umspielt geschickt die harten Ecken des Mauerwerks.

Das Becherkätzchen *Garrya elliptica* wird von Tag zu Tag schöner und hängt voller langer, graugrüner Blütenquasten, die mich an die gespenstischen Sümpfe in den Südstaaten Nordamerikas erinnern, wo von den riesigen Bäumen die Schleier des Louisianamooses *Tillandsia usneoides* herabhängen.

Der immergrüne Lorbeerseidelbast, *Daphne laureola,* ebenfalls mit grünen, wenn auch nicht so spektakulären Blüten, läßt sich gut unter Bäumen ziehen. Der Duft seiner kleinen Blüten entfaltet sich am besten in den Abendstunden. *D. odora* blüht gegen Ende des Monats. Ich habe die gelblichweiß gerandete Varietät, die robuster ist als die Spezies, und natürlich auch *D. mezereum* mit weißen und mit purpurfarbenen Blüten, die im Februar ebenfalls die Luft mit ihrem starken Duft füllen. Die Farbe von *D. mezereum* variiert von einem verwaschenen Lavendel bis hin zu dunklem Karmin-Purpur, und gerade diese Farbe hätte ich gern, aber an verschiedenen Stellen erscheinen weniger wertvolle Nachkommen, die entfernt werden müssen. *D. grandiflorum album* ist übrigens schöner als *D. mezereum alba*.

Die langen Blütentrauben, die von den nackten Zweigen der Schweifähren *Stachyrus praecox* und *S. chinensis* herabhängen, wirken trotz ihres starren Wuchses elegant. Diese Sträucher, die sich durch ihre rote Rinde auszeichnen, gedeihen gut im Schatten hoher Bäume.

Kamelien kann ich in meinem Garten nicht ziehen, aber ich mag sie in den Gärten anderer Leute sehr. Ich habe es mit ihnen in Grünsand und torfigem Boden versucht, aber sehr bald färbten sie sich kränklich gelb, um mich dann ganz zu verlassen. Meine Meinung, sie seien nicht winterhart, ist inzwischen widerlegt worden. Sie gedeihen am besten an einer nach Westen oder Nordwesten ausgerichteten Mauer, wo ihre Blüten nicht von der frühen Morgensonne beschienen werden und ihre Wurzeln immer kühl bleiben.

Die dunkelrosa Japanische Aprikose *Prunus mume* ›Benishidori‹ ziehe ich vor einer Ostmauer. Ein großer Flecken des goldfarbenen panaschierten Efeus *Hedera helix* ›Golden Jubilee‹ an der Mauer kommt zur Geltung, wenn die Aprikose nicht in Blüte steht. Ihre gefüllten kleinen Blüten strömen einen süßen Duft aus. Stellt man ein paar Zweige mit Knospen in eine Vase, so dauert es nicht lange, bis die Blüten sich öffnen.

Die meisten Forsythien blühen später, während die zwergwüchsige *Forsythia ovata* und die größere *F. giraldiana* schon im Februar ihre Knospen öffnen. Das gleiche gilt für die entzückende verzweigte kleine Pflanze *Abeliophyllum distichum*, deren rosa Knospen sich zu weißen Blüten entfalten.

Nicht nur Blüten machen die Freude des winterlichen Gartens aus – auch »Gerippe« können uns in ihren Bann ziehen. Mein Garten ist voll von nackten Staudenstielen und Gräsern, von denen viele den Farbton alten Elfenbeins angenommen haben. Im Winter kann man jede Drehung und Wendung der Weide *Salix matsudana* ›Tortuosa‹ wahrnehmen, und die Korkenzieherzweige der Haselnuß *Corylus avellana* ›Contorta‹ kommen dann erst richtig zur Geltung. Im Sommer, wenn dieser Strauch sein Blätterkleid angelegt hat, sieht er irgendwie bucklig aus, aber im Winter offenbart er sein raffiniertes gedrehtes Geäst.

Blätter können zusammen mit nackten Zweigen eine schöne Gemeinschaft bilden. Die großen Blätter der *Bergenia cordifolia*, die sich im Winter karminrot färbt, wirken eindrucksvoll vor den braunen Samenständen der Fetthenne *Sedum telephium* und dem silbrigen Wollziest, *Stachys lanata*. Die goldenen und orangefarbenen Blätter der *Bergenia crassifolia* passen wunderbar zu dem Heiligenkraut *Santolina incana*. *Bergenia × schmidtii* hat kleinere, dunkelgrüne Blätter, öffnet aber als erste ihre kleinen, dichten rosa Blütenbüschel an kurzen Stengeln. Die kräftig karminroten Blätter der Bergenien *B. delavayi* und *B. purpurascens* bilden eine harmonische Gemeinschaft mit den cremefarben und grün gestreiften Blättern von *Iris foetidissima* ›Variegata‹ oder den kräftigen Blättern des Kreuzkrautes *Senecio laxifolius*. *Senecio monroii* wirkt trotz der weißen Unterseiten seiner grauen Blätter nicht so silberfarben, kommt aber vor den satt rotbraunen Stengeln der Gelenkblume *Physostegia virginiana* ›Summerspire‹, die ich wegen ihrer Leuchtkraft nicht abschneiden mag, besonders gut zur Geltung. Die weißen Blätter von *Olearia mollis* runden das Bild ab. An einer anderen Stelle sieht man die weißen Stiele von *Perovskia atriplicifolia* hinter den rötlichen Samenständen der Fetthenne ›Herbstfreude‹ (einer Kreuzung aus *S. telephium* und *S. spectabile*).

Ich lasse aber nicht nur schönfarbige Pflanzenstiele stehen. Einige staudige Pflanzen wirken fast wie laubabwerfende Sträucher, wenn sie ihre Blütezeit beendet haben, und ihre kahlen Stengel verleihen dem winterlichen Garten eine besondere Note. Die verzweigten Stiele der Stockrose *Alcea cannabina* erreichen eine Höhe von über 2 m, und der Wasserdost *Eupatorium purpureum*, der bis 2 m hoch wird, bildet nach dem Welken seiner flachen, purpurfarbigen Blüten ein prachtvolles Dickicht aus dunklen Stengeln. Die Scharte *Serratula coronata* trägt an kräftigen, 1,50 m hohen Stielen purpurfarbene Distelblüten, die sich recht gut halten; und Karden (*Dipsacus*) sind noch schöner, da ihre blaßlavendelfarbenen Blütenköpfe auch dann nicht an Reiz verlieren, wenn sie braun werden.

Der Februar ist für mich der Monat der Verheißung. Der Garten ist noch nicht erwacht, aber er rührt sich schon. Überall sehe ich Pflanzen, die unter der Erdoberfläche geschlafen haben und nun ihre neuen Triebe durch das kalte, ungemütliche Erdreich drücken. Rosafarbene Spitzen von Pfingstrosen, das frische Grün des Germers (*Veratrum*), die blaugrünen Spitzen der Blauglöckchen (*Mertensia*) und die dicht zusammenstehenden Knospen der Alraunen (*Mandragora*). Wir erwarten nicht viel von den feuchten Tagen des Februars, aber er ist ein aufregender Monat. Wenn uns das Gärtnern sonst gar nichts lehrt, kann es uns zumindest Vertrauen lehren. Während wir frösteln und jammern, wirkt die Natur unter der Erde Wunder. Ich sterbe hundert Tode, bis alle meine Freunde mich wieder im Garten begrüßen, aber ich brauche mich eigentlich nicht zu sorgen; fast immer kommen sie gesund und munter zurück. Trotzdem bin ich unruhig, bis ich die ersten rosa, grünen oder grauen Spitzchen am Boden entdecke.

# MÄRZ

Nun erwarte ich große Dinge vom März, und oft werde ich enttäuscht. So, wie wir wissen, daß der Februar uns Regen beschert, befürchten wir auch einige Stürme im März. Es hat schon Jahre gegeben, in denen uns dieser Monat mit Sonnenschein und Wärme verwöhnt hat, aber diese Jahre sind selten. Eigentlich sollten wir uns an den Narzissen, die zu Hunderten erblühen, erfreuen können, aber wie oft wartet ein böser Ostwind darauf, um jede Ecke zu pfeifen, und manchmal können beißende Fröste und sogar Schnee alle Gartenfreuden zunichte machen und die Blumen in ihrer frischen Schönheit zerstören. Zum Glück passiert das aber nur selten.

Ich bin immer wieder überrascht, wenn ich so früh im Jahr eine *Iris tuberosa* sehe. Die korrekte Bezeichnung war wohl immer *Hermodactylus tuberosum,* aber die meisten von uns kennen diese Pflanze als *Iris tuberosa*. Nachdem jetzt große Anstrengungen unternommen werden, sich auf eine bestimmte Nomenklatur zu einigen, haben die maßgeblichen Leute beschlossen, daß wir nicht mehr den einfacheren Weg gehen dürfen. Ich glaube allerdings nicht, daß sie es schaffen werden, uns die traute »Witweniris« auszureden, da ein »Witwenhermodactylus« wohl niemandem so leicht über die Lippen kommt. »Schlangenkopfiris« wird übrigens auch gerne verwendet.

Ich bin mir nicht ganz sicher, welcher Standort für diese Iris am besten ist. Da sie aus dem Mittelmeergebiet stammt, nahm ich an, sie würde vielleicht den gleichen Standort – nur mit besserer Erde – wie die algerische Iris *I. unguicularis* mögen, und so pflanzte ich sie vor den Steingarten, wo sie es besonders warm hat. Sie blüht dort zwar jedes Jahr, vermehrt sich aber nicht. Ich habe sie schon in einem gewöhnlichen Blumenbeet zwischen gleich hohen Pflanzen, die ihr eine leichte Stütze boten, stehen sehen, und in einem Garten gedeiht sie gut an einem geschützten Standort unter Bäumen. Der herrlichsten Kolonie bin ich aber in einem Garten ein paar Meilen landeinwärts von Weston-super-Mare begegnet. Dort war sie unter einer hohen, nach Westen ausgerichteten Mauer prächtig gediehen und hatte sich reichlich vermehrt. Die einzige Methode, den richtigen Standort zu finden, besteht wohl darin, kleine Guppen an verschiedene Stellen im Garten zu pflanzen und zu beobachten, wie sie sich entwickeln. Ich würde einen grünen Hintergrund vorziehen, da die zarten grünen Blüten mit ihren samtschwarzen Zeichnungen vor einer Steinmauer nicht richtig zur Geltung kommen. Und ich wäre froh, wenn sie sich so gut vermehrten, daß ich nach Herzenslust Blüten abschneiden könnte. Sie machen sich sehr gut mit anderen Frühlingsblumen, und immer wieder stelle ich fest, daß Sträuße oder Gestecke, in denen sie verwendet werden, großen Anklang finden.

Zu dieser Jahreszeit kann ich mich an vielen grünen Blüten erfreuen. Unser einheimischer Lorbeerseidelbast, *Daphne laureola*, hat noch immer wächsern grüne Blüten, und wer größere Büsche davon im Garten hat, sollte sich ein paar Zweige für die Vase schneiden. Bei einem Treffen in Dorset sah ich ein wunderbares Gesteck mit Seidelbastzweigen, die man am Straßenrand geschnitten und deren Blätter man entfernt hatte. Ich habe diesen Seidelbast nie wildwachsend gefunden, aber in meinem Garten sät er sich einigermaßen gut aus, und ich pflanze die Sämlinge dorthin, wo ich schönes Winterlaub haben möchte. Der Standort spielt keine große Rolle. Der Seidelbast eignet sich vorzüglich zum Unterpflanzen von Bäumen, liebt eine Nordmauer und fühlt sich in freier Lage wohl. Später fügt er sich harmonisch in das Landschaftsbild ein, so daß man sich nur überlegen muß, an welchem Platz er im Winter am besten aussieht.

Einige der großen Wolfsmilcharten öffnen in diesem Monat ihre Blüten. Wochenlang habe ich beobachtet, ob sich die beblätterten Stiele an der Spitze biegen, was darauf hindeutet, daß sie blühen werden. Das geheime Leben der Wolfsmilch ist etwas verwirrend, und oft werde ich von enttäuschten Besitzern gefragt, warum diese schön belaubten Stiele bei ihnen keine Blüten hervorbringen. Ich glaube, daß sie im ersten Jahr niemals Blüten ansetzen und sich erst im zweiten Jahr mit fußhohen Husarenmützen mit orangefarbenen, braunen oder schwarzen »Augen« schmücken. Die Stiele werden nach der Blüte abgeschnitten, und eine gut entwickelte Pflanze wird immer neue Stiele hervorbringen, so daß man jedes Jahr wieder mit Blüten rechnen kann, bis schließlich solch ein Stoppelfeld von abgeschnittenen Stielen entstanden ist, daß neue Stiele kaum noch Platz haben. In manchen Gärten blühen einige Varietäten nur alle zwei Jahre. Über die Namen der Wolfsmilcharten wird immer wieder gestritten. Ich behaupte – nach endlosen Spaziergängen durch botanische Gärten –, daß die Wolfsmilch *Euphorbia wulfenii* mit orangefarbenen Augen die größte ist; danach kommt die braunäugige *E. sibthorpii*, und *E. characias* mit perlartigen schwarzen Augen ist die kleinste und schönste. Oft höre ich aber, *E. characias* sei die größte und mit mehr grauen als grünen Blätter die schönste. Die meisten Leute interessiert aber nicht, wie sie genannt werden. Alle Arten haben wunderbare immergrüne, blaugrüne Blätter, und die großen, papageiengrünen Blütenköpfe halten sich über mehrere Wochen. Sie lassen sich auch gut abschneiden, müssen aber an den Enden mit einem brennenden Streichholz oder heißem Wachs versiegelt werden, da sie sonst stark bluten. Wenn ich die alten Blütenköpfe abschneide, sind die Steine rings um die Pflanze voll von dem milchig weißen »Latex«, der aus den Stielenden fließt. Da er äußerst giftig sein soll, bin ich immer sehr vorsichtig.

Da die größten Wolfsmilcharten sehr hoch werden können und man sie nur schwer symmetrisch halten kann, sehen sie in einer Ecke vor einer Mauer oder einer Hecke am besten aus. Das dunkle Grün von Zypressen oder das leuchtende Gelbgrün von goldfarbenem Liguster eignet sich vorzüglich als Hintergrund. Ganz zufällig war einmal hinter einem Exemplar von *E. characias,* das in einer Nische neben ein paar Steinstufen stand, ein

Sämling der zweijährigen gelbgrünen *E. stricta* aufgegangen, so daß ich mich eine Saison lang an einem eindrucksvollen Farbkontrast erfreuen konnte. Die Nieswurz *Helleborus corsicus* mit ihren graugrünen Blättern und grünen Blüten, die durch die goldenen Staubfäden zum Leuchten gebracht werden, wirkt noch schöner, wenn sie vor großen Exemplaren von Wolfsmilch steht. Bei mir sind das große, seltene Wolfsmilcharten, *E. androsacinifolia* und *E. valdevilloscarpa* – Sammlerstücke für Wolfsmilchsüchtige.

Das Kaukasusvergißmeinnicht, *Brunnera macrophylla* (syn. *Anchusa myosotidiflora*), das das ganze Jahr über leuchtendblaue Blütenrispen hervorbringt, erfreut sich großer Beliebtheit. Auch ich mag diese Staude, aber man sollte sie an eine Stelle im Garten setzen, wo sie im Winter nicht allzusehr auffällt. Sie ist keine Winterschönheit, da ihre großen schwarzen, zerfetzten Blätter die Wurzelkronen wie schmutzige Lumpen bedecken. Natürlich kann man die Blätter im Herbst entfernen, aber es widerstrebt mir immer, etwas abzuschneiden, was die Natur zweifellos als Schutz gedacht hat. Im März kann man sie dann aber entfernen, damit die hübschen kleinen graugrünen Blatttriebe mit den winzigen blauen Knospen, die sich bald öffnen wollen, sichtbar werden. Es wird immer empfohlen, dieser Pflanze Schatten und etwas Feuchtigkeit zu geben; ich habe aber festgestellt, daß sie ihre unzähligen Samen nicht nur im Schatten, sondern auch an freien, unbeschatteten Standorten aussät. In meinem Garten steht das Kaukasusvergißmeinnicht zusammen mit Elfenblumen *(Epimedium sulphureum)* und einer weißblühenden Nelkenwurz, die beide genug Laub haben, um seine häßlichen Winterblätter etwas verdecken zu können.

Das Gedenkemein, dessen Blüten größer, aber nicht ganz so intensiv blau sind wie die des Kaukasusvergißmeinnichts, blüht ebenso reichlich. Das Laub des Gedenkemeins *Omphalodes cappadocica* wird aber niemals unordentlich. Nach dem Winter muß es vielleicht ein wenig ausgeputzt werden, aber den größten Teil des Jahres sind die spitzen Blätter glänzend und leuchtend grün. Es gibt noch zwei sehr ähnliche Arten von Gedenkemein. *O. ni-*

*tida* hat eher graugrüne Blätter, und die Blätter von *O. lojkae* sind viel schmaler. Alle schattigen, ziemlich feuchten Plätze sagen ihnen zu. Zwischen Steinen am Rande eines schmalen Beetes unter einer Nordmauer zusammen mit Alpenveilchen oder lavendelfarbenen Primeln gezogen, bilden sie in Kürze dicke, kleine Büsche, die sich leicht teilen lassen, da jeder Stengel mit vielen Wurzeln herausgezogen und an anderer Stelle wieder eingepflanzt werden kann.

*Omphalodes verna* blüht früher als *O. cappadocica*. Oft sehe ich schon im Februar oder sogar noch früher ein kleines blaues Auge aus einem dunklen Blatt hervorlugen, und im März ist das Gedenkemein in der Regel mit vielen Blüten bedeckt. Es ist eine wuchernde Pflanze mit winzigen Blättern an den Enden ihrer langen Stiele. Alle diese Ausläufer schlagen Wurzeln; man braucht aber eine Menge davon, um den Boden ganz zu bedecken. Auch auf die schöne weißblütige Form und die seltenere *Collinsia verna* sollte man nicht verzichten. Diese Pflanze, die sich in einem großen Beet nahezu verliert, paßt gut in ein schmales Beet unter eine Mauer zusammen mit Löwenmäulchen oder rosa Zahnwurz (Dentaria). Das aristokratische Gedenkemein *O. luciliae,* das später im Jahr blüht, läßt sich nicht so leicht ziehen wie die anderen Arten. Seine sehr blauen Blätter und porzellanblauen Blüten sehen am besten aus, wenn sie aus Felsspalten herabhängen, und obwohl allgemein empfohlen wird, es in der Sonne zu ziehen, erziele ich mit den Pflanzen, die im Schatten stehen, die besten Ergebnisse.

Jeden Tag entdecke ich mehr blühende Primeln. Ich lasse mich gern von ihnen in dunklen Ecken und zwischen Steinen am Fuße von Mauern überraschen. Es ist üblich, über *Primula × pruhoniciana* ›Wanda‹ die Nase zu rümpfen, aber nur weil sie häufig in voller Sonne in einem offenen Beet gezogen wird, wo ihre rötlichpurpurnen Blüten allerdings hart und grell wirken. Aber ein Horst am Fuße einer schattigen Mauer ist etwas ganz anderes. Dort wirken die Blüten kräftig purpurfarben, und die winzigen Blüten haben einen purpurnen Hauch. Ich bin mir sicher, daß man ›Wanda‹ am besten im Schatten unter Bäumen oder Mauern zieht, wo sie frühzeitig austreibt, niemals von heißen Sonnenstrahlen verbrannt wird und vor einem grünen Hintergrund noch an Schönheit gewinnt. Sie vermehrt sich schnell, und das satte Purpurrot ihrer Blüten unterscheidet sich stark von dem grellen Farbton, den sie in einem offenen Beet annimmt. Wo immer ich ›Wanda‹-Primeln im Schatten sehe, werde ich an kleine Gruppen dieser Sorte erinnert, die in einem schmalen Beet im Garten meiner Schwester in Buckinghamshire wuchsen und ganz glücklich, aber nie spektakulär aussahen. Einen Winter lang wurde die Garage von Bauleuten in Beschlag genommen, und das Auto stand während der Bauarbeiten unter einer provisorischen Zeltplane, die auch das Primelbeet überdachte. Niemals habe ich derart vergnügte Primeln, niemals so prächtige Horste gesehen. Es war kaum ein Blatt zwischen diesen unzähligen großen und lachenden Blüten zu sehen, die im Dunkel unter dem Zeltdach leuchteten, aber überhaupt nicht grell wirkten.

Viele der lavendelfarbenen Primeln sind sehr schön und leicht zu plazieren, da sie eigentlich überall reizend aussehen. Unter den vielen Sorten der Polyanthaprimeln schmückt sich ›Mrs. McGilvray‹ mit Blüten in einem Malvenrosa und großen, gekräuselten Blättern, die sich leicht von anderen unterscheiden lassen. Es wäre einfacher, wenn man alle Primeln an ihren Blättern erkennen könnte. Die winzige ›Mauve Queen‹ hat kleine, recht zarte Blätter, die von ›Fair Maid‹ haben einen zarten blauen Schimmer, und die purpurfarbene ›Jill‹ hat sehr flache, dunkle, gekräuselte Blüten an Stielen, die Wurzeln bilden, so daß man sie leicht erkennen kann. Die rosa ›Kinlough Beauty‹ hat herzförmige Blätter mit vorstehender Mittelrippe und ebenfalls wurzelbildende Stiele. Die dichten Blattrosetten der winzigen cremefarbenen *Primula polyantha* ›Lady Greer‹ sind so klein, daß man sie kaum bemerkt, bevor die Blüten erscheinen. Die Blätter der rosa Form sehen genauso aus, so daß man auf die Blüten warten muß, um zu wissen, um welche Sorte es sich handelt. ›E. R. Janes‹, ein anderer Winzling, bringt oft im Herbst und Winter ziegelrote Blüten hervor, wenn er sich richtig wohl fühlt.

Er kann aber heikel sein, und meines Erachtens gedeiht er am besten in voller Sonne. Frost greift die Farbe seiner Blüten nicht an, aber bei den dunkelpurpurnen ›Julius Caesar‹ und ›Tawny Port‹ und den karminroten ›Dinah‹, ›Betty‹ und ›David Green‹ bewirkt er Merkwürdiges. Die blasseren Farben nehmen wie auch die pastellfarbenen Veilchen durch Frost keinen Schaden.

Ich ziehe eine Menge roter, rosa- und purpurfarbener Veilchen. Sie säen sich selbst aus und erscheinen in allen Schattierungen und Variationen, aber wenn sie auch recht winterhart sind, sehen sie bei sehr kaltem Wetter doch nicht besonders glücklich aus. Bei Kälte werden rosa Veilchen blau, Rot- und Violettöne wandeln sich zu einem Schieferton. Zum Glück reagieren sie ziemlich schnell auf warmes Wetter und nehmen ihre ursprüngliche Farbe wieder an.

Damit die gefüllten und halbgefüllten Veilchen möglichst viele Blüten hervorbringen, sollte man sie in Frühbeeten oder unter Glasglocken ziehen. Ich kann nie einen großen Unterschied zwischen den Sorten ›Duchesse de Parma‹ und ›Marie Louise‹ erkennen; beide haben lila Blüten, und sogar ›Mrs. J. J. Astor‹, die rosa-lila sein soll, unterscheidet sich von den anderen nur minimal. Eine weißblühende Sorte, die sich leicht ziehen läßt, ist ›Conte de Brazza‹. Die gefüllten Veilchen haben alle gelblichere, ziemlich kleine, glänzende Blätter; diese Merkmale fallen bei der weißen Sorte besonders stark ins Auge.

Viele Immergrünarten beginnen im März zu blühen. Ich meine natürlich nicht das große, gefällige Immergrün *Vinca major*, das den ganzen Winter über blüht. Wie sehr wünschte ich mir einen Platz in meinem Garten, wo ich diese äußerst nützliche und selbstlose Pflanze ziehen könnte, wie es sich gehört! All ihre guten Eigenschaften nehmen wir für selbstverständlich, aber welche andere Pflanze würde uns unabhängig vom Wetter und der Jahreszeit mit solch üppigem, glänzendem Laub beschenken? In einem Garten in meiner Nähe hat man sie sehr sinnvoll verwendet. Dort trennt eine gemischte Strauchbepflanzung das Haus von der Straße. An einer Ecke, wo die Böschung mit dem Drahtzaun zusammentrifft, beginnt eine Bepflanzung mit *Vinca major.* Statt unordentlicher Grasstoppeln drücken sich hier Ranken voller glänzender grüner Blätter durch den Zaun, um kaskadenartig die Böschung herabzuhängen. Den ganzen Winter über sind sie mit lichtblauen Blüten bedeckt. Immer wieder erfreue ich mich an diesem Anblick, wenn ich auf dem Weg zur Kirche an dieser Ecke vorbeikomme.

Wenn wir *Vinca major* auch wegen ihrer Blüten und ihrer Blätter ziehen, so ist die Hauptattraktion der panaschierten Form im wesentlichen ihr Laub. Die cremefarben gefleckten Blätter, die den Blüten im Winter an Schönheit keineswegs nachstehen, sind immer glatt und glänzend. Ich mache im Winter oft einen Umweg, um das panaschierte Immergrün zu sehen, das sich oberhalb der Straße in einem von Mauern umgebenen Garten harmonisch in eine höchst gelungene Bepflanzung einfügt. Viele Pflanzen, die im Winter attraktiv sind, sind hier hinter die Mauer gesetzt worden, insbesondere die Zwergmispel *Cotoneaster horizontalis,* winterblühende Heiden in Weinrot, Rosa und Karminrot, und dazwischen als Kontrast große Horste von panaschiertem Immergrün, das ohne fremde Hilfe über die Mauer kriecht und sich aus dem Boden oberhalb der Mauer langsam zwischen den Sträuchern hindurcharbeitet.

Im Winter erscheinen an den kleinen Arten immer ein paar Blüten, aber erst im März öffnen sie sich so richtig. Die azurblaue *Vinca minor* ›La Grave‹ öffnet sehr früh im Jahr eine Probeblüte, und oft entdeckt man zu dieser Zeit schon Blüten an der besten kleinen weißen Sorte. Ich habe diese Form immer als die weißblühende *Vinca minor* ›Mr. Bowles‹ bezeichnet und damit für einige Verwirrung gesorgt, da es schon eine blaue Form gibt, die Mr. Bowles zugeschrieben wird. Diese besondere weiße Sorte bekam ich als einen von Mr. Bowles Schätzen geschenkt, und ein anderer Freund schenkte mir ein Exemplar, das die Sorte ›Miss Jekyll‹ sein sollte. Ich pflanzte beide Exemplare mit allergrößter Sorgfalt ein, aber nichtsdestoweniger wollte Miss Jekylls kleiner Freund nicht Fuß fassen und starb im Laufe von ein paar Wochen ab. Ich zerbrach mir den Kopf, wie ich ein neues Exemplar bekommen könnte, ohne meinem großzügigen Freund gesteheen zu müssen, daß mir sein Geschenk eingegangen war, als ich mich mit einem anderen Gärtner über verschiedene Vinca-arten, insbesondere *Vinca minor,* unterhielt. Unter anderem sprach er auch von meiner besonderen weißen Sorte als der Sorte ›Miss Jekyll‹. Ich wußte, daß er über meine weiße Sorte sprach, da er das Laub hervorhob, das sich in seinem Wuchs merklich von den meisten Formen von *Vinca minor* unterscheidet. Statt langer Triebe, an denen die Blätter in ziemlich großen Abständen ange-ordnet sind, hat Mr. Bowles' (Miss Jekylls) Pflanze Blattpaare in viel kleineren Abständen an eher buschig wachsenden Trieben, die einen viel dickeren Teppich bilden. Als ich nun wissen wollte, wie sich die Sorten ›Mr. Bowles‹ und ›Miss Jekyll‹ voneinander unterschieden, erfuhr ich endlich die Wahrheit. Als erste besaß Miss Jekyll diese Vinca. Sie reichte sie weiter an Mr. Bowles, und wenn er ein Exemplar abgab, glaubte der Empfänger, eine Züch-tung von Mr. Bowles zu bekommen, wenn er sich nicht aus-drücklich nach der Herkunft der Pflanze erkundigte und dabei erfuhr, daß sie ursprünglich von Miss Jekyll stammte. Ich bin froh, die Zusammenhänge jetzt zu kennen, und noch glückli-cher darüber, daß ich nicht Miss Jekylls berühmtes kleines Immergrün verloren habe. Es gibt übrigens noch ein sehr kleines weißes Immergrün mit winzigen Blättern und kleinen Blüten, das sich gut für kleine Plätze eignet.

Das weinrote Immergrün *V. minor* ›Rubra‹ blüht besser als die halbgefüllte Form *V. minor* ›Multiplex‹ oder die gefüllte blaue *Vinca minor* ›Azurea Plena‹ mit ihren kleinen blauen Rosetten. Ich ziehe die panaschierten Formen wegen ihrer schönen Blätter, und immer wieder bin ich überrascht, wenn ich eine blaue Blüte am Ende eines silbrigen Triebes oder eine weiße Blüte an einem kleinen golden panaschierten Immergrün entdecke.


*Zweiter Teil*

Trotz der Nordostwinde und anhaltenden Fröste Ende März öff-nen jeden Tag Blausterne (Scilla) und Schneeglanz (Chionodoxa) ihre Blüten. Einige erscheinen an Stellen, wo ich sie haben wollte und hingepflanzt habe, während sich viele andere ihr Fleckchen selbst ausgewählt haben. Als erste blüht die ganz niedrige blaßblaue *Scilla mischtschenkoana* (syn. *Scilla tubergeniana*). Danach erscheinen die Schneeglanzarten mit ihren weißen Augen, dann die gewöhnlichen Blausterne. Ich weiß, daß es noch viele interessante Scillaarten gibt, die man eigentlich ziehen sollte, aber den von mir so geliebten gewöhnlichen Blaustern *Scilla sibirica* halte ich im Vergleich zu allen anderen Arten für den wertvollsten; das Blau seiner Blüten ist nahezu unübertroffen, und er sät sich selbst reichlich aus. × *Chionoscilla allenii* – eine Kreuzung aus *Scilla bifolia* und *Chionodoxa lucilia* – ist mit ihren blasseren und größeren Blüten auch ein schöner Frühjahrsblüher.

Es gibt mehrere blassere Scillaarten, die später blühen. *S. messenaica,* zarter und blasser als der gewöhnliche Blaustern, vermehrt sich besonders rasch. In Mr. Haddens Garten in Porlock taucht diese Art im April große Flächen im Unterholz ganz in Blau. Zusammen mit späten Winteralpenveilchen bietet sie einen herrlichen Anblick. Der Blaustern *S. bifolia,* der sich selbst reichlich aussät und im März blüht, ist dunkler in der Farbe. *S. azureus* unterscheidet sich kaum im Farbton, ähnelt aber mehr dem Hasenglöckchen *Scilla non-scripta* (syn. *Hyacinthoides non-scripta*).

In meinem Garten steht ein kleiner Horst der weißen Form des gewöhnlichen Blausterns. Ich muß ursprünglich mehr davon besessen haben, aber nur ein einziger Horst hat überlebt. Jedes Jahr blüht er, die Pflanze scheint sich aber nicht aussäen zu wollen, was ich sehr bedaure, da Weiß im März ziemlich rar ist. In einem guten Jahr sind meine dicken weißen Krokusse ›Snowdrift‹ sehr hübsch, kommen aber Spätfröste, so werden ihre schönen Blüten zerstört.

Seit Jahren ziehe ich die Sommerknotenblume, *Leucojum aestivum,* die ich als Bermudaschneeglöckchen geschenkt bekommen habe. Ich weiß nicht, warum sie »Sommerknotenblume« heißt, denn sie blüht zwar nach dem Märzenbecher, *Leu-*

*cojum vernum,* aber doch noch im Frühling. Sie paßt gut zu kleinen Narzissen, und unter Sträuchern wirkt sie sehr anmutig. Nahe beim Haus hatte ich längere Zeit einen Horst an einer recht auffallenden Stelle. Zu Beginn des Frühjahrs schien dieser Standort gut gewählt, wenn dieser anmutige Horst frischen Grüns sehr willkommen war, weniger gut schon, wenn ein Spätfrost die Stengel niedergedrückt und die feinen Umrisse der Pflanze zerstört hatte, geradezu schlecht jedoch im Frühsommer, wenn der Horst unordentlich war und sich gelb färbte, die Blätter aber noch nicht so verwelkt waren, daß man sie hätte entfernen können. Jetzt habe ich die gewöhnliche Sommerknotenblume *L. aestivum* in den Vorgarten gepflanzt, und außerdem stehen noch Horste zwischen den Hortensien und hinter den »Lenzrosen« *Helleborus orientalis.* Ich hoffe, daß sie hier bei Spätfrösten keinen Schaden nehmen und daß die anderen Pflanzen in den kleinen Beeten ihr häßliches absterbendes Laub ein wenig verdecken.

Die schönere Sorte dieser Sommerknotenblume, *L. aestivum* ›Gravetye Giant‹, habe ich mit anderen hohen, dekorativen Pflanzen zwischen Steine in den Graben gepflanzt. Hier stehen panaschierte und gefüllte Salomonssiegel, gefüllte Prärielilien (Camassia), bronzeblättrige Montbretien, Solfaterra und Libertien. Die Pflanzen, die ihre Blütenköpfe an gebogenen Stielen herabhängen lassen, habe ich in den obersten Bereich des Grabens gepflanzt, damit man die volle Schönheit jeder einzelnen Pflanze sieht. Die Sommerknotenblumen haben im Vergleich zur Länge ihrer Stiele verhältnismäßig kleine Blüten, so daß sie vor einem blattreichen Hintergrund am besten wirken.

Wenn es aber eine typische Märzblume gibt, so ist das meines Erachtens die Narzisse. Schon im Februar haben wir Narzissen, und auch im April gibt es noch viele, aber im März zeigen sie sich in ihrer ganzen Pracht.

Wenn wir Narzissen pflanzen, sollten wir an der Natur Maß nehmen. Wilde Narzissen wachsen im Gras und normalerweise in Horsten, so daß wir uns an den Silhouetten der Blüten vor einem Hintergrund aus Blättern erfreuen können. Größere Narzissengruppen brauchen Grün im Rücken, sollen sie nicht unnatürlich und grell wirken, was immer der Fall ist, wenn sie in ordentlichen Reihen in nackten Boden gepflanzt werden. Noch die schlichtesten Arten, als individuelle Horste im Gras gezogen, wirken weit lieblicher als die seltensten Gewächse in einem säuberlich angelegten Blumenbeet. Wir können allen Leuten dankbar sein, die sie als einzelne Horste unter Apfelbäumen, auf Grasböschungen, am Rande von Einfahrten oder sogar im Gras außerhalb ihrer Gärten ziehen.

Die erste Narzisse, die bei mir blüht, ist die kleine ›Tenby Daffodil‹ *Narcissus pseudonarcissus* ssp. *obvallaris,* nur 30 cm hoch, aber eine vollkommene Miniaturtrompetennarzisse. Da sie sehr früh blüht, stört man sich nicht an ihrem Gelbton. Dieses ziemlich kräftige Gelb empfinde ich zu einem späteren Zeitpunkt als etwas grell. Wenn im April *N. p.* ssp. *moschatus* seine weißen Blüten öffnet, hält die arme kleine Tenby dem Vergleich nicht stand.

In gleicher Weise halten wir die stolze Trompetennarzisse ›King Alfred‹ für eine prächtige Erscheinung, bis die Sorten ›Beersheba‹ und ›Mount Hood‹ ihre weißen Blüten öffnen. Weiße Narzissen können in ein Blumenbeet gepflanzt werden, während der Farbton der gelben unbedingt durch grünes Gras abgemildert werden sollte. ›Thalia‹ mit ihren zwei bis drei nickenden weißen Blüten an einem Stengel bietet einen entzückenden Anblick im Schatten eines Baumes, ebenso ›W. P. Milner‹ mit zart schwefelgelben Blüten.

Die Jonquillen lieben wir wohl vor allem wegen ihrer kleinen, zarten Blüten und ihrer vielen schmalen Blätter, die einen hübschen Hintergrund bilden. In Captain Berkeleys Garten in Spetchley bei Worcester erstreckt sich ein langes, schmales Beet voll dieser anmutigen Pflanzen, die die Luft mit ihrem Wohlgeruch erfüllen.

Die ganz winzigen Narzissen *N. cyclamineus* (Alpenveilchennarzissen) und *N. bulbocodium* (Reifrocknarzissen) und andere Miniaturausgaben brauchen einen völlig sicheren Standort, wo sie wachsen und sich behaupten können. Ich habe einen schönen Platz für sie im Heidegarten gefunden, wo man sie getrost sich selbst überlassen kann und sie jedes Jahr wieder vor einem passenden Laubhintergrund blühen.

Immer wieder bin ich überrascht, wenn ich sehe, wie an der zwergförmigen *Iris chamaeiris* Knospen schwellen, die beinahe so lang sind wie ihre Blätter. Diese kleine Iris, die gut in Pflasterspalten gedeiht, bietet ein entzückendes Bild, wenn sie ihre blauen, purpurfarbenen, primelgelben oder goldfarbenen Blüten zwischen ihren knapp 10 cm langen Blättern öffnet. Die weiße Sorte ›Bride‹ ist etwas größer und blüht etwas später. Am Rand eines Steinwegs sieht sie mit ihren grauen Blättern sehr hübsch aus. Zwei andere Sorten von annähernd gleicher Größe sind ›Green Spot‹ mit grüngefleckten weißen Blüten und ›Green Eyes‹ mit ebenfalls grünweißen Blüten.

Einige Blumen, die früh im Jahr blühen, haben kräftig grün angehauchte, goldfarbene Blüten und scheinen mir besonders gut zu den frühen Frühjahrsblühern zu passen. Später wirkt der grüngoldene Farbton der Wolfsmilch *Euphorbia epithymoides* vielleicht etwas grell, aber zu Beginn des Jahres verkörpert er den Frühling. Auch die Wolfsmilch *E. myrsinites* blüht im März. Ihre grünlichgelben Blüten kommen zwischen dem blaugrünen Laub besonders gut zur Geltung. Wenn sie ihre Blüten öffnet, haben die glänzenden Blätter der Herbstzeitlosen, die ich neben sie gepflanzt habe, den Gipfel ihrer Schönheit erreicht.

An der Schaftdolde *Hacquetia epipactis* gingen wir achtlos vorüber, würde sie später blühen. Wenn aber ihre ersten grüngoldenen Blüten mit den auffälligen Staubfäden wie verstreute Blütenblätter einer gelbblühenden Pflanze direkt über dem Boden erscheinen, haben noch nicht viele Blumen ihre Blüten geöffnet. Die Stengel wachsen langsam, aber wenn die Schaftdolde voll erblüht ist, erheben sich die Blüten inmitten kleeblattförmiger Blätter doch 10 – 12 cm über dem Boden. Nach dem Verschwinden der Blütenfarbe bleiben immer noch die grünen Kelche und die grünen Mitten, die nunmehr zwar recht dunkel geworden sind, sich aber hübsch zwischen den Blättern ausnehmen.

Eigentlich habe ich kein Recht, über das schöne Adonisröschen *Adonis amurensis* (syn. *A. dahurica*) zu schreiben, das seine grüngoldenen Blüten ebenfalls im März öffnet. Ein halbes dutzendmal habe ich es mit ihm versucht, aber nie ist es mir gelungen, es über längere Zeit am Leben zu erhalten. Ich habe ihm den nahrhaften Boden gegeben, den es nach meiner Kenntnis verlangt, und einen sonnigen Standort; außerdem habe ich nach dem Einpflanzen immer darauf geachtet, daß es ungestört blieb. Aber es hat wohl noch andere Bedürfnisse. Es heißt immer, daß es etwas Zeit zum Eingewöhnen brauche, und deshalb ist man nicht sehr enttäuscht, wenn es im ersten Jahr nicht erscheint, aber später fühlt man sich dann doch herausgefordert. Daß dieses Mitglied der Hahnenfußfamilie eine von Farrers Lieblingsblumen gewesen sein soll, wundert mich nicht, da die runden, strahlenden Blüten vor einem Hintergrund aus gefiedertem Laub den Anemonen sehr ähnlich sind. Es gibt eine gefüllte und eine ungefüllte Form, und ich würde mich immer für die gefüllte entscheiden. Die Japaner verwenden das Adonisröschen in Miniaturgärten, und in England wirkt es am besten in einem ziemlich zwanglos gestalteten Waldlandgarten, wo es etwas Sonne bekommt. Ich habe es in torfhaltigem und in gewöhnlichem Boden ausprobiert, stets ohne Erfolg.

Pflanzen, die im März blühen, bedürfen mitunter sehr sorgfältiger Plazierung. Wenn sie ihre Blüten öffnen, dürfen sie wohl mit Recht etwas Wärme und Sonnenschein erwarten, aber der März kann wie ein Raubtier all die vertrauensvollen Wesen verschlingen, die sich im Februar entwickelt haben. Ich frage mich manchmal, ob *Bergenia ciliata* in den schlechten Jahren nicht etwas Schutz haben sollte. Wenn sich die Blüten optimal entwickeln, sind sie zart apfelrosa gefärbt; sie öffnen sich aus kleinen, runden Knospen und haben rote Stiele und Blütenkelche. Wenn alles gutgeht, bilden die breiten, behaarten Blätter, deren Grün rötlich angehaucht ist, einen wunderbaren Hintergrund für die rosafarbenen und weißen Blüten. Ich habe aber auch schon Jahre erlebt, in denen die armen Blüten große Mühe hatten, sich ohne das kleinste Blatt im Rücken zu öffnen, und statt zartrosa durch den Frost vertrocknet und braun waren. In manchen schlechten Jahren zeigen die Bergenien kaum eine Blüte, ausgenommen die gewöhnlichen Arten *B. schmidtii* und *B. cordifolia,* die beide gut blühen und keinerlei Probleme machen. Ich verachte ihre wohlig runden, rosa Blüten keineswegs, aber ich sähe auch gern, daß die anderen zeigen, was sie können. Wenn man lange Zeit eifrig Bergenien gesammelt hat, bricht es einem fast das Herz, wenn ihre Blütezeit vorübergeht, ohne daß man auch nur eine Blüte gesehen hat, und wenn einem bewußt wird, daß man ein weiteres Jahr warten muß, um zu wissen, wie sie aussehen. Ich besitze eine weiße *B. milesii,* habe ihre Blüte aber noch niemals zu Gesicht bekommen. Eine andere Art, die sehr hoch werden soll, hat noch nie geblüht; ebenso eine Miniaturbergenie, die ich vor zwanzig Jahren gepflanzt habe. Aber eigentlich glaube ich, daß wir Bergenien vor allem wegen der Schönheit ihrer Blätter ziehen und daß ihre Blüten, wenn sie sich denn zeigen, eine zusätzliche Freude sind. Trotzdem wüßte ich gern, wie ich meine Pflanzen zum Blühen bringen kann.

Die gewöhnliche Sumpfdotterblume, *Caltha palustris,* ist mit ihren lackierten Goldkugeln und prachtvoll glänzenden Blättern an dicken Stengeln einer der vollkommensten Frühjahrsblüher. Jeder einzelne Stiel mit seinen Blüten, Knospen und wunderbaren Blättern ist ein Kunstwerk, aber leider wird die Sumpfdotterblume ziemlich groß und ist auf feuchten Wiesen besser aufgehoben, es sei denn, man hat einen sehr großen Garten. Die gefüllte Form *Caltha palustris* ›Flore Pleno‹ ist dagegen eine viel zierlichere Pflanze, und ein voll erblühter Horst ist eine wahre Augenweide. Wenn die Blüten verwelkt sind, werden die Blätter größer und bilden eine schöne Bodendecke. Die weiße Sumpfdotterblume ist sogar noch ansehnlicher und so ungewöhnlich, daß nicht jeder erkennt, um was für eine Pflanze es sich handelt. Ich habe noch niemals eine gefüllte Form dieser Pflanze gesehen. Sollte sie existieren, würde sie sehr gut in den Frühjahrsgarten passen. Obgleich diese Pflanzen die Feuchtigkeit lieben, gedeihen sie auch in einem gewöhnlichen Beet, wenn es nicht zu sehr austrocknet und schattig ist.

Im März sind die Forsythien in ihrem Element – die kräftigfarbene *F. intermedia spectabilis* und die etwas weniger grelle

*F. suspensa,* die ich an der geschützten Mauer des Malzhauses gezogen habe, die sich aber an einer Nordmauer genauso wohl fühlen würde. Die zwergförmige *Forsythia viridissima* ›Bronxensis‹ mit zitronengelben Blüten ist ein nützlicher kleiner Strauch für den Steingarten. Bei mir steht sie in einem der terrassierten Beete in vorderster Reihe, wo sie früh im Jahr einen willkommenen Farbfleck und anschließend einen nützlichen Laubhügel von 30 cm Höhe bildet. Mit der zwergförmigen, buschigen *F. ovata* kann man zu einem frühen Zeitpunkt Farbe in eine gemischte Rabatte bringen.

Die ausdörrenden Winde und Fröste, die den Märzgarten verheeren können, sind bei den Forsythien nahezu machtlos. Dafür richten in manchen Gegenden Vögel große Schäden an. Devonshire scheint davon besonders betroffen zu sein. Ich habe die traurige Geschichte von Sidmouth und Tiverton gehört, und Freunde in der Nähe von Chudleigh waren es so leid, jedes Jahr wieder alle Forsythienknospen durch plündernde Meisen und Dompfaffen zu verlieren, daß sie sich geschlagen gegeben und die meisten Forsythien durch andere Bäume ersetzt haben.

Die cremefarbenen Blüten der Duftblüte *Osmanthus delavayi* sind zwar klein, riechen aber sehr süß. Am besten gibt man dem Busch keinen allzu exponierten Standort. Da meine Duftblüte an einem ziemlich ungeschützten Platz steht, werden ihre zarten Blüten an den oberen Zweigen manchmal von Frost oder Wind ausgedörrt. Kürzlich habe ich in einem Garten in Worcestershire einen sehr hohen Busch gesehen, der mit höheren Sträuchern im Hintergrund vor einem Sommerhaus gepflanzt war, und man erzählte mir, jedes Jahr bringe er eine Fülle makelloser Blüten hervor.

# APRIL

In einem normalen Jahr ist der April ein relativ freundlicher Monat mit milden Regenschauern, nach denen der Himmel wieder klar und blau ist, und mit gelegentlichem Sonnenschein, der noch nicht zu heiß ist und angenehm wärmt. Der Februar sollte genügend Feuchtigkeit gebracht haben, um für viele Wochen vorzusorgen, und die heftigen Märzwinde sollten die Erdoberfläche so getrocknet haben, daß sie bearbeitet werden kann – alles sollte auf das freundliche Wechselspiel von Schauern und Sonnenschein im April vorbereitet sein.

Natürlich läuft nicht immer alles so ab. Im Februar haben wir nicht immer Regen, und die Märzwinde wissen nicht immer, wann dieser Monat endet und der April beginnt. Aber am schlimmsten sind die Jahre, in denen wir wochenlang – mitunter bis in den Mai – keinen Regen haben. Das kann für all die Pflanzen böse Folgen haben, die verhältnismäßig spät geteilt oder umgepflanzt werden müssen. In manchen Jahren macht der April seinem Ruf überhaupt keine Ehre. Dann ist er kalt, und manchmal scheinen die Dinge nur sehr langsam in Schwung zu kommen. Kein anderer Monat kann mich so sehr enttäuschen wie der April, da wir von ihm besonders viel erwarten. Ich erinnere mich, wie ich es in der Zeit, als wir zwischen London und Somerset pendelten, kaum erwarten konnten, im Garten nachzuschauen, was sich während meiner Abwesenheit alles getan hatte, und meistens war es nur sehr wenig.

In einem guten Jahr bietet der Schneeball *Viburnum utile* Anfang April einen erfreulichen Anblick. Dieser Strauch steht bei mir an der nach Osten ausgerichteten Mauer des Malzhauses. Im Februar zeigt er schon vereinzelte Blüten, und im April ist er voller flacher, rosafarbener Blütenköpfe, die sich aus dunkleren Knospen entfalten. Ich weiß, daß viele Leute statt dieses Schneeballs lieber *Viburnum burkwoodii*, eine Kreuzung aus *V. utile* und *V. carlesii*, pflanzen. *V. burkwoodii*, den ich in meinem Garten als Busch ziehe, ist sehr groß und nahezu immergrün. Im Vergleich zu *V. utile* scheint er mehr Blätter als Blüten zu haben. Der schlankere *V. utile* ist früh im Jahr mit einer solchen Blütenfülle bedeckt, daß seine Zweige und sein spärliches Laub kaum sichtbar sind. Ich denke oft, wie schön er vor einer weißen Mauer aussehen müßte. Die graue Steinmauer des Malzhauses ist nicht der beste Hintergrund für blasse Blüten, aber selbst dieser Nachteil kann nicht von der Schönheit dieses Schneeballs ablenken, wenn er in voller Blüte steht.

Die Higankirsche *Prunus subhirtella* ›Autumnalis‹ blüht noch immer, und es fällt mir kein anderer Baum mit einer sechsmonatigen Blütezeit ein. Jetzt trägt sie natürlich nicht mehr so viele Blüten und erinnert auch nicht mehr an einen Schneesturm vor blauem Himmel, aber trotzdem sind ihre Blüten noch so zahlreich, daß es sich lohnt, ein paar Zweige zu schneiden. Auch ohne Blüten machen sie sich hübsch in der Vase, da die zartgrünen, rosa angehauchten Blätter zu dieser Jahreszeit sehr willkommen sind.

Man sollte meinen, daß es gerade jetzt im Garten vieles zu pflücken gäbe, aber mit Ausnahme von Zwiebelpflanzen und kleinen Dingen wie Primeln, Anemonen und Steingartenpflanzen ist die Ausbeute recht spärlich. Die schöne, altbewährte *Mahonia aquifolium* steht zwar noch in voller Blüte, aber sie wirft ihre Blütenblätter sehr früh ab, und während ihr junges Laub einen schönen Glanz hat und nahezu karminrot ist, können die alten Blätter vom Frost recht mitgenommen aussehen.

Die rosablütige, purpurblättrige Schlehe *Prunus spinosa* ›Rosea‹ ist ein hübscher kleiner Strauch für den kleinen Garten. Es ist eine gefüllte Form der wilden Schlehe, und das rötliche Laub ist ziemlich ungewöhnlich. Dieser Strauch braucht unbedingt einen Platz, wo er ganz für sich allein steht, und ich wünschte, ich hätte ihn bei mir so gut unterbringen können wie ein Freund sein Exemplar. Der Garten dieses Freundes muß irgendwann einmal ein Steinbruch gewesen sein, da sich an verschiedenen Stellen hohe Natursteinmauern befinden, und hier, geschützt am Fuße einer dieser Mauern, hat die Schlehe einen Ehrenplatz gefunden. Mit einer Fülle rosafarbener Blüten bedeckt, nimmt sie einem fast den Atem, wenn man um die Ecke kommt und plötzlich vor ihr steht. Ich erinnere mich noch an einen Tag, als es etwas nieselte und die kleine Schlehe geheimnisvoll in Nebel gehüllt war.

Ein anderer Strauch, der mich im April entzückt, ist der Geißklee *Cytisus kewensis*. Manche Pflanzen kann man praktisch überallhin setzen, aber dieser Kriechende Geißklee braucht unbedingt den richtigen Standort, um sich in seiner ganzen Schönheit zu zeigen. Nicht in jedem Garten findet sich ein flaches Beet hinter einer Mauer, wo sich der Geißklee ausbreiten und seine rahmweißen bis schwefelgelben Blüten über die Mauer ausschütten kann. Nach dem Verblühen bietet er als dicke Matte, die mit der Umgebung verschmilzt, immer noch einen reizvollen Anblick. Er benötigt nur wenig Pflege; seine Zweigenden müssen nach der Blüten leicht zurückgeschnitten werden.

Immer noch blühen Nieswurzen. Die Tage der Balearennieswurz *(Helleborus lividus)* sind freilich langsam gezählt, was kaum überrascht, denn schließlich waren die ersten Knospen schon im Januar da. Jetzt beginnt wieder die Sorge, ob man auf Samen hoffen kann, und diese Sorge ist nur allzu berechtigt. Irgend etwas scheint *H. lividus* zu entmutigen, wenn er ein paar Wochen in Blüte gestanden hat – seine Stengel werden schwarz und beginnen zu welken, die Blüten färben sich ebenfalls schwarz, anstatt sich zu öffnen und ihr Gesicht dem Himmel entgegenzustrekken, damit die Samenkapseln genug Platz haben, um sich auszudehnen. Zu dieser Zeit treibt gewöhnlich frisches Grün aus. Man schneidet am besten die alten Stiele ab und hofft darauf, im nächsten Jahr mehr Glück zu haben.

Obwohl sich die Korsische Nieswurz, *Helleborus corsicus*, schon im Januar geöffnet hat, sieht sie immer noch schön aus. Sie ist zwar keine langlebige Pflanze, setzt aber glücklicherweise eine Menge Samen an. Sobald die Samenkapseln bei einem leichten Fingerdruck aufplatzen, schneide ich die Stiele bis zum Boden ab, damit die Pflanze neu austreiben kann. Die neuen Blätter aller Nieswurzarten glänzen und sehen gesund aus, und das frische Grün von *H. lividus* und *H. corsicus* ist besonders ansehnlich.

Es scheint drei verschiedene Formen der Kreuzung aus *H. lividus* und *H. corsicus* zu geben. Jahrelang habe ich die Sorte ›Bauer's Hybrid‹ gezogen, die mir als gute Form von *H. corsicus,* verbessert durch einen Hauch von *H. lividus,* geschenkt worden war. Es gibt noch eine andere Form, die ohne eigenen Namen auskommen muß und einfach nur *H. lividus* × *corsicus* genannt wird, und schließlich gibt es noch Sir Frederick Sterns Kreuzung der beiden genannten Arten, *H. sternii.* Bei keiner dieser Arten läßt sich viel Lividusblut erkennen. Die Blüten haben einen fahlen Schimmer, den sie vielleicht *H. lividus* verdanken, und die Brakteen zeigen einen Stich ins Rosa. Die rötlich gezeichneten Blätter sind merklich grauer und stachliger, aber keine der Sorten ist wirklich robust.

Es ist nahezu unmöglich, zwischen den verschiedenen Formen von *H. orientalis* zu unterscheiden. Sie säen sich kreuz und quer aus, und ihre Verwandtschaft ist ganz gemischt. Ich habe eine sehr gute grünlich-cremefarbene Sorte, die sehr spät blüht. Jahrelang habe ich beobachtet, daß sie sich als letzte öffnet und sehr lange Zeit in Blüte steht. Ihre Samen sammle ich sehr sorgfältig, und zur besseren Unterscheidung habe ich sie ›Greenland‹ getauft. Inzwischen ist sie weit verbreitet, und ich höre über sie nur Gutes.

Auch einige Wolfsmilcharten (Euphorbia) lassen sich nur schwer auseinanderhalten, und ich frage mich, ob wir überhaupt alle dasselbe meinen, wenn wir über eine bestimmte Spezies sprechen. Unter dem Namen *E. wulfenii* habe ich die große Pflanze erworben, die zwischen den Pflastersteinen meiner Terrasse so gut gedeiht, aber wenn man es genau nimmt, ist der korrekte Name wohl eher *E. sibthorpii,* da ihre Augen dunkelbraun und nicht orangefarben sind wie bei der echten *E. wulfenii.* Kürzlich hat ein Experte meine Pflanze sogar als *E. characias* bestimmt, aber ich glaube, die meisten Leute sind sich darüber einig, daß *E. characias* jene kleinere, bläulich-schwarzäugige Schönheit ist, die eher rosafarbene Stiele und eine ziemlich deutliche, erst nach einiger Zeit verschwindende Krümmung an den Blütenknospen zeigt.

Verwirrung herrscht auch bei *E. biglandulosa* und *E. myrsinites,* und einige Formen der letzteren, die in ihrem Habitus feiner sind als andere, laufen unter der Bezeichnung *E. biglandulosa,* obgleich sie Formen von *E. myrsinites sind.* Eine Wolfsmilch, die ich genau identifizieren kann, ist die geschäftige kleine bodendeckende *E. cyparrissias.* Wohlmeinende Freunde warnen mich immer vor ihr, wenn sie sie in meinem Garten sehen, aber bis jetzt kann ich sie noch nicht als Plage empfinden. Sie ist tatsächlich sehr eifrig und breitet sich gern in alle Richtungen aus, aber sie ist keineswegs eine gewöhnliche Pflanze, und viele wollen sie haben. In den ersten Jahren bildet sie eine reizvolle Bodendecke, und wenn sie sich voll entwickelt hat, mischen ihre 30 cm langen Stiele sich harmonisch unter die benachbarten Pflanzen. In manchen Gärten färben sich die Brakteen im Spätsommer karmesinrot, und ich bedaure, daß sie das bei mir nicht tun. Ich dachte immer, es handele sich um zwei verschiedene Pflanzen, aber wenn ich in Gärten eine *Euphorbia cyparissias* mit einer schönen Herbstfärbung entdecke und genau weiß, daß dort nur die gewöhnliche Sorte gezogen wird, bin ich überzeugt, daß ich unrecht habe. In Österreich habe ich auch beobachtet, daß einige der heimischen Pflanzen im Herbst reizvoll ihre Farben verändern.

Ich wünschte mir, *Euphorbia polychroma* würde sich so stark vermehren wie *E. cyparissias.* Ihre Horste werden zwar jedes Jahr größer, aber doch nicht viel größer. Ich habe niemals Samen an der Pflanze gefunden, auch keine Sämlinge in ihrer Nähe, und auf Stecklinge kann man sich nicht verlassen. Während in manchen Jahren Stecklinge von jungen Trieben sofort angehen, wollen sie in anderen Jahren überhaupt keine Wurzeln schlagen, und man muß sein Glück mit Stecklingen versuchen, die man erst im Herbst abnimmt. Wenn möglich, ist die Teilung immer ein guter Weg zur Vermehrung der Pflanzen; und auch *E. polychroma* läßt sich mit etwas Gewalt so behandeln.

Nach einigen Unstimmigkeiten unter den Experten ist man sich jetzt wohl einig, daß *E. polychroma* und *E. epithymoides* identisch sind, während sich *E. pilosa* ›Major‹ von ihnen unterscheidet. Beide Arten sind zu Beginn des Frühjahrs schön anzuschauen, wenn sie ihre runden, grünlichgoldenen Blütenkuppeln öffnen, die fröhlich, aber keinesweg grell wirken. *E. polychroma* hat zwar eine lange Blütezeit, aber im Herbst ist es mit ihr vorbei, während *E. pilosa* ›Major‹ niemals unansehnlich wird. Im Herbst färben sich viele ihrer Blätter zart karminrot, und sie bringt an 60 cm langen Stielen immer noch neue grüngoldene Blütenköpfe hervor. Auch danach zeigt sie noch frisches Grün, so daß sie das ganze Jahr über attraktiv bleibt. Da sie sich am Ende der Saison zu einer großen Pflanze entwickelt hat, sollte sie nicht zu dichtgedrängt neben anderen Pflanzen stehen. In einem Teil meines Gartens habe ich sie in die Nachbarschaft des Ehrenpreises *Veronica gentianoides* gepflanzt, da dieses den größten Teil des Jahres einen Teppich aus glänzend dunkelgrünen Blättern bildet und die ca. 20 cm langen, blaßblauen Blütenähren nicht lange halten.

Ich freue mich immer, wenn ich im Wald die Blätter von *Euphorbia hibernica* entdecke. Ich glaube, es gibt viele Formen dieser Pflanze, aber in der Gegend von Exmoor in Somerset meine ich die Stammform entdeckt zu haben. Als mir eine Freundin eine Pflanze aus ihrem Garten schenkte, war ich der Meinung, das Büschel zarten Grüns gehöre zu einer hübschen kleinen Pflanze. Aber weit gefehlt! Die zarten kleinen Blätter gehörten zu einer Wurzel, die so groß wie ein junger Baumstamm war, und nach vergeblichen Versuchen, sie mit verschiedenen Werkzeugen herauszubekommen, mußten wir schließlich zu einem Montiereisen greifen. Damit hatten wir dann endlich Erfolg. Diese Wolfsmilch benötigt einen Platz auf einer schattigen Böschung, etwa zusammen mit Funkien oder dem Kaukasusvergißmeinnicht, *Brunnera macrophylla*.

*Euphorbia sikkimensis* macht sich gut als »Füllmaterial« in einem schattigen Beet. Mit »Füllmaterial« meine ich, daß man sie sich zwischen Sträuchern oder unter einer Hecke nach Gutdünken ausbreiten lassen sollte. An einem solchen Standort wird sie 60–80 cm hoch und bietet in jedem Lebensabschnitt einen schönen Anblick. Ich liebe ihre leuchtendroten Triebe, die im Januar und Februar erscheinen, und später die charakteristischen grünen Blüten, die den passenden Höhepunkt bilden.

Die neuere *E. griffithii* kehrt dieses Farbenspiel genau um. Ihr Laub ist genauso schön wie bei allen anderen Euphorbien, aber das Bestechende an ihr sind die Brakteen. Sie haben einen warmen, aber nicht grellen oder stechenden Orangeton, der etwas variiert. Wie meist bei Sämlingen, können wir nicht sicher sein, daß jede Pflanze die hervorragenden Eigenschaften ihrer Eltern besitzt, und da ich schon ziemlich unattraktive Exemplare von *E. griffithii* gesehen habe, empfehle ich sehr, nur blühende Pflanzen zu kaufen. Nur bei der Varietät ›Fireglow‹ kann man sicher sein, daß man eine schöne Pflanze erhält.

Jedes Jahr stelle ich wieder fest, wie viele gewöhnliche Aubrietien sich in meinem Garten angesiedelt haben, obwohl ich nur auserlesene Exemplare gepflanzt habe. Und erst die großen Mengen des dunkelgelben Steinkrauts (Alyssum)! Immer wieder nehme ich mir vor, die Aubrietien mit den schönsten Farbtönen zu kennzeichnen und im Herbst Stecklinge zu schneiden. In einigen Büchern wird empfohlen, Stecklinge direkt nach der Blüte abzunehmen, aber ich habe damit keinen Erfolg. Nach meinen Erfahrungen viel besser geeignet sind die frischen jungen Triebe, die wachsen, nachdem man die Pflanzen drastisch bis zum Boden zurückgeschnitten hat. Einige der neuen Aubrietien sind herrliche Sorten mit dunkelfarbigen und häufig gefüllten großen Blüten, so daß es gar keinen Grund gibt, daß wir uns noch länger die Sorten mit kleinen, verwaschen malvenfarbenen Blüten im Garten halten sollten, die sich so unermüdlich aussäen.

Auch das dunkelgelbe Steinkraut ist fest entschlossen, sich im Garten zu behaupten. Es sät sich mäßig aus, nimmt aber verhältnismäßig rasch an Umfang zu. Jedes Jahr siedle ich möglichst viele Pflanzen der blassen Sorte an, entweder aus Samen gezogene Exemplare oder Stecklinge, die ich von meinen wenigen blaßgelben Pflanzen abgenommen habe. Aber nur sehr wenige scheinen zu überleben. Ich frage mich immer, ob die blasseren Blumen in Übereinstimmung mit ihrer zarten Farbe auch eine schwächere Konstitution haben. Bei *Alyssum saxatile* ›Citrinum‹ ist das sicherlich der Fall.

Das gleiche habe ich bei der Varietät *Alyssum saxatile* ›Compactum‹ festgestellt. Ich hatte auch schon die zart biskuitgelbe Sorte ›Dudley Neville‹ und die gefüllte Form in meinem Garten, aber nur selten haben sie länger als ein oder zwei Jahre gehalten, während das gewöhnliche goldfarbene Steinkraut jedes Jahr noch kräftiger wird. Manchmal wünsche ich mir, ich hätte den Mut, es mit Stumpf und Stiel zu entfernen, da seine Farbe für eine zivilisierte Gesellschaft einfach zu aufdringlich ist, aber ich weiß, daß ich nicht genügend Pflanzen der zartgelben Art hätte, um die Lücken zu füllen, und außerdem könnte ich den Dorfbewohnern nicht mehr in die Augen sehen, wenn ich ihren geliebten »Goldstaub« aus meinem Garten verbannen würde.

Mir scheint, ich sollte auch mit der weißen Gänsekresse (Arabis) etwas radikaler verfahren. Zweifellos ließen sich wertvollere Pflanzen finden, um Mauern und Pflasterritzen (eventuell auch Beete und Steingärten) zu füllen, aber bei der Gänsekresse bin ich aus zwei Gründen etwas sentimental. Zum einen wuchs sie überall in den Mauern, als wir das Haus erwarben, und wenn es mir an Pflanzen mangelte, konnte ich immer kleine Stückchen herausreißen und sie an die kahlen Stellen pflanzen. Zum anderen erscheint die Gänsekresse sehr früh, und die glitzernden weißen Flecke sind zu Beginn des Jahres sehr wirkungsvoll. Ich bewundere immer, wie ordentlich sie noch die kleinste Spalte füllt, und ihr graugrünes Laub ist das ganze Jahr über ein erfreulicher Schmuck. Da sie es aber allzu toll treibt, muß man jedes Jahr große Mengen entfernen. Leider wachsen weder die verschiedenen rosafarbenen Formen noch die wirklich entzückende gefüllte Form, die erst spät blüht, so stark. Wenn die gefüllte

weiße Gänsekresse nur duftete, könnte sie ebensogut als Grund-
stock dienen. Sie muß kräftig beschnitten und von Zeit zu Zeit
durch Stecklinge erneuert werden.

Die dunkelrot-purpurfarbene Gänsekresse *Arabis blepharo-
phylla* ist nicht langlebig, aber in einer Mauer gezogen ist sie mit
ihrem schönen Laub und ihren runden Blütenköpfen an steifen
Stielen eine höchst wirkungsvolle kleine Pflanze.

Einige der später blühenden Narzissen sind besonders schön.
Es ist immer ein Glückstag, wenn sich die Knospen der ›Ingles-
combe‹ zu öffnen beginnen. Das ist eine ziemlich alte Narzisse,
aber von ganz eigenem Charakter. Das zitronige Primelgelb
ihrer gefüllten Blüten, das einen zarten grünen Schimmer hat,
könnte man für das Primelgelb einer Gardenie halten. In der
Regel finde ich die gefüllten Narzissen nicht so schön wie die
ungefüllten. Das gilt vor allem für die zweifarbigen. ›Ingles-
combe‹ aber ist eine Ausnahme, da sie vollständig gefüllt ist und
nicht nur aus einer gefüllten Mitte und einem Perianth besteht.

Auf Gras habe ich mir immer blühenden Hundszahn (Erythronium) zusammen mit anderen frühjahrsblühenden Zwiebelpflanzen gewünscht. Ich habe ihn schon in dieser Weise wachsen sehen, und als ich große, dichte Horste aus Sämlingen im
Torfgarten entdeckte, hatte ich den Einfall, ich könnte es mit
ihnen auch einmal unter dem Baum auf dem Rasen probieren.
Ich malte mir aus, wie die nickenden rosafarbenen Blütenköpfe
nach den Krokussen erscheinen würden, und dachte mir, sie
könnten eine schöne Folie für die gewöhnlichen blauen Traubenhyazinthen abgeben. Was aber dabei herauskam, waren nur
Blätter – schöne gefleckte Blätter natürlich, letztendlich aber
doch etwas enttäuschend ohne die Blüten. Bei diesem Hundszahn handelt es sich um das gewöhnliche *Erythronium dens-canis;*
die anderen Arten wachsen in erhöhten Beeten – zum Beispiel
das leuchtendgelbe *E. californicum* und die beste Sorte der rosafarbenen Dens-canis-Typen, ›Rose Queen‹. Der sattgelbe Hundszahn *E. tuolumnense* hat schönes hellgrünes Laub, ebenso die
blasse Sorte ›Cream Beauty‹. Da alle Erythroniumarten am
besten im Schatten gedeihen, verwende ich Heiligenkraut erfolg-

reich als Schattenspender. Wenn es zu groß wird, muß eine von beiden Pflanzen weichen, in der Regel der Hundszahn, denn es ist zwar sehr einfach, immer alle Pflanzen zu entfernen, die etwas zu groß werden, aber es macht den Garten auch gleichförmig. Alles Kleine, Schmucke und Ordentliche mag einigen Leuten gefallen, aber es macht einen Garten langweilig, wie gepflegt er auch sei.

Es ist immer eine große Versuchung, einige der aufregenden Zwiebeln und Kormusse zu kaufen, die auf den vierzehntägigen Ausstellungen der Royal Horticultural Society gezeigt werden, aber nicht alle fühlen sich in meinem schweren, kalkhaltigen Boden wohl. Einige Irisarten der Junogruppe, die ich einmal erworben habe, sind recht zufrieden und erscheinen zuverlässig jedes Jahr wieder. Diese ungefähr 30 cm hohen Irisarten tragen ihre Blüten, die im April aufgehen, in den Blattachseln. Meines Erachtens ist *I. bucharica* unter den von mir ausgewählten die eindrucksvollste. Sie hat glänzend weiße und gelbe Blüten und zartgrüne Blatter. Bei *I. graeberiana* sind die Blüten blaß kobaltblau, bei *I. magnifica,* der robustesten von allen, weiß mit einer zartblauen Tönung.

*I. chamaeiris* blüht immer früher als erwartet. Mit ihren übergroßen Blüten, die zwischen winzigen Blättern erscheinen, eignet sie sich gut für sonnige Standorte zwischen Pflastersteinen oder am vorderen Rand eines Steingartens. Die hell- oder dunkelgelben, blauen, violetten oder weißen Blüten halten zwar nicht sehr lange, sind aber höchst zahlreich. Eine andere zwergförmige Iris, die im April blüht, ist die rauchig rote *I. mellita,* nur 10–20 cm hoch.

Die meisten Leute können *Iris japonica* ziehen. Sie trägt frischgrüne Blätter, ist aber recht blühfaul. Die schöne panaschierte Form ist sogar noch zurückhaltender. Es scheint, daß man ihr eher Blüten entlocken kann, wenn man sie über mehrere Jahre ungestört läßt. Ich kenne einen Garten, in dem diese Iris vor einer beschatteten Westmauer steht; hier bringt sie jedes Jahr Unmengen zerbrechlich aussehender Blüten hervor, die man für Orchideen halten könnte.

Die Gärtner erwärmen sich immer mehr für Zwiebelpflanzen, da sie inzwischen erkannt haben, wie leicht sie zufriedenzustellen sind und wie reizvoll sie einen Garten machen können. Fritillarien sind beinahe genauso beliebt wie Schneeglöckchen, und viele der gewöhnlichen Arten sind relativ leicht erhältlich. Es gibt andere Arten, die aus Samen gezogen werden können, da mehr und mehr unternehmungslustige Sammler neue Varietäten mitbringen. Leider dauert die Aufzucht sehr lange. Ich habe mehrere Freunde, die in ihren Gewächshäusern Töpfe mit Fritillariensaat stehen haben, die immer wieder von Unkraut befreit, gewässert und jahrelang gehütet werden müssen, bis sich endlich Blüten zeigen. Wenn ich Jahr für Jahr all diese Töpfe sehe, hoffe ich inbrünstig, daß das Ergebnis der Mühe und des Wartens wert ist. Ich bin allerdings ganz zuversichtlich, denn ich habe eigentlich noch nie eine reizlose oder uninteressante Fritillarie gesehen.

Da ich selbst kein Gewächshaus habe und von ungeduldiger Natur bin, gebe ich mich mit den Fritillarien zufrieden, die man kaufen kann. *Fritillaria pallidiflora* hat große, cremefarbene Blüten, deren Innenseiten sienabraun gefleckt sind. Bei *F. persica* sind die hängenden Glockenblüten kleiner, und ihr Schieferblau erinnert an die Farbe eines Gewitterhimmels. *F. pontica* trägt Blüten in einem zarten Seegrün mit einem mattrosa Hauch. Sie ist eine der Fritillarien, die unbedingt oberhalb der Augenhöhe gepflanzt werden sollten, da ihre glänzend grünen Blüteninnenseiten mit den schwarzen Nektarien besonders schön anzuschauen sind. *F. pyrenaica* ist eine andere Art, die in einem erhöhten Beet stehen sollte, da auch bei ihr die Blüteninnenseiten besonders schön sind. Die außen rotbräunlichen glockigen Blüten sind innen grün mit äußerst feinen Markierungen. Die Farbgebung von *F. ruthenica* ist ziemlich ähnlich, nur sind die Blütenstiele 60 statt 35 cm hoch. *F. acmopetala,* auch ungefähr 60 cm hoch, hat bronzefarbene Außen- und grünlichgelbe Innenseiten. *F. pudica* und *F. citrina* sind beide blaßgelb.

Fritillarien lieben einen feuchten Laubboden, der aber gut drainiert sein muß, da ihre Wurzeln bei zuviel Nässe leicht faulen. Ich ziehe meine Fritillarien in Trögen, erhöhten Beeten oder an schattigen Böschungen, wo man die Schönheit ihrer Blüten bewundern kann.

Als einzige unter diesen Fritillarien habe ich *F. pyrenaica* auf Gras heimisch werden sehen, und in diesem Fall hatte sie sich wunderbar ausgebreitet und bot in großen Mengen einen wunderbaren Anblick.

Natürlich gedeiht und vermehrt sich auch unsere heimische Schachbrettblume, *F. meleagris,* auf feuchten Grasflächen, und die weißblühende Varietät bildet zusammen mit weißen Narzissen und *Anemone blanda* eine besonders gelungene Gemeinschaft. Ich ziehe alle möglichen Zwiebelpflanzen im Gras unter einer panaschierten Sykomore (Maulbeerfeigenbaum) – Hundszahn und Traubenhyazinthe, Winterlinge und Schneeglöckchen, Jonquillennarzissen und Narzissen wie ›Thalia‹ und ›W. P. Milner‹ –, und ich habe auch Fritillarien dazugepflanzt, weil sie mir dazu zu passen schienen. Offenbar stehen sie hier aber zu trocken, denn sie wollen sich nicht vermehren.

Die namhaften Varietäten von *F. meleagris* setze ich nicht an diesen Standort, denn mit ihren größeren, kunstvoller gezeichneten Blüten verdienen sie eine Vorzugsbehandlung in erhöhten Beeten. Die dunkelpurpurfarbene ›Charon‹ ist nahezu schwarz, auch ›Orion‹ ist purpurfarben, und ›Artemis‹ hat ein grau-purpurfarbenes Schachbrettmuster. Die blaß lavendelfarbene und weiße ›Poseidon‹ ist vielleicht die größte unter den namhaften Varietäten, aber ich bin überzeugt, daß wir noch aufregendere Sorten bekommen werden. Man braucht nur über eine feuchte Wiese zu laufen, auf der diese wunderhübschen Blumen wachsen, um zu sehen, wie viele Varietäten es gibt und wie viele interessante Kreuzungen noch möglich sind.

Primeln und *Primula polyantha,* die in den letzten Wochen schon in kleinen Mengen erschienen sind, sind im April eine wahre Freude. Wie alle Enthusiasten gebe ich mir sehr viel Mühe mit meinen Primeln, aber hin und wieder denke ich, sie würden

wahrscheinlich genauso gut gedeihen, wenn ich nicht soviel Auf-
hebens um sie machte. Was sie wirklich genießen, ist ein nasser
Sommer, und den kann alles Mulchen, Teilen und Wässern im
Grunde genommen nicht ersetzen. Nach einem anständigen
Regen ist es geradezu eine Wonne, die dicken Knospen und
gekräuselten Blätter zu betrachten. Und wenn sich die Blüten
öffnen, steige ich mehrmals am Tag in meinen Graben hinab,
um das Gesicht im kühlen Duft der Polyanthahybride ›Barrowby
Gem‹ zu baden. Wir sollten dankbar sein, daß diese sehr alte
Pflanze überlebt hat, denn problemlos ist sie wirklich nicht. Sie
vermehrt sich nicht so stark wie manch andere Polyanthahybride, und ihre Wurzeln faulen leicht. Es gibt aber nichts
Großartigeres als eine gesunde Pflanze mit ihren großen, leuch-
tendgelben, grünäugigen Blüten und einem Duft, wie er sich
köstlicher nicht denken läßt. Alle Primeln und Polyanthahybriden haben den typischen Primelduft, so wie Babies, Kühe und
Hunde einen typischen Eigengeruch haben, aber nur wenige
haben das kräftige, berauschende Parfum von ›Barrowby Gem‹.

›Bartimeus‹, die augenlose *Primula polyantha,* hat keinen
besonderen Duft, ist aber trotzdem eine recht eindrucksvolle
Pflanze. Ihre Blüten sind so dunkel, daß sie im Regen fast
schwarz aussehen. Manchmal glaube ich ein Auge zu sehen und
frage mich, ob ich die echte Pflanze verloren und statt dessen
einen Eindringling aufgezogen habe, aber beim nächsten Hinschauen ist das Auge wieder verschwunden.

Primeln zu ziehen kann ein aufregendes Hobby sein, da man
niemals weiß, was an neuen reizenden Geschöpfen aufgehen
wird. Wenn ich mit Samen mehr Geschick hätte, würden unter
den Sämlingen sicherlich immer wieder außergewöhnliche
Exemplare auftauchen. In einem Jahr kannte ich mindestens
zwei Gärtner, die herrliche grüne Polyanthahybriden in ihren
Samenmischungen hatten, und einige Variationen der Gruppen
›Gold Laced‹ und ›Silver Laced‹ und der gefleckten Sorten sind
höchst erstaunlich.

Ich hoffe immer, daß zwischen meinen Pflanzen ein paar der
seltenen gefüllten Sorten und »hose-in-hose«-Primeln (eine

Varietät von *Primula polyantha,* die eine Blumenkrone in einer anderen zu haben scheint) erscheinen. In einem Jahr entdeckte ich eine gefüllte Blüte an der niedrig wachsenden, purpurfarbenen ›Jill‹. Ich entfernte vorsichtig diesen Teil der Pflanze, pflanzte ihn an einem Ehrenplatz wieder ein und ließ ihn von nun an nicht mehr aus den Augen. Aber bis heute hat sich keine gefüllte Blüte gezeigt. Ein andermal bekam ich eine sehr schöne blaue *Primula polyantha* geschenkt. Der Freund, der sie mir schenkte, war nur über die Farbe entzückt, hatte aber sonst nichts Außergewöhnliches festgestellt. Als sie einige Zeit in meinem Garten stand, bemerkte ich, daß die Blüten die typischen Merkmale einer »hose-in-hose« aufwiesen. Ich traute meinen Augen kaum und konnte den Frühling nicht erwarten, bis ich endlich wieder ihre Blüten sehen konnte. Von einer blauen »hose-in-hose« hatte ich noch nie gehört, und ich sah mich schon Geschichte machen. Als aber der nächste Frühling kam, waren alle meine Hoffnungen dahin. Die ausgesprochen schönen Blüten hatten ziemlich lockere Blütenkelche – wie bei einem Mann mit zu weitem Kragen –, und ihre Ränder waren blau angehaucht; es waren aber nicht die typischen Blüten der »hose-in-hose«-Primeln.

Anemonen sind ein reizender Aprilschmuck. Sich selbst überlassen, nehmen *Anemone blanda* oder *Anemone apennina* den ganzen Garten in Besitz. Nach der Blütezeit aber würde keiner glauben, daß sie einmal dagewesen sind, bis sie wieder ihren blauen Blütenflor ausbreiten. ›Atrocoerulea‹ ist eine schöne dunkelblaue Form von *A. blanda.* Die Sorte ›Fairy‹ hat reinweiße Blüten, ›Rosea‹ trägt Blüten in einem klaren Rosa und ›Scythinica‹ weiße mit blauen Innenseiten.

Wir freuen uns alle, wenn wir Waldanemonen zwischen Hekken und auf Böschungen wachsen sehen, und ich habe immer das Gefühl, daß ihre Schönheit für jeden Garten ausreicht. Die gefüllte Form *Anemone nemorosa* ›Alba Plena‹ ist ein reizendes Pflänzchen, ›Allenii‹ hat zartblaue, ›Robinsoniana‹ große lavendelfarbene Blüten.

Jeden Tag erscheinen neue Küchenschellen (Pulsatilla). Ich glaube, es gibt nichts Entzückenderes als eine leuchtendweiße

Küchenschelle, und jetzt ist auch noch eine neue rote, ›Red Clock‹, aufgetaucht. Die schönsten Küchenschellen, die ich gesehen habe, wachsen in einem großen Steingarten. Dort erscheinen sie regelmäßig zwischen den Steinen, und jedes Jahr sind sie noch etwas draller. Die Küchenschellen, die ich in die Lücken zwischen den Pflastersteinen meiner Terrasse gepflanzt habe, entwickeln sich aber nicht so gut wie die, die in gewöhnlichen Blumenbeeten stehen.

Die meisten Gärtner sind sich darüber einig, daß die Traubenhyazinthe *Muscari armeniacum* ›Heavenly Blue‹ zur Blütezeit wunderschön, vorher und nachher aber sehr unordentlich aussieht. Wir können zwar ohne sie nicht auskommen, haben aber Schwierigkeiten, einen Platz für sie zu finden, an dem sie kein Ärgernis ist und wo sie sich mit ihrer Art und Weise des Aussäens nicht noch unbeliebter macht. Wie man das Problem geschickt lösen kann, habe ich einmal in einem Garten gesehen, in dem man die Traubenhyazinthen zwischen eine Eibenhecke und einen Kiesweg gepflanzt hatte. Sie bildeten eine farbenprächtige Rabatte, und nach der Blüte tat das Blättergewirr den Augen nicht weh.

Es gibt verschiedene Formen der normalen Traubenhyazinthe. *Muscari neglectum* hat Blüten in zwei Farben – dunkelblau und ein nahezu schwarzes Blau. Trotz des etwas bläßlichen Grüntons – eine Art Seegrün – ist *M. viridis* nicht weniger ansehnlich; dazu kommt noch der Duft. *M. moschatum flavum* duftet ebenfalls. Die Blüten öffnen sich purpurfarben und werden dann gelb. Ich habe diese Form jahrelang gezogen, aber sie hat sich nicht vermehrt und auch keine Blüten angesetzt. Inzwischen weiß ich, daß die Anweisung, sie an einen schattigen Platz zu pflanzen, falsch war. Sie benötigt nämlich einen heißen, trockenen Standort. Nachdem ich sie jetzt verpflanzt habe, hoffe ich, daß sie Blüten ansetzt.

Ich liebe die kleine *M. azurea* (syn. *Hyacinthella azurea*) mit ihren kurzen, aber dichten azurblauen Blütentrauben. Die weiße Form *M. azurea* var. *alba* (syn. *Hyacinthella azurea* var. *alba*) ist noch bezaubernder. Beide Hyazinthchen sind aber zu klein, um ohne weiteres in den Garten gepflanzt zu werden. Sie passen besser in Steintaschen im Steingarten oder in Beete für Raritäten.

Maßliebchen erreichen ihren Höhepunkt im April. Meine Lieblingssorte ist immer noch *Bellis perennis* ›Dresden China‹. Wenn es sich wohl fühlt, macht dieses Maßliebchen seinem Namen alle Ehre. Nur läßt es sich nicht so leicht ziehen, wie man aus seinem unschuldigen Aussehen schließen könnte. Häufig höre ich von Gärtnern, daß es bei ihnen nicht gedeihen will. Es benötigt einen guten Boden und muß regelmäßig geteilt werden, und wenn es nach dem Einpflanzen vergessen wird, macht es sich wahrscheinlich schnell davon. Es ist mir niemals gelungen, die weiße Form ›The Pearl‹ in meinem Garten zu halten, aber glücklicherweise habe ich ein anderes, etwas größeres weißes Maßliebchen geschenkt bekommen – ein wahres Prachtstück, das in kurzer Zeit einen dichten Teppich aus glänzenden Blättern bildet. Zunächst mußte ich es nach dem Namen des Freundes benennen, der es mir geschenkt hat. Es könnte leicht die weiße Form des karminroten Maßliebchens ›Rob Roy‹ sein, das leicht abstirbt, wenn es vergessen und nicht geteilt wird. Es gedeiht am besten in lichtem Schatten, und seine Farbe kommt unter einem Laubdach besser zu Geltung. ›Alice‹, die rosafarbene Version von ›Rob Roy‹, scheint mir genauso schwierig zu sein, wenn ich bedenke, wie problematisch es war, sie aufzutreiben. Ich habe dieses Maßliebchen einmal besessen, konnte es aber trotz aller Bemühungen nicht erhalten. Die gefleckte Sorte ›Bon Accord‹ ist ebenfalls nicht einfach. Sie ist etwas größer als ›Rob Roy‹, breitet sich aber nicht aus und verschwindet manchmal auch wieder. *Bellis prolifera* ist unproblematisch, wenn sie in einem ziemlich feuchten, nahrhaften Boden steht und so früh wie eben möglich geteilt wird. Sie ist von großem Reiz, wenn ihre Blüte von kleinen, an schlanken Stielen hängenden Maßliebchenkindern umgeben ist.

Maßliebchen sehen schön aus, wenn sie in Bändern am Rand eines Weges oder in Blöcken zwischen Stauden in der vordersten Reihe einer Rabatte gezogen werden. Im allgemeinen gedeihen sie am besten in Böden, die man mit Stalldung angereichert hat.

Grundsätzlich mag ich keine Pflanzen, von denen nach der Blüte nichts mehr zu sehen ist. Wenn zufällig das Etikett verschwindet, besteht die Gefahr, daß man die Pflanzen mit der Grabegabel beschädigt. Auch kann es leicht passieren, daß man an dieselbe Stelle etwas anderes pflanzt. Inzwischen sollte ich wissen, daß ein leeres Fleckchen in meinem Garten bedeutet, daß sich irgendeine Pflanze im Boden versteckt, da der Garten im Stil eines Cottage-Gartens so dicht wie möglich bepflanzt ist. Einige Dinge verschwinden aber und tauchen nie wieder auf. Aus irgendeinem Grund wollen Ballonblumen (Platycodon), Prophetenblumen (Arnebia) und Adonisröschen (Adonis) bei mir nicht gedeihen, obgleich ich sie an verschiedene Stellen und in besondere Böden gepflanzt habe. Viele Pflanzen kommen aber ungeachtet des heftigen Grabens und Schabens über ihren Köpfen Jahr für Jahr wieder. Die laubabwerfenden Mitglieder der Corydalisfamilie sind sehr zuverlässig. Seit ich einen Garten habe, wächst bei mir der zart lavendelfarbene Lerchensporn *Corydalis consolida,* da ich aus einem nahe gelegenen Cottage-Garten ein paar Pflanzen geschenkt bekam. Obwohl das Cottage den Besitzer gewechselt hat, das Haus renoviert und der Garten neu angelegt worden ist, erscheint dort noch immer jedes Frühjahr dieser kleine lavendelfarbene Lerchensporn. Genauso verhält er sich auch in meinem Garten. Obgleich er gelegentlich an einen besseren Standort gepflanzt und nicht immer etikettiert wird, kommt er mit Sicherheit immer wieder. Zuerst erscheinen die Blätter, und wenn sie einen farnartigen, blaugrünen Wald gebildet haben, zeigen sich die Blüten. Der botanische Name eines anderen Lerchensporns, *C. cava,* weist auf seine hohlen Wurzeln hin; die Blüten, größer als die von *C. solida,* können weiß oder lila sein. Auch er erscheint zuverlässig wieder. Einen besonders reizvollen Anblick bietet er zwischen Heidesorten wie ›Springwood White‹ und ›Springwood Pink‹. Zwischen ihren ausladenden Zweigen hat er einen sicheren Platz. *C. densiflora* gleicht *C. solida,* hat aber dichtere Blütentrauben, und *C. farreri* zeichnet sich durch schwarze Markierungen auf gelbgrünen Blüten aus. Die beiden Aristokraten der Gattung sind *C. cashmiriana* und *C. wilsonii*. Ich hatte niemals Glück mit dem eisblauen Lerchensporn *C. cashmiriana*, bis ich ihn an eine Nordmauer in ein Beet aus Grünsand pflanzte. *C. wilsonii* dagegen konnte ich niemals im Garten halten. Diese Art bildet eine flache Rosette aus zarten, blaugrauen Blättern und blüht kanariengelb. Da sie nicht ganz winterhart ist, wird sie häufig in einem Alpinenhaus gezogen.

Die pflegeleichten Lerchensporne ziehe ich im Grabengarten in Steintaschen an den Böschungen. Pflanzen, die Feuchtigkeit lieben, wachsen am Grunde des Grabens. Als er noch Wasser führte, habe ich den Graben an einer Stelle erweitert, um einen kleinen Teich anlegen zu können. Geblieben ist mir ein feuchtes Beet, in dem Scheincalla (Lysichiton) und *Iris kaempferi* wachsen. Beide Pflanzen stehen zwar gern in flachem Wasser, geben sich aber auch mit einem feuchten Boden zufrieden, wenn er beschattet ist. Die gelbblühende Scheincalla *L. americanus* ist robuster als die japanische *L. camtschatcensis* mit ihren weißen Blüten. Die großen goldenen Hochblätter, die die Blütenähren von *L. americanus* umgeben, erscheinen schon, bevor der April zu Ende geht. Damit diese dekorative Pflanze richtig zur Geltung kommt, sollte sie vor einem ganz und gar grünen Hintergrund stehen und keineswegs *Primula rosea* zur Seite haben, wie man häufig sehen kann. Nach der Blüte bilden ihre riesigen blaugrünen Blätter einen schönen Hintergrund für purpur-, rosa- und violettfarbene Iris.

Das Blauglöckchen *Mertensia virginica* ist eine der entzückendsten Frühjahrspflanzen. Leider riskiert es aber sein Leben, da es bald nach der Blüte vollständig verschwindet. Seine graugrünen, glatten Blätter, die im Austrieb nahezu schwärzlich-purpurn sind, werden von violettblauen, glockigen Blüten abgelöst, die sich aus rosafarbenen Knospen öffnen. Die schweren Blütenbüschel, die sich über die Blätter erheben, müssen in der Regel etwas abgestützt werden. Das Blauglöckchen, das sich in lockerem Boden besonders wohl fühlt, bildet eine glückliche Gemeinschaft mit der Frühlingsplatterbse *Lathyrus vernus* ›Alboroseus‹, deren hübsche Horste mit den zart rosa-weißen Erbsenblüten niedriger sind. Da die Platterbse ihr Laub nicht verliert, dient sie dem nebenan schlafenden Blauglöckchen als Schutz.

Eine andere Pflanze, die die gleichen Waldlandbedingungen benötigt und mit dem Blauglöckchen zusammengepflanzt werden kann, ist die Elfenblume (Epimedium). Sie hat besonders schönes Laub und trägt an drahtigen Stielen zierliche Blüten in lockeren Rispen. *Epimedium × rubrum* schmückt sich im Frühjahr mit mahagonifarbenen Blättern, *E. perralderianum* hat gelbe Blüten und gezähnte Blätter, und *E. pinnatum* ssp. *colchicum* und *E. versicolor* ›Sulphureum‹ tragen ebenfalls gelbe Blüten. Die Aristokraten der Gattung, *E. grandiflorum* ›Rose Queen‹ und das weiße oder rosa *E. niveum,* vermehren sich leider nur langsam und verlieren ihre Blätter nach der Blüte.

*Sanguinaria canadensis* verhält sich genauso; sie liebt feuchten, leichten Boden im Schatten. Selbst ohne ihre schneeweißen Blüten mit den leuchtend goldenen Staubbeuteln wäre sie lohnend, da sie besonders schönes, blaugraues Laub hat. Einige Pflanzen verlieren, wenn sie gefüllte Blüten haben; *S. canadensis* aber wird noch schöner, da ihre Blüten so schmale Blütenblätter haben, daß sie fransig wirken. Diese Pflanzen wollen auf keinen Fall gestört werden und fühlen sich unter laubabwerfenden Sträuchern am wohlsten.

*Reineckea carnea,* die auch gern kühl und schattig steht, ist für den Gärtner einfacher zu handhaben, da sie immergrün ist; ihre langen, schmalen Blätter sind manchmal panaschiert. Die Blüten, die sich häufig im Laub halb verstecken und kleinen Hyazinthen recht ähnlich sind, sind lila-rosafarben getönt. Diese Pflanze, die an ihren horizontalen Stengeln Wurzeln bildet, läßt sich sehr leicht vermehren. Ich verwende sie zwischen Lungenkraut, dem Aronstab *Arum italicum* ›Pictum‹ und Bergenien.

Viele Bergenien erreichen ihren Höhepunkt im April, insbesondere *Bergenia cordifolia* ›Miss Jekyll‹, die dunkelmagentarote bis rosa Blüten an 45 cm hohen Stielen trägt, und *B. ciliata* mit Blüten wie von Apfelbäumen, deren Reiz durch die roten Blütenkelche noch verstärkt wird.

# MAI

In diesem Monat ist der Garten wirklich zum Leben erwacht. Erst gestern schien es noch, als sei der Boden nackt und als habe noch nichts zu wachsen begonnen. Und jetzt plötzlich, ohne daß wir es bemerkt hätten, ist ein Wunder geschehen. Der Rittersporn, der schon einen halben Meter hoch ist, müßte abgestützt werden; Sonnenbraut und Astern wachsen schnell, und die Welt ist plötzlich belaubt und grün. Bald gibt es Blumen die Fülle. Irgendwo habe ich einmal gelesen, der Garten im Mai sei kahl, hätten wir nicht die Tulpe. Von meinem kann ich das nicht behaupten. Natürlich beschenken uns die Sommermonate Juni und Juli mit Blüten über Blüten, ohne daß wir uns darum kümmern müßten, aber schon der Mai ist mit der ganzen Schönheit seiner jungen Blätter und aufbrechenden Knospen ähnlich unproblematisch. Wenn ich auch immer noch sehnsüchtig an die fröhlichen Papageientulpen und die schwärzlichen Schönheiten holländischer Blumenmaler denke, so lasse ich es doch bei den Horsten weißer und blaßgelber Tulpen bewenden, die ich ganz am Anfang meiner Gartentätigkeit gepflanzt habe.

Die Junkerlilie *Asphodeline lutea* erreicht im Mai ihren Höhepunkt, ist aber das ganze Jahr über eine schöne und nützliche Pflanze, da sie ihr Laub nie verändert. Aus diesem Grunde pflanze ich sie gern in großen Gruppen. Das ganze Jahr über hat sie die gleiche angenehme Höhe, und ihr grasartiges, blaugrünes Laub bietet im Winter einen reizvollen Anblick. Nachdem ich mich lange darüber geärgert hatte, daß die Junkerlilie ihre Blüten so unsystematisch öffnet, habe ich mich inzwischen daran gewöhnt. Die meisten Pflanzen mit Blütenähren oder -trauben öffnen die einzelnen Blüten entweder von oben nach unten oder umgekehrt, jedenfalls in einer ordentlichen Abfolge. Unsere Junkerlilie aber hat kein System. Sie öffnet ein Auge einmal hier und einmal da, und die Blütentraube hat folglich niemals ein perfektes Aussehen. Ihr Reiz besteht aber darin, daß sie über mehrere Wochen Blüten hervorbringt, und insgesamt wirkt sie nie zu gelb. Da die Blüten durch schwarze Male abgemildert werden, haben sie einen eher alt- denn hellgoldenen Farbton, wobei die braungelben Brakteen und auch die schwarzen Linien entlang der Stengel den Schimmer des Gelbtons etwas stumpfer erscheinen lassen. Wenn ich Platz für eine gold- und silberfarbene Rabatte hätte, gehörte *Asphodeline lutea* unbedingt zu meiner Pflanzenauswahl.

*Asphodeline capensis* ist eine seltenere und raffiniertere Pflanze. Stengel, Blätter und Blüten sind kleiner, und der Blütenstand ist stärker verzweigt. In einem Teil meines Gartens bildet der Storchschnabel *Geranium andressii* ›A.T. Johnson‹ mit seinen geäderten blauen Blüten und seinen fein eingeschnittenen Blättern einen schönen Kontrast zu der Junkerlilie. An einer anderen Stelle habe ich ihr die Garbe *Achillea serrata* ›W. B. Child‹ zugesellt. Diese Pflanze empfehle ich gern den Gärtnern, die mit der stark wuchernden Sumpfgarbe *A. ptarmica* nicht zurechtkommen. Statt durch lästige Ausläufer breitet sich ›W. B. Child‹ dadurch aus, daß sie größere Horste bildet. Sie schmückt sich mit Büscheln glänzender, farnartiger Blätter, und statt gefüllter »Knöpfchen« trägt sie einzelne kleine, margeritenähnliche Blüten mit großer weißer Mitte.

Da die Junkerlilie *Asphodeline capensis* Pflanzen zarter Farben und Formen in ihrer Nachbarschaft braucht, habe ich das panaschierte zwergwüchsige Honiggras *Holcus mollis* ›Variegatus‹ dazugepflanzt. Es bildet rings um einen Horst ein festes Kissen von zartweißen und blaßgrünen Farbtönen.

Polemoniumarten gibt es bei uns schon seit langer Zeit. Jeder Cottage-Garten hat seine Jakobsleitern, und auch bei mir fehlen sie nicht. Von der gewöhnlichen Jakobsleiter *Polemonium caeruleum* war ich aber schon immer ziemlich enttäuscht, weil die unteren Blüten immer schon verwelken, bevor sich die oberen geöffnet haben. Die weiße Form verhält sich etwas besser, aber die verbesserte Form der alten Pflanze, *P. richardsonii,* ist viel zufriedenstellender. Die Blüten sind größer, und die unteren halten sich so lange, bis sich die oberen geöffnet haben. Freilich sät sich diese Pflanze, die insgesamt kräftiger und schöner ist, leider nicht so üppig aus wie die altmodische Art.

Ich besitze mehrere zwergförmige kriechende Polemoniumarten, die selten zu sehen sind, mir aber gute Dienste leisten. Viele Gärtnereien bieten *P. reptans* an, das blaue Blüten trägt und meines Erachtens etwas mit der neuen zwergwüchsigen Sorte ›Blue Pearl‹ zu tun hat – einer ausgezeichneten kleinen Pflanze für die Vorderfront einer Rabatte. Da sie sich wie *P. reptans* kriechend ausbreitet, ihre Blätter aber eher an *P. caerulum* erinnern, vermute ich, daß diese beiden Arten ihre Eltern sind. Obwohl ich *P. reptans* mit seinen farnartigen Laubmatten sehr schätze, liebe ich noch mehr eine rosa-malvenfarbene Form, die ich vor Jahren geschenkt bekam und inzwischen so stark vermehrt habe, daß sie jetzt überall in den Gärten meiner Freunde wächst. Die Blüten, die größer und lockerer sind als bei der blaublühenden Form, erscheinen den größten Teil des Sommers über. Für den Hausgebrauch habe ich ihr den Namen ›Lambrook Pink‹ gegeben. Zuerst hatte ich sie ›Pink Pearl‹ getauft, was aber irreführend war, da sie ja keine rosa Form der kleineren ›Blue Pearl‹ ist. Etwas anders, als der Name sagt, ist ihre Farbe eher ein rosagetöntes Lila, und eine höhere Form des gleichen Typs, die ich ›Lambrook Mauve‹ nenne, ist lavendelfarben.

Das schwächlicher wachsende *P. carneum* trägt Blüten in einem Farbton zwischen Rot und Fleischrosa. Einmal habe ich Jakobsleitern aus verschiedenen Samen gezogen. Sie blühten verwaschen rosa, ohne jede fleischfarbene Nuance.

Im »Botanical Magazine« ist die Jakobsleiter *Polemonium foliosissimum* ausführlich beschrieben worden, und ich hoffe, daß sich daraufhin mehr Leute für diese Art interessieren werden. Diese schöne buschige Pflanze, die bis 80 cm hoch wird, trägt zart violettfarbene Blüten in lockeren Trugdolden. Ihre Blütezeit will gar nicht enden – noch im November bringt sie vereinzelte Blüten hervor. Ich glaube, daß diese Jakobsleiter früher *P. archibaldae* hieß und heute manchmal *P. robustum* genannt wird.

Damit bin ich bei weitem noch nicht am Ende der Polemoniumarten. Es gibt noch das winzige *P. humile,* nur 15 cm hoch, und nicht zu vergessen das seltenere *P. pulchellum,* ebenfalls eine ganz kleine Art in einem ziemlich blassen Farbton. Unter diesem Namen werden mitunter auch andere Arten verkauft.

Die neue, dunkle Polemoniumhybride ›Sapphire‹ bildet einen schönen, kompakten Horst. Ich ziehe sie zusammen mit dem altmodischen Feinstrahl *Erigeron philadelphicus,* der kleine blaßrosa Blüten trägt. Ich bin mir niemals darüber klar geworden, ob es sich lohnt, die zweijährige gelbe Jakobsleiter *P. flavum* zu ziehen. Sie scheint sich in einigen Gärten besser auszusäen als in anderen. *P. pauciflorum,* das auch gelbe Blüten trägt, wird in den Samenkatalogen als Staude aufgeführt.

Als Cottage-Gärtner muß ich wenigstens eine gefüllte Kerrie ziehen, obwohl ich mich weder mit ihrer Blütenfarbe noch mit ihrem aufrechten Wuchs anfreunden kann. Ich mag viel lieber die elegante ungefüllte Form mit den blasseren, offenen Blüten an schlanken, überhängenden Zweigen. Leider blüht sie nur kurze Zeit und bringt nicht wie die gefüllte Form sporadisch neue Blüten hervor. Die einfache Form mit panaschierten Blättern, die noch schöner ist, paßt vorzüglich zwischen staudige Pflanzen.

Es lohnt jede Mühe, den Rosmarinseidelbast, *Daphne cneorum,* zu ziehen, um den berauschenden Duft und den kräftigen Rosaton seiner Blüten genießen zu können. Und in der Regel braucht man Mühe – oder auch Glück –, wenn man sich mit ihm einläßt. Ich glaube übrigens, daß die Sorte *D. cneorum* ›Eximia‹ weniger Probleme macht und obendrein noch schöner ist. Bei mir steht sie in einem Beet aus Grünsand an einer Nordmauer und die gewöhnliche Art in einem nach Süden ausgerichteten Steingarten. Damit sich die Pflanzen gut entwickeln, müssen die Zweige beider Formen mit flachen Steinen bedeckt werden. Die dunkelblaue *Brodiaea laxa,* die sich in der Sonne wie im Schatten wohl fühlt, hat die kräftige Farbe, die der Seidelbast braucht.

Im Mai blühen viele Sträucher – Flieder, Deutzien und Exochorda, sommergrüne Sträucher, von denen Bänder mit weißen Blüten wie Perlenketten herabhängen. *E. racemosa,* die am häufigsten gezogen wird, entwickelt sich zu einem ansehnlichen ausladenden Baum, er fühlt sich allerdings in einem seichten Kalkboden nicht wohl. Bei solchem Boden entscheidet man sich besser für *E. serratifolia.* Dieser Strauch erreicht eine Höhe von 3–4 m, und *E. giraldii* var. *wilsonii* wird sogar noch höher. Weigelien blühen im Mai und im Juni. Ich glaube, die Königin dieser Gattung ist *Weigela middendorffiana* mit schwefelgelben Blüten, deren Blütenblätter am unteren Rand orange gefleckt sind. Dieser Strauch sollte möglichst geschützt an einem schattigen Platz stehen. Panascheeverliebt, wie ich bin, mag ich von den anderen Arten am liebsten die panaschierte Form von *W. florida.* Diesen ziemlich ausladenden Strauch kann man so kompakt halten, daß man ihn zwischen krautige Pflanzen setzen kann. Da Weigelien am Holz des Vorjahres blühen, sollte man sie direkt nach der Blüte beschneiden.

In einen Cottage-Garten gehört natürlich ein Gemeiner Schneeball – auch einer der Sträucher, auf die ich nicht verzichten möchte. *Viburnum opulus* ist vielleicht ein gewöhnlicher Strauch; seine grünlichen Blüten sehen aber in einer Vase vor dunklem Hintergrund sehr attraktiv aus, und wenn man seine holzigen Zweige ein wenig mit dem Hammer zerklopft, halten sich die Blüten gut. Ich habe das ganz gewöhnliche *Viburnum opulus* – übrigens im Herbst von schöner Farbe – im Garten; es gibt auch noch die niedrige, dichte Form *V. opulus* ›Compactum‹.

Auch ein Goldregen darf nicht fehlen. Ein gutgewachsener Goldregen, der ganz für sich allein steht, kann wunderschön sein. In London habe ich einmal in der Nähe eines Goldregens gewohnt, und im Mai und Juni machte ich oft einen Umweg, nur um ihn zu betrachten. Er stand ganz allein in einem kleinen Garten. Wahrscheinlich war es der ganz gewöhnliche Goldregen *Laburnum vulgare,* den auch ich habe. Wenn man lieber etwas Besonderes möchte, bieten sich verschiedene Sorten an: *L. anagyroides* ›Aureum‹ mit goldenen Blättern, *L. anagyroides* ›Autumnale‹, das mit Unterbrechungen den ganzen Sommer über bis zum Frühherbst seine Blüten öffnet, oder *L. anagyroides* ›Querci-folium‹, dessen Blätter an Eichenblätter erinnern. Aber für welchen Goldregen man sich auch immer entscheidet, grundsätzlich sieht er dort am besten aus, wo seine Silhouette nicht von anderen Dingen gestört wird. Manche Leute verwenden Goldregen als Wirtsbäume für andere Pflanzen. So habe ich schon einen Goldregen gesehen, in dem die strotzende Clematis ›Nelly Moser‹ bis in schwindelerregende Höhen geklettert war.

Mein Frühjahrslieblingsstrauch, der Geißklee *Cytisus kewensis*, hat im Mai schon seinen Höhepunkt überschritten, während die aufrechtwachsende Gartenform ›Cornish Cream‹, die ihrem Namen alle Ehre macht, immer noch schön ist. Das gleiche gilt für ›White Pearl‹, die gleichfalls ziemlich hoch wird. Für eine trockene, sonnige Böschung gibt es nichts Passenderes als den dichten und sehr verzweigten Spanischen Ginster, *Genista hispanica*. Er bildet kompakte Hügel von 30–70 cm Höhe und bedeckt sich im Mai und Juni mit goldgelben Blüten.

Auch noch ein paar Narzissen sind da. Jedes Jahr gerate ich wieder in Panik, weil ich denke, ich hätte versehentlich meine Fasanen- oder Pfauenaugennarzissen *Narcissus poeticus* var. *recurvis* ausgegraben. Diese Pflanze ist schon sehr alt, doch kenne ich keine neuere Sorte, die ihren Platz einnehmen könnte. Ihre köstlich duftenden Blüten sind nicht sehr groß, aber wohlgestaltet. Da die ziemlich schlaffen Blätter unordentlich aussehen, zieht man diese Narzisse am besten zwischen Sträuchern, wo das Laub nicht so sehr ins Auge fällt. Ich habe sie besonders gern zusammen mit den flatternden Blättern junger Buchen. Ich kann mich noch daran erinnern, wie schön es aussah, wenn meine Mutter sie zusammen mit jungem Rotbuchengrün und ein paar Blütenstengeln von Gemswurz in einer Vase arrangierte.

Eine andere spätblühende, ebenfalls alte Narzisse, deren Ausbleiben mich immer wieder beunruhigt, ist *N. plenus odoratus*. Inzwischen müßte ich natürlich wissen, daß sie erst dann zu blühen beginnt, wenn die Blütezeit der meisten anderen Narzissen schon längst vorüber ist, aber auch bei ihr gerate ich in Panik und schaue zwischen den Blättern nach, ob sich irgendwelche Knospen darunter verbergen. *N. plenus odoratus* ist die gefüllte Form des weißen *N. poeticus.* Wie alt diese Narzisse ist, kann ich nicht sagen. Ihre ziemlich flachen Blüten haben große Ähnlichkeit mit Gardenienblüten. Auch sie sind wohlriechend, und manchmal tragen sie auf dem Rücken grüne Flecken, was zu ihrer Schönheit noch beiträgt. In Gärtnereien wird oft empfohlen, sie auf Rasenflächen heimisch werden zu lassen. Als ich sie geschenkt bekam, riet man mir aber gerade, sie am besten in einem Blumenbeet zu ziehen. Trotzdem bringt sie eine Reihe leerer Knospen hervor, und ich werde oft von Gärtnern gefragt, was wohl der Grund dafür sei. Ich wünschte, ich wüßte es.

Die zotteligen Blütenköpfe der Federhyazinthe *Muscari comosum* ›Plumosum‹ öffnen sich in diesem Monat. Sie halten sich lange und sind auch dankbare Schnittblumen. Ich staune immer wieder, daß so wenige Leute diese problemlose, aber recht ungewöhnliche Pflanze kennen. Ihr Blütenstand besteht aus verzweigten violettblauen Blütenstielchen, die eine Rispe bilden und an einen Federbusch erinnern. Früher sah man in den Cottage-Gärten die kleinen, grünweißen Blüten des Milchsterns *Ornithogalum umbellatum* recht häufig, aber heute scheint er etwas aus der Mode gekommen zu sein. Mich faszinieren grüne und grünweiße Blüten ganz besonders, und ich würde immer einen Platz für diese kleine, bescheidene Pflanze finden. Kürzlich habe ich gelesen, daß der Name »Stern von Bethlehem« daher rührt, daß sie auf den Hügel Palästinas wächst; zugleich heißt sie auch ganz unromantisch »Taubenmist«. Die Zwiebeln werden zu Futterzwecken verwendet, und wenn die Pflanzen blühen, sehen die Hügel so aus, als hätten Scharen von Tauben dort ihre Exkremente hinterlassen.

Ein anderer Milchstern, den zu pflanzen sich lohnt und der am besten im Schatten gedeiht, ist *Ornithogalum nutans,* der Nikkende Milchstern. An spannenlangen Stielen trägt er glockige, durchscheinende Blüten, die so aussehen, als seien sie überfroren. Das Grün der Streifen auf den Blütenaußenseiten ist so zart und unbestimmt, daß es nahezu grau wirkt.

Der im Mai blühende Blauzungenlauch, *Allium karataviense,* nimmt durch seine schönen Blätter für sich ein. Sie sind breiter als bei allen anderen Laucharten, die ich kenne, und das Ineinanderspielen von Blau, Orange und Rot verleiht ihnen einen außergewöhnlichen metallischen Effekt. Ich finde aber immer, daß die Blüten ein so prachtvolles Laub nicht verdient haben. In Zwiebelkatalogen wird die Farbe als kühles bis rötliches Rosa angegeben, ich würde sie aber eher als verwaschenen Lavendelton bezeichnen. Es gibt noch zwei hohe Laucharten mit schönen purpur-lilafarbenen Blüten, die gut zwischen Rhododendren und andere Sträucher passen. *Allium aflatunense* trägt runde Dolden an fast meterhohen Stielen, *A. rosenbachianum* wird noch etwas höher und trägt noch größere Blütenkugeln.

Das Salomonssiegel erinnert mich an Cottage-Gärten. Es ist keine Zwiebelpflanze, wie man annehmen könnte, sondern hat ein Rhizom wie die Iris. Es gibt wohl kaum etwas Eleganteres und Anmutigeres als diese Pflanze mit ihren sanft gebogenen Stengeln, von denen weiße Blütenglocken mit grünen Spitzen herabhängen, über die sich elegante Blätter nahezu in einer Ebene ausbreiten. Sie kommt am besten zur Geltung, wenn man sie oberhalb der Augenhöhe pflanzt. Ich habe nämlich festgestellt, daß ich nur halb soviel Freude an meinem Salomonssiegel *Polygonatum multiflorum* ›Major‹ hatte, als es noch unten im Graben wuchs. Also grub ich alle Pflanzen – das glaubte ich jedenfalls – aus und setzte sie in den oberen Bereich des Grabens, damit sie zu mir herunterschauen konnten. Sie müssen aber sehr eifrig gewesen sein, als sie noch unten im Graben lebten, denn ich habe dort immer noch einen ganzen Wald von Salomonssiegeln stehen, obwohl ich mich von Hunderten getrennt und noch viel mehr Exemplare umgepflanzt habe. Sie gehören zu der herrlichen großen Spielart, die sich gut für kühne Kolonien eignet. An manchen Stellen, wo sie zu groß ist, verwende ich die kleinere, zartere Varietät ›Minor‹ oder einfach die Wildform. Außerdem gibt es noch eine gefüllte Form, die in der Größe zwischen der großen und der kleinen Varietät liegt, aber nicht ganz so starkwüchsig und auch nicht so schön ist.

Ich frage mich, warum wir so viel Aufhebens um die Pflanzen mit gefüllten Blüten machen, da sie sich doch im großen und ganzen nicht mit den einfachblühenden Sorten vergleichen lassen. Aber viele von ihnen besitzen immerhin den Charme des Ungewöhnlichen. Ich würde zum Beispiel niemals einen gewöhnlichen Hahnenfuß – und sei er noch so schön – in meinem Garten ziehen, kontrolliere aber regelmäßig, ob nicht ein übereifriger Freund meine wertvollen gefüllten Hahnenfußgewächse entfernt hat, die wie gewöhnliches Unkraut aussehen, wenn sie nicht in Blüte stehen. Ich besitze drei Arten. Bei der einen, die ich am meisten liebe, weil sie kompakte Horste bildet und große, leuchtendgoldene Blüten mit grüner Mitte hat, hoffte ich sehr, es handele sich um den seltenen Knolligen Hahnenfuß *Ranunculus bulbosus* ›Pleniflorus‹, aber ein Experte hat die Pflanze als *R. speciosus* ›Pleniflorus‹ identifiziert. Es gibt auch eine gefüllte Form des Scharfen Hahnenfußes *(R. acris)*. Da die Blüten im Verhältnis zu den ca. 80 cm hohen Stengeln etwas klein sind und die Pflanze etwas schütter im Wuchs ist, wirkt sie zwischen Sträuchern am besten. Auch die gefüllte Form des Kriechenden Hahnenfußes *(R. repens)* trägt verhältnismäßig kleine Blüten an halbmeterhohen Stengeln und braucht deshalb die Gesellschaft anderer Pflanzen, um zur Geltung zu kommen.

Auch den ungefüllten roten Lichtnelken würde ich in meinem Garten keinen Platz einräumen, obwohl ich sie in der freien Natur gern in Hecken wachsen sehe. Die gefüllte Form der roten Lichtnelke *Lychnis dioica* ist aber eine äußerst freundliche kleine Pflanze. Als echte Waldbewohnerin benötigt sie lichten Schatten – zum Beispiel unter Sträuchern – und eine zwanglose Umgebung. Da sie sich schnell vermehrt und kleine, hübsche Blätter trägt, eignet sie sich vorzüglich als Bodendecker. Sie würde sich wahrscheinlich gut auf einer Grasfläche in einem engen Tal behaupten.

Das gefüllte Wiesenschaumkraut, *Cardamine pratensis* ›Plena‹, paßt ebenfalls in eine ganz natürliche Umgebung. Für die »Milchmädchen«, wie sie zur Zeit meiner Kindheit genannt wurden, habe ich immer ein Plätzchen reserviert. Obwohl ich meine, daß sich auch das ungefüllte Wiesenschaumkraut mit seinen zart lavendelfarbenen Blüten in jeder Gesellschaft behaupten kann, versuche ich nur die gefüllte Form zu ziehen. Das Problem ist nur, daß sich beide Formen gleichen, bevor sie blühen. Sie vermehren sich dadurch, daß sich in den Achseln ihrer Fiederblätter neue Pflanzen bilden, und meine gefüllt blühenden Pflanzen haben immer wieder ungefüllte Abkömmlinge. Der feuchten Wiese, die meine gefüllten Milchmädchen bevorzugen, komme ich mit meinem Graben am nächsten; ich glaube aber, sie hätten auch nichts gegen ein gewöhnliches Beet.

Pfingstrosen werden immer beliebter, da sie sehr gut zu unserem heutigen Gartenstil passen. In der Anschaffung sind sie zwar recht teuer, aber letzten Endes erweisen sie sich doch als billig, da man sie nach dem Pflanzen sich selbst überlassen kann. Nichts paßt besser zwischen Sträucher und in andere dauerhafte Bepflanzungen. Sie lieben gut gedüngten Boden, müssen aber nicht wie viele andere Pflanzen jedes Jahr ausgegraben und geteilt werden, und ihr Laub bietet selbst dann noch einen schönen Anblick, wenn sie nicht in Blüte stehen.

Die erste Pfingstrose, die in meinem Garten blüht, ist *Paeonia tenuifolia* mit gefiederten Blättern und dunkelroten Blüten. Neben der ungefüllten Form möchte ich auch noch die gefüllte haben, da sich diese Pfingstrose leicht ziehen läßt und so selten ist, daß sie immer großes Interesse weckt. Im Vergleich zu den anderen Pfingstrosen wuchert sie nicht, sondern breitet sich nur mäßig aus; außerdem lassen sich leicht Stücke abtrennen, ohne daß man die ganze Pflanze ausgraben muß.

Auch die ungefüllte *P. mlokosewitschii* blüht recht früh. Das einzige, was ich bei dieser zarten gelbblühenden Pfingstrose und ihrem blaß rosafarbenen Gegenstück ›Perle Rose‹ zu bemängeln habe, ist die kurze Blütezeit. Ein Jahr lang wartet man auf diese herrlichen Blütenkugeln von blasser Schönheit, und dann dauert es nicht einmal eine Woche, und sie sind schon wieder verwelkt. Wieviel von unserer Freude ist Erwartung! Aber das Laub, das sich im Herbst karminrot färbt, ist ansehnlich, ebenso die kirschroten Samenkapseln mit ihren schwarzen Samen.

Auch die entzückende kleine *P. cambessedesii* trägt Samenkapseln mit auffallend glänzenden Innenseiten. Sie hat auch ausgesprochen schöne, fast metallisch wirkende Blätter mit karminrot schimmernden Unterseiten. *P. corallina,* die auf der Insel Steepholme wächst und deshalb häufig Steepholme-Päonie genannt wird, obgleich sie nicht als heimische Pflanze gilt, trägt ungefüllte rosafarbene Blüten. Weitere ungefüllte schöne Pfingstrosen mit kurzer Blütezeit sind *P. potaninii* und *P. wittmanniana.* In einem der nächsten Jahre muß ich doch einmal genau festhalten, wie lange meine Pfingstrosen blühen; vielleicht bilde ich es mir ja nur ein, daß die ungefüllten Arten kürzer blühen als die gefüllten.

Die alten Bauernpfingstrosen bringen über eine längere Zeit Blüten hervor, freilich nie genug für die üppigen Blattmengen; ich denke immer, daß diese Art am besten zwischen Sträucher oder in einen wild wachsenden Garten paßt. Am häufigsten begegnen wir der dunkelroten *Paeonia officinalis,* aber es gibt noch weiße, rosafarbene, weiß- und rosaschattierte Formen und eine anemonenblütige Varietät.

*Zweiter Teil*

Wenn die alten, im Mai blühenden Pfingstrosen typische Pflanzen des Cottage-Gartens sind, so trifft das bestimmt auch auf die entzückende alte Pflanze *Dicentra spectabilis,* das Tränende Herz, zu. Die Vielzahl ihrer Namen – Flammendes Herz, Frauenherz, Brennende Liebe – aus vergangenen Tagen, als man sie noch in jedem Garten, ob groß oder klein, finden konnte, läßt erkennen, wie beliebt sie war. Ich bin erstaunt, daß die Floristen sich nicht auf diese Pflanze mit den eleganten, überhängenden Blütenstielen kaprizieren. Sie könnte direkt einem alten holländischen Gemälde entsprungen sein. Immer wenn ich ein Bild von ihr auf der Leinwand zeige, höre ich begeisterte Ohs und Ahs; trotzdem finden die neuen Varietäten der zwergwüchsigen Herzblumen größeres Interesse. Ich gebe zu, daß die Herzblume *Dicentra exi-*

*mea,* ihre ausgezeichnete weiße Form, die etwas höher werdende *D. formosa* und die neue und bessere Form ›Bountiful‹ hervorragende Bodendecker unter Sträuchern und Bäumen sind, aber die Eleganz oder den schönen Farbton des Tränenden Herzens *D. spectabilis* haben sie nicht. Die wunderbare alte Pflanze sieht natürlich dort am besten aus, wo man sie von allen Seiten bewundern kann – an einer Mauer in einem schattigen Garten oder in einer schattigen, feuchten Ecke, wo sie nicht gestört wird. Ihre Wurzeln sind so verletzlich, daß ich mich immer frage, wie sie wohl in den Gärtnereien vermehrt wird. Die einzige Pflanze, die ich dem Tränenden Herzen zugesellen würde, ist das Salomonssiegel; auch es benötigt einen Platz, an dem seine eleganten Blütenstiele ganz zur Geltung kommen können.

Im Mai kann man dem Kaukasusvergißmeinnicht, *Brunnera macrophylla,* immer noch freundlich gesinnt sein, denn mit frischem, dekorativem Laub und zahllosen Stengeln voller intensiv blauer Blütchen zeigt es sich noch von seiner guten Seite. Erst wenn das Laub grob und rostig wird und in seinen Proportionen nicht mehr zu den zarten Blüten paßt, frage ich mich, warum ich dieser Pflanze einen Platz eingeräumt habe. Aber sie nimmt ihn sich schon selbst, so üppig, wie sie sich aussät.

Blaue Blumen müssen irgend etwas an sich haben, das sie besonders anziehend macht. So geht es mir auch mit den Vergißmeinnicht. Wenn ich sie überall im Garten herauskommen sehe, kann ich keinerlei Zuneigung für sie empfinden, da ich weiß, daß ich niemals Zeit haben werde, mich um sie zu kümmern. Jedes Jahr nehme ich mir wieder vor, sie nur an den gewünschten Plätzen stehenzulassen und dort, wo sie stören und sich – manchmal mitten über gehegten Schätzen – aussäen, schonungslos zu entfernen. Natürlich gelingt es mir nie, diesen Vorsatz auszuführen. Statt daß mein Garten an ein paar gut ausgewählten Stellen mit Vergißmeinnicht bedeckt ist, hüllt er sich in einen blauen Schleier und bietet einen so bezaubernden Anblick wie ein Wald voller Hasenglöckchen. Es ist so schön, daß ich vergesse, daß ich eigentlich einen privaten Krieg mit diesen unschuldig dreinschauenden Wucherern führe. Manche Leute geben sich große Mühe, jedes Jahr nur die ganz dunkle Form aus Samen zu ziehen, aber ich bleibe lieber bei meiner kleinen gewöhnlichen Pflanze, die viel abwechslungsreicher ist, da sie weiße, rosa und auch blaue Kinder hervorbringt.

Nach der Blüte alle Vergißmeinnicht zu entfernen ist eine beachtliche Aktion, die tagelang dauert. Ich erledige diese Aufgabe niemals früh genug, denn die Beete sehen ziemlich nackt aus, wenn man ganze Wagenladungen des blauen Schleiers weggekarrt hat, und natürlich nutzen die Pflanzen diese Galgenfrist aus und verstreuen – zu meinem großen Ärger im Herbst – aberwitzige Samenmengen.

Das mehrjährige Vergißmeinnicht, *Myosotis dissitiflora,* lasse ich dagegen stehen, es sei denn, die Pflanzen hätten Mehltau und sähen häßlich aus. Oft muß ich aber ein paar Sämlinge umsetzen, da dieses Vergißmeinnicht sich genauso rücksichtslos aussät wie seine gewöhnlichen Verwandten. Ich wundere mich eigentlich, daß wir es nicht häufiger sehen. Im Vergleich zu den einjährigen Pflanzen sind seine Blüten größer und flacher, und obgleich ihre Farbe etwas blasser ist, wirken die größeren Blütenbüschel an den längeren Blütenstielen spektakulär. Die Blätter unterscheiden sich dadurch, daß sie länger und etwas weniger behaart sind und irgendwie zu glänzen scheinen. Sie lassen sich recht leicht von denen der gewöhnlichen Form unterscheiden.

Die grünlichen Blüten meiner spätblühenden Lenzrose (einer besonders schönen Form von *Helleborus orientalis*) bilden einen ruhigen Kontrast zu den lebhafteren Farben. Diese Lenzrose scheint ewig zu leben, und ich bin froh, daß ich ein paar Exemplare im Vorgarten gegenüber meinem Schreibtisch habe, nicht weit entfernt von *H. corsicus,* der mich Anfang jedes Jahres viele Wochen lang begeistert.

Die blaßgrünen Blütenbüschel von *Tellima grandiflora,* die gleichfalls Ruhe ausstrahlen, bilden einen schönen Hintergrund für das leuchtende Rosa von Mohnblüten und den kühlen Lavendelton der Wiesenraute *Thalictrum aquilegifolium.* Die Blüten des Purpurglöckchens *Heuchera viridis* haben große Ähnlichkeit mit denen von *Tellima grandiflora,* sind aber stärker gefranst und nach einiger Zeit nicht mehr rosafarben getönt. Die Blätter beider Pflanzen lassen sich leicht unterscheiden. Die Blätter von *H. viridis* sind dunkler im Grünton, stark behaart und tragen nicht die dunklen Zeichnungen, die *T. grandiflora* so reizvoll machen. Außerdem nehmen sie im Herbst nicht deren schöne karminrote Schattierungen an. *T. purpurea* ist mit ihren bronzefarbenen Blättern, die sich im Herbst leuchtend karminrot färben, noch spektakulärer. Ich habe in meinem Garten eine duftende, braungelbe Heuchera, die auch eine kräftige Herbstfärbung annimmt.

Im Mai blühen immer noch zwergwüchsige Iris. Die Sorte ›Bride‹, die bei mir immer später als die purpurfarbenen und gelben Sorten blüht, ist offensichtlich weder eine *I. pumila* noch eine *I. chamaeiris*, da sie im Vergleich zu ihnen höher wird. Meines Erachtens ist sie trotz ihres blasseren Farbtons eine Form von *I. lutescens* oder aber von *I. virescens*, die rauchig graugrüne Blüten trägt und ebenfalls erst nach den frühen zwergwüchsigen Arten blüht. Einige der Juniiris beginnen schon im Mai zu blühen, und ich habe festgestellt, daß die weißen und leicht getönten Formen in der Regel die ersten sind.

In modernen Gärten läßt sich nur schwer ein Platz finden, wo sich Maiglöckchen ungestört ausbreiten und blühen können. In den alten ummauerten Küchengärten gab es Raum für sie, aber wo können wir sie heute ziehen? Ganz gleich, wohin ich sie pflanze – in Kürze kommen sie den Nachbarpflanzen in die Quere, so daß ich sie den größten Teil des Jahres verwünsche. Wenn sie dann aber wieder blühen und den Garten mit ihrem unvergleichlichen Duft erfüllen, wünsche ich mir natürlich, ich wäre freundlicher mit ihnen umgegangen. Alle Maiglöckchen sind reizend; dennoch scheint es vernünftig, die Sorten mit den größten Blüten und den längsten Stielen auszuwählen. ›Fortin's Giant‹ war lange Zeit die größte; inzwischen gibt es aber eine noch bessere Züchtung, ›Mount Everest‹. Maiglöckchen kann man jahrelang sich selbst überlassen, es sei denn, sie werden kommerziell gezogen. Wenn sie sich aber so stark vermehrt haben, daß ihr Platz zu eng wird, pflegt man sie alle auszugraben und an einer anderen Stelle wieder einzupflanzen. Die Folge freilich ist, daß sie erst dann wieder üppig blühen, wenn sie sich am neuen Ort eingelebt haben. Diese Methode, die anerkanntermaßen die beste ist, wird auch von Maiglöckchenzüchtern angewendet; sie setzen die Pflanzen indes häufiger um und arbeiten dabei besondere Erde und Knochenmehl (oder etwas Ähnliches) in den Boden ein, um die Blühfreudigkeit zu fördern. Die Viktorianer gingen nicht immer so drastisch vor; wie in alten Gartenbüchern zu lesen, bestand ihre Methode drin, im ganzen Beet kleine Boden- und Pflanzenstücke herauszuschneiden und die Löcher mit einer besonderen durchgesiebten Erde zu füllen.

Eine der Freuden des Gärtners ist der gelegentliche unerwartete Erfolg nach anhaltenden Fehlschlägen. Ich fühlte mich sehr verwegen, als ich zwei Tibetorchideen, *Pleione pricei* und *P. formosana,* erwarb. Die meisten Leute pflanzen diese fast winterharten Orchideen in ein Kalthaus, aber ich habe kein Kalthaus und auch sonst kein Gewächshaus und dachte mir, mein Klima sei mild genug, um das Wagnis einzugehen und sie in meinen Torfgarten zu pflanzen. Jeden Winter bedecke ich sie mit einer Glasscheibe, weil ihnen wohl eher die Nässe als die Kälte schlecht bekommt. Jedes Jahr trieben sie Blätter, und sie schienen zufriedenstellend zu wachsen, bis ich nach einem sehr nassen Winter keine Spur der grünen Pseudobulben entdecken konnte, die sich wie Eier in einem Nest direkt über dem Boden zusammendrängen. Vorsichtiges Stochern blieb ergebnislos, und ich fürchtete schon, das Spiel verloren zu haben. Als ich aber eines Tages an der Böschung gegenüber meinem kleinen Torfgarten entlangspazierte, sah ich plötzlich eine exotische Blüte schüchtern inmitten von Heidekraut und Azaleen schweben, als wäre sie vom stattlichen Busen einer reichen Dame geglitten. Seitdem habe ich diese entzückenden kleinen Orchideen noch an mehreren anderen Stellen – in Grünsand an einer Nordmauer und auf einem nach Osten ausgerichteten Steinvorsprung in gewöhnlichem Boden im Steingarten. Den beiden genannten Arten habe ich *P. limprichtii* hinzugesellt. Ich habe zwar nicht so viele Blüten wie meine Freunde, die ihre Orchideen in Körben im Alpinenhaus ziehen, aber immerhin doch einige, und da die Pflanzen stetig an Umfang zunehmen, könnte ich sie sogar teilen, hätte ich nur den Mut dazu.

Ich vermute, daß der Aronstab *Arum creticum* nicht der gleichen Kategorie zugeordnet werden sollte wie die Tibetorchideen, aber für viele von uns ist er genauso faszinierend; ich mag alle Aronstabarten. Der kretische Aronstab hat gelbe Hochblätter – es ist nicht das strahlende Gelb der Scheincalla (Lysichiton), sondern ein leuchtendes, sehr dunkles Creme. Mir wurde empfohlen, diese Pflanze an eine möglichst heißen und trockenen Platz zu setzen; aber inzwischen habe ich entdeckt, daß das gar nicht notwendig ist. In einem Garten, den ich kenne, blüht sie an einem heißen, sonnigen Platz und im feuchten Schatten unter Bäumen gleich gut.

In demselben Garten habe ich eine schöne rosaweiße Form der Frühlingsplatterbse *Lathyrus vernus* gesehen. Diese Form, *L. vernus* ›Alboroseus‹, bildet entzückende Horste von 20–30 cm Höhe, die gut in einen Frühlingssteingarten passen. Eine Zeitlang hatte ich die anderen Formen der Frühlingsplatterbse im Garten. Die Stammform schmückt sich mit violettblauen, wickenartigen Blüten, *L. vernus* ›Cyaneus‹ hat leuchtendblaue Blüten, und außerdem gibt es noch eine gute weiße Sorte, ›Albiflorus‹. Zusammen mit ihnen ziehe ich die zwergförmige silberfarbene Gemswurz, *Doronicum hirsutum*, die weiche Blätter trägt und den ganzen Sommer über winzige rosaweiße Blüten zeigt. Sie liebt einen heißen, trockenen Standort, während sich die Frühlingsplatterbse überall wohl fühlt.

Eine andere Pflanze, die gut zu den Platterbsen paßt, ist der mehrjährige Goldlack *Cheiranthus mutabilis* (syn. *Cheiranthus semperflorens*). Der Farbton seiner Blüten liegt zwischen Purpur- und Krapprot. Der bronze- und primelfarbene Goldlack ›Miss Hopton‹ (oder ›Wenlock Beauty‹) läßt sich mit nahezu allen Pflanzen kombinieren; ebenso der sehr blasse Schöterich *Erysimum capitata*. Den Goldlack ›Moonlight‹ kann man meines Erachtens von allen Goldlacksorten am schlechtesten plazieren, da seine Blüten dunkler sind, als der Name vermuten läßt, und sie sich aus glänzenden braunen Knospen öffnen. ›Harpur Crewe‹ braucht keine Gesellschaft; diese hübschen, buschigen kleinen Pflanzen sollten ganz allein an solchen Stellen stehen, die das ganze Frühjahr über eine attraktive Pflanze verlangen. Dieser Goldlack bringt vom Januar bis zum Juni und später noch vereinzelt gefüllte Blüten in zartem Gelb hervor, aber auch ohne Blüten ist dieser wohlgestaltete kleine Busch ansehnlich.

Die Prophetenblume *Arnebia pulchra* ist ein außergewöhnliches Mitglied der Borretschfamilie. Ihre goldgelben Blüten tragen innen dunkelpurpurfarbene Flecken, die später aber verschwinden. Ich habe niemals Erfolg mit ihr gehabt; vielleicht mag sie keinen Kalkboden. Da man verhältnismäßig viel für sie bezahlen muß, vermute ich, daß sie sich nicht so leicht wie die meisten anderen Stauden ziehen läßt.

Eine ganz andere, aber ebenso seltene und teure Pflanze ist der Silberhahnenfuß *Ranunculus aconitifolius* ›Pleniflorus‹. Ich finde ihn problemloser als die Prophetenblume; er wächst aber nur langsam, und da er nach der Blüte verschwindet, besteht immer die Gefahr, daß er beschädigt oder gestört wird. Diese entzückende Pflanze, die ungefähr 50 cm hoch wird, trägt weiße Knopfblüten und dunkle, tief eingeschnittene Blätter.

Auch die Freilandgloxinien ziehen sich nach der Blüte ganz zurück, und es kommt immer wieder vor, daß sie dann zerstört werden. Wie die Nerinen wirken sie sehr exotisch, und man ist immer überrascht, wenn man sie in einem ganz gewöhnlichen Garten entdeckt. Die am häufigsten verwendete Freilandgloxinie, *Incarvillea delavayi*, hat große rosarote Trompetenblüten mit gelbem Schlund und reizendes Laub. Die Blüten von *I. grandiflora* zeigen einen dunkleren Rosaton. Diese Blumen, die mehrmals aus meinem Garten verschwunden sind, ziehe ich jetzt in einem erhöhten Beet mit Schneeglöckchen und Fritillarien.

Die Zahnwurz sollte man gut kennzeichnen, damit man ihre Wurzeln, die wie Korallen aussehen, nicht beschädigt. *Dentaria hetaphylla* (syn. *D. pinnata*) trägt an 30–60 cm hohen Stielen weiße oder blaß purpurfarbene Blüten. Die Pflanzen fühlen sich in naturnahen Gärten unter Bäumen zusammen mit anderen

Waldstauden am wohlsten. Das gilt auch für die Dreiblattspiere, *Gillenia trifoliata,* mit ihrem anmutigen Laub, die den ganzen Sommer über rosa-weiße Blüten trägt.

Nach meiner Erfahrung gedeiht die Nachtkerze *Oenothera speciosa* am besten an einem leicht beschatteten Standort. Leider kann sie in einem kalten Winter erfrieren; bei durchschnittlichen Temperaturen ist sie aber recht zuverlässig. Die großen, zuerst rein weißen Blüten mit den markanten Griffeln sind auch tagsüber geöffnet. Beim Verblühen nehmen sie einen blassen Rosaton an.

Das Dreiblatt macht keinerlei Probleme, wenn es im Schatten in gutem Laubboden steht. Ich ziehe das meine in gewöhnlichem Boden auf einer Böschung im Schatten von Weiden, wo es jedes Jahr zuverlässig erscheint. Ich finde nur, daß es sich recht langsam vermehrt. Es würde sich auch zwischen Sträuchern wohl fühlen, vorausgesetzt, es steht in humusreichem Boden, der nicht austrocknet. Das schönste Dreiblatt ist *Trillium grandiflorum,* das an 25 cm hohen Stengeln große weiße Blüten trägt. Das dunkelkarminrote Dreiblatt *T. sessile* hat duftende Blüten und gefleckte Blätter, *T. cernuum* trägt weiße oder rosa nickende Blüten, und auch die nickenden Blüten von *T. stylosum* sind rosa.

*T. undulatum* hat weiße Blüten mit rötlichen Markierungen. Die Dreiblattarten brauchen etwas Zeit, bis sie sich fest angesiedelt haben; dann aber blühen sie jedes Jahr. Ein guter Bodendekker ist die Bischofskappe *Mitella breweri.* Sie hat kleine flache, rundliche Blätter und winzige grüne Blüten.

Da schattenliebende Pflanzen einen ganz eigenen Charme haben, werden sie immer beliebter, und auch ihretwegen werden immer mehr Strauchrabatten angelegt. Natürlich machen Strauchrabatten weniger Arbeit; gleichzeitig geben sie dem Gärtner aber auch die Möglichkeit, viele Pflanzen zu ziehen, die sich zwischen Sträuchern wohl fühlen. Funkien blühen erst später, aber im Mai stoßen ihre zusammengerollten Blätter schon durch den Boden. Die jungen Blätter der Funkie *Hosta fortunei* ›Albopicta‹ bieten im Maigarten mit ihren goldgelben Mitten und den dunkelgrünen Rändern einen hinreißenden Anblick.

# JUNI

Der Juni ist der Monat, der für sich selbst sorgt. Selbst der langweiligste Garten muß im Juni einfach voller Farbe sein. Wenn der Wiesenkerbel in den Hecken bis zu den Schultern reicht und es am Straßenrand nach Geißblatt und wilden Rosen duftet, scheint auch der Garten unaufhaltsam zu wachsen. In diesen Wochen erkennt man, ob man zu dicht gepflanzt hat, was bei mir immer der Fall ist, und ob man die Pflanzen ausreichend abgestützt hat, was bei mir nie der Fall ist.

Der Juni ist der Monat, in dem sich die Rosen über die Mauern neigen und die schlanken Blütentrauben des Rittersporns über dem Dickicht der Rabatten aufragen – den Stürmen preisgegeben, die sich fast immer einmal einstellen, um unseren Stolz zu zügeln und uns vorausschauender zu machen. Die Bauern nehmen diese Wetterunbilden gelassen hin. Während sie das Korn zu Boden drücken und mit starken Regengüssen das Heu vernichten können, erledigen die Junistürme doch auch ihre Arbeit des Äpfelauslichtens. Der arme Gärtner dagegen hat keinen Ausgleich für seine zerstörten Hoffnungen.

Ich besitze ein paar wirklich schöne weiße Rittersporne der Pacific-Hybriden, die sich in einem nassen Mai geradezu selbst übertreffen. Je höher sie aber werden, um so zerbrechlicher werden auch die hohlen Stiele, und wenn ein kräftiger Sturm aufkommt, sind sie restlos verloren. Ich weiß, daß ich sie retten könnte, hätte ich nur genug Zeit, jeden Blütenstiel an einem Stab festzubinden, aber das ist einfach nicht zu schaffen. Bohnenstangen wären eine gute Stütze, wenn ich sie tief genug in die Erde bekäme; dazu müßte sich mein lehmiger Boden allerdings über Nacht verwandeln. Meine Halbringe aus Eisen, die sich für die meisten Fälle als Stützen vorzüglich eignen, sind nichts für hohe Rittersporne und andere Stauden mit hohlen Stielen. Bei einem kräftigen Windstoß brechen die Stiele ab oder werden an das Eisen gepreßt und zerdrückt.

Ich wünschte, es gäbe ein Mittel, Rittersporne in vernünftigen Größen zu halten. Wenn man Herbstastern, Sonnenbraut und Goldrute ungefähr auf einer Höhe von 30 cm abschneidet, wachsen sie wieder nach und erreichen nur die Hälfte ihrer normalen Höhe. Beim Rittersporn läßt sich diese Methode leider nicht anwenden – die Stiele ihres zweiten Blütenflors sind häufig genauso hoch wie die der ersten Blüte. Aber nichts wird die Züchter davon abhalten, größere Blüten an höheren Stielen zu produzieren. Wir können nur hoffen, daß es ihnen gelingt, kräftigere Stiele zu züchten, die die Last der Blüten tragen können.

In meinem Garten habe ich einen Rittersporn mit gefüllten Blüten, die sich auf schlanken Stielen auftürmen und wie kleine blaue Rosen aussehen. Der tibetanische Rittersporn dagegen ist eine niedrige buschige Pflanze mit gebogenen Stielen voller dunkelblauer Blüten. Dieser wenig spektakuläre, in seiner zurückhaltenden Art aber reizvolle Rittersporn braucht nicht abgestützt zu werden. Ich ziehe ihn in Taschen in meinem Grabengarten neben der leuchtend rosafarbenen Nelke *Dianthus callizonus,* die wegen ihrer grünen Blätter wie ein Bastard ausschaut, aber natürlich eine Spezies ist. Die gefüllte Primel ›Orchid Pink‹, die in der Regel erst nach ihren Verwandten blüht, paßt gut zu dem dunkelblauen Rittersporn; ebenso die zwergförmige Herzblume *Dicentra formosa* ›Bountiful‹, die dunkelrosafarbene Blüten und blaugraues Laub trägt und mit kurzen Unterbrechungen den ganzen Sommer über blüht. Das kräftige Rot der ungefüllten *Paeonia lobata* benötigt entweder einen grünen Hintergrund oder eine möglichst dunkle Pflanze, die nicht von ihr ablenkt. Genau diesen Zweck erfüllt der tibetanische Rittersporn. Ich bedaure sehr, daß die Päonien so schnell verblühen. Bei *Paeonia lobata* tut es mir besonders leid wegen ihrer großen Blüten in reinem Scharlachrot ohne jede Spur von Orange. Wenn auch empfohlen wird, sie in die Sonne zu pflanzen, so sehe ich sie doch lieber unter Bäumen hervorleuchten oder an einer schattigen Böschung, also da, wo ich auch den Rittersporn aus Tibet ziehe.

Kürzlich wurde ich gefragt, welche Kletterrose ich auswählen würde, wenn ich nur für eine Platz hätte. Meine Entscheidung für ›Albertine‹ wird manchen vielleicht überraschen. Ich weiß, daß sie nicht die schönsten Blüten hat und diese auch nicht einmal länger als ein, zwei Tage halten. Ein weiterer Nachteil ist, daß sie nur einmal im Jahr blüht. Aber was sie daraus macht! Ganz gleich, welche Rosen man sonst noch zieht – zumindest eine ›Albertine‹ sollte in jedem Garten stehen, da sie überreich blüht und kräftiges, glänzendes Laub trägt, das nie eine Spur von schwarzen Flecken zeigt. Ihre Zweige sind unendlich elegant, und die köstlichen, süß duftenden Blüten in einem dunklen Lachsrosa gehen in solcher Fülle auf, daß man während der Blütezeit nach Herzenslust davon abschneiden kann. Zu keiner anderen Zeit gehe ich in meinem Haus so verschwenderisch mit Blüten um. In jedem Raum stehen Schalen mit ›Albertine‹-Rosenblüten, und anders als bei den übrigen Rosen habe ich auch kein schlechtes Gewissen, ein paar Knospen zu opfern. Bei ›Albertine‹ lassen sich nämlich die Blüten niemals ganz ohne Knospen abschneiden; da sie sich aber im Wasser öffnen, ist alles nur halb so schlimm.

An zweiter Stelle würde ich wohl die Chinarose *(Rosa chinensis)* auswählen. Wir hatten das Glück, neben dem Gartentor eine gesunde Chinarose zu entdecken. In dem ersten Garten, an den ich mich erinnern kann, stand eine dieser Rosen, die wir damals aber immer »Monatsrose« nannten. Ihre Blüten haben zwar weder die Farbe noch die Form oder das kräftige Parfum der ›Albertine‹, aber dafür öffnen sie sich Monat für Monat. Ich habe schon zu Weihnachten welche gepflückt und erfreue mich im Juni am Anblick des Strauches, wenn er mit Blüten bedeckt ist. Wir schneiden unsere alte Rose drastisch zurück und spritzen sie, wenn nötig, gegen Blattläuse; so bleibt sie kräftig und gesund. Ich glaube, sie steht schon mindestens hundert Jahre neben unserem Gartentor. Eine Freundin aus dem Nachbardorf, die in diesem Haus geboren wurde und nun schon über achtzig Jahre alt ist, hat uns erzählt, daß die Rose bereits dort gestanden habe, als ihre Eltern viele Jahre vor ihrer Geburt in das Haus zogen.

*Rosa mutabilis,* die ich als Busch ziehe, ist ein schlankes, anmutiges Geschöpf, das gut in einen nicht allzu auffälligen Winkel paßt, wo ihre farbenprächtigen ungefüllten Blüten den ganzen Sommer über einen erfreulichen Anblick bieten. Sie blüht nicht so üppig wie die anderen Chinarosen, was jedoch kein Nachteil ist, da man sich so viele ihrer leuchtenden Blüten gar nicht wünschen würde. Die scharlachroten Knospen öffnen sich in einem Farbton aus kupfrigem Gelb und blassem Lachsrosa und verblühen in einem matten Karminrot.

Ich weiß, daß nicht jeder meine Liebe zu den grünen Chinarosen, *R. viridiflora,* teilt. Selbst große Freunde grüner Blumen sind ihr gegenüber ausgesprochen unfreundlich und sagen, daß sie mit einer Rose eigentlich nichts gemein habe. Ich gebe zu, daß sie wirklich etwas seltsam aussieht und niemals ganz so wunderbar ist, wie ich es mir vorstelle; trotzdem erfreue ich mich an der knittrigen Harmonie aus mattem Grün und verblichenem Karmin und möchte sie nicht missen. Manchmal blüht sie sehr spät, was sie häufiger tun sollte, da sie ohne die Konkurrenz anderer Blüten ihre ausgefallene Schönheit viel besser zur Geltung bringt.

Der Juni ist der Monat der Iris, aber es gibt so viele großblütige Juniiris, daß es einem schwerfällt, maßzuhalten. Jedes Jahr werden mehr und mehr Sorten angeboten, eine schöner als die andere – was also tun? Ich für mein Teil kann nicht alle meine alten Freunde ausmustern, kaufe aber doch jedes Jahr ein paar neue Sorten dazu und weiß dann natürlich nicht, wohin mit ihnen. Um irgendwie Platz zu schaffen, entferne ich zuerst alle Duplikate und reduziere die großen Horste, so daß ich an der Stelle, wo vorher eine einzige Sorte stand, drei ziehen kann. Anschließend schaue ich mir die Pflanzen an, die untereinander große Ähnlichkeit haben, und behalte nur die schönsten Exemplare. Und was kommt dann? Mir ist klar, daß es viele bessere Irisarten gibt als die altmodische *Iris pallida* mit ihren zartfarbigen, wohlriechenden Blüten, und doch will ich sie behalten, wie auch die wunderschönen, überaus langsam wachsenden panaschierten Formen – eine mit goldenen und die andere mit silbernen Streifen auf den Blättern.

Es ist gut, daß die Wildiris nicht viel Platz brauchen und meist damit zufrieden sind, in sonst unbrauchbaren Ecken und schmalen Steinspalten zu stehen. Zwei gelbblühende Arten, *I. kerneri* und *I. forrestii,* wirken zerbrechlich, sind aber recht robust. *I. kerneri,* die einen trockenen, heißen Standort liebt, ziehe ich auf der offenen Oberfläche einer Mauer. *I. forrestii* kann etwas Schatten vertragen, aber zum Blühen braucht sie doch Sonne. Die amerikanischen Iris scheinen sich im Schatten wohler zu fühlen. Ich habe verschiedene Angehörige von *I. douglasiana* in meinem Graben unter Weiden stehen, und sie blühen recht gut in Tönen von Lavendel über rosa angehauchtes Mauve bis hin zu Purpur. Wegen ihres ungezwungenen Wuchses passen sie vorzüglich in den Graben; da sie aber jede Art von Störung hassen, brauchen sie lange Zeit, bis sie heimisch geworden sind. Im Graben ziehe ich auch *I. chrysofar,* eine Hybride von *I. chrysographes* und *I. forrestii.* Ihre nicht sehr großen Blüten in einer seltsamen Mischung aus Gelb und Purpur sind indessen nicht so ansehnlich wie die ihrer beiden Elternteile.

*Iris graminea* mit ihren köstlichen kleinen Blüten, die sich zwischen den Blättern verstecken und intensiv nach Reineclauden duften, fühlt sich überall wohl, braucht aber etwas Zeit, bis sie sich nach einer Teilung wieder eingelebt hat. Ob es wohl zwei Formen von dieser Art gibt? Ich habe nämlich ein Exemplar, das insgesamt größer ist, aber sonst keinerlei Unterschiede aufweist.

Unter den feuchtigkeitsliebenden Irisarten scheint *I. setosa* keine Probleme zu machen, am wenigsten die rote Form. Für *I. laevigata* und *I. kaempferi* habe ich einen allzu kalkhaltigen Boden, aber alle Formen von *I. sibirica* vermehren sich fast zu schnell. Meine Lieblingssorte ist immer noch ›Snow Queen‹; gleich danach kommt die karminrote ›Eric the Red‹.

Die hohe *Iris ochroleuca* ist wertvoll, da sie erst Ende des Monats blüht, wenn die Zeit der Juniiris schon fast vorbei ist. Die gelbe Varietät ist eindrucksvoll, aber nicht so schön wie die weißblühende mit gelben Zeichnungen. Beide eignen sich gut zum Schneiden, da sich die Blüten bis zum unteren Teil des Stiels öffnen, nachdem man sie ins Wasser gestellt hat. Bei guter Pflege können sie sich wie unsere heimische Gelbe Sumpfschwertlilie *(I. pseudacorus)* über eine Woche lang in der Vase halten. Da die gewöhnliche *I. pseudacorus* zu üppig wird und sich überall aussät, verhärte ich jetzt mein Herz gegen sie und schenke meine Gunst einer Sorte mit blaß primelgelben Blüten und einer mit goldfarben panaschierten Blättern. Ich frage mich, ob auch andere Gärtner einen Schock erlitten haben wie ich, als ich im ersten Jahr diese panaschierte Form zog. Ich wußte nämlich nicht, daß die Panaschierung im Hochsommer verschwindet, und dachte schon, ich hätte die Pflanzen versehentlich ausgegraben.

Im Juni blüht auch der Germer, wenn er denn will. Was ihm wirklich zusagt, habe ich noch nicht entdecken können. Die schönsten Blütenrispen hatte ich bis jetzt in einem feuchten Sommer am Weißen Germer *(Veratrum album)*, der an einer schattigen Böschung wuchs. Er war so herrlich, daß ich dunkelblütiges *V. nigrum* und *V. viride* mit grünen Blüten danebensetzte. Ich glaube aber, es ist einerlei, ob der Weiße Germer im Schatten steht oder in voller Sonne wie in seiner Heimat Österreich, wo seine großen gerippten Blätter nicht von Schnecken abgefressen werden. Wir ziehen Germer vor allem deshalb, weil sie in so schönen Horsten mit breiten Blättern und aufragenden samtig dunkelbraunen Blütenrispen wachsen. Es lohnt sich aber auch, in die einzelnen Blüten zu schauen, die ausgesprochen kunstvoll gebildet sind. Obgleich Germerarten in anderen Ländern häufig vorkommen, sind sie nur selten in Gärten zu sehen, wahrscheinlich weil sie in der Regel aus Samen gezogen werden und sich nur langsam entwickeln.

Es ist doch merkwürdig, wie Pflanzen im Garten kommen und gehen. Eine Zeitlang hatte ich viele große Horste der klebrigen Pechnelke *Lychnis viscaria* ›Plena‹ mit ihren leuchtenden kleinen Rosetten in verruchtem Magentarot. Immer hatte ich Probleme, wo ich sie hinpflanzen sollte; der zartblaue Lein, *Linum perenne,* schien mir ein sehr passender Begleiter zu sein, ebenso die Zwergform von *Campanula lactiflora,* die ›Pouffé‹ heißt und vor hellgrünem Laub lichtblaue Blütenkuppeln bildet.

Meine Probleme mit Pechnelken haben sich dadurch gelöst, daß die meisten von ihnen inzwischen aus dem Garten verschwunden sind; nur die ungefüllte Form ist geblieben. Auch meine vielen ungefüllten weißen und vereinzelten zartrosa Exemplare sind nicht mehr da.

Dies dürfte der zwergwüchsigen Form der Vexiernelke *Lychnis coronaria* mit ihren rosa Blüten aber nicht passieren. Ich habe sie immer als »Cottage-Maid« gekannt; meines Erachtens ist der korrekte Name aber *Lychnis flos-jovis,* Jupiterblume, und manchmal wird sie auch »The Flower of Love« genannt. Sie sät sich leider nicht so reichlich aus wie die alte *Lychnis coronaria* ›Abbotswood Rose‹. Sie zu verlieren besteht keinerlei Gefahr. Wer könnte das aber auch wollen? Vom Winter, wenn sie uns mit ihren großen silbernen Blattrosetten erfreut, bis zum Ende des Sommers, wenn sie sich an ihren verzweigten Stielen mit samtigen, kräftig roten Blüten schmückt, ist sie immer willkommen, und selbst wählerischere Gärtner als ich verschmähen sie nicht. Wie erfreut war ich, als mich ein wahrhaft großer Gärtner um eine Pflanze meiner Vexiernelke bat, weil er meinte, sie habe eine schönere Farbe als seine. Zum Dank schenkte er mir eine weißblühende Form. Es gibt auch eine weißblühende Sorte mit rosafarbener Mitte, die Cottage-Garten-Pflanze schlechthin.

Der Juni ist der Monat, in dem der Türkenmohn seine großen farbenprächtigen Blütenköpfe zur Schau stellt. Ich habe eine Pflanze mit so wunderbaren dunkelrosa Blüten, daß ich ihr verhältnismäßig viel Platz zugestehe. Sie blüht über recht lange Zeit, sieht aber nach der Blüte, bis das Laub ganz abgestorben ist, ziemlich unglücklich aus. Ich schneide das Laub stufenweise ab, damit keine zu große nackte Stelle entsteht, und hoffe, daß das Fingerkraut (Potentilla), das ich dazwischengepflanzt habe, bald die unansehnlichen Stielstümpfe überdeckt. ›Etna‹ eignet sich gut für diesen Zweck; diese Sorte wächst schnell, und ihre langen Arme, die üppig mit silbern gezeichnetem Laub bedeckt sind, können in die Höhe gezogen und abgestützt werden, um den leeren Fleck zu verdecken. ›Perry's White‹ mit kastanienfarbenen Flecken inmitten der Blüten ist unter den weißblühenden Mohnsorten meines Erachtens die schönste. Meine Lieblingssorte ist aber ›Watermelon‹, deren Blüten in dem gleichen wunderbaren dunklen Rosa gefärbt sind wie die grünschaligen Wassermelonen, aber ohne die schwarzen Samen. Es gibt einige Pflanzen, die in Form und Farbe gut zu diesem Mohn passen. *Thalictrum aquilegifolium* ist eine problemlose Pflanze, allerdings eher selten. Mit ihrem blaugrauen Laub ähnelt sie der gewöhnlichen Akelei; ihre flauschig-fedrigen Blütenköpfe sind malven- oder cremefarben. Da das Laub auch für sich schön ist, schneide ich die Pflanze immer erst spät im Jahr zurück. Ihre Samenstände bieten ebenfalls einen reizvollen Anblick.

Desgleichen hat *Amsonia salicifolia* ihren zurückhaltenden Charme. Diese Amsonie trägt an 60 cm hohen belaubten Stielen kleine Blütenköpfe aus schieferblauen Sternenblüten, und mit kräftigen unterirdischen Ausläufern breitet sie sich zu einem Dickicht aus. Gelegentlich wird sie mit *Rhazya orientalis* verwechselt – einer viel ausgefalleneren Pflanze, die man nur selten sieht.

Akeleien beeindrucken mich immer wieder als »dünne« Pflanzen, die man niemals großflächig, sondern hier und da zwischen gewichtigeren Gestalten verwenden sollte. In meinem Garten haben sich die »Granny Bonnets«, die ich den eleganten langspornigen Varietäten vorziehe, überall ausgesät. Häufig erscheinen sie in einem dunklen Altrosa und in verschiedenen Blauschattierungen, und selbst wenn sie nicht am rechten Ort stehen, reiße ich sie erst heraus, wenn sie verblüht sind. In einem Teil meines Gartens sät sich die dunkelblaue ›Hensol Harebell‹ (eine Form von *Aquilegia alpina*) ringsherum selbst aus, bleibt aber in der Regel an ein und demselben Platz. Ihre angestammte Farbe – ein kräftiges Dunkelblau – variiert manchmal ein wenig. *A. coccinea* trägt kleine rote Blüten an 60 cm hohen Stielen. Im Verhältnis zu ihren Blüten wird sie ziemlich groß, aber da sie so üppig blüht, kann sie sich zwischen hohen Stauden im Hintergrund einer Rabatte durchaus behaupten. Die kleinen Blüten, die auf ihren langen Stielen tanzen, bilden eine schöne Gemeinschaft mit den ganz blaßblauen Blüten von *Veronica exaltata* oder einer Sorte von *V. virginica.* Dieser Ehrenpreis unterscheidet sich von den anderen Arten dadurch, daß seine Blätter an den aufrechten Stielen in Quirlen angeordnet sind. Seine weißen oder blaßblauen Blüten wachsen in so schlanken Blütentrauben, daß die Farbwirkung ganz verhalten ist. Die Blütentrauben von *V. michauxia* sind dagegen dicker und dunkler im Farbton.

Die goldgelb-scharlachrote *Aquilegia canadensis* muß mit weißblühenden Pflanzen zusammenstehen, damit ihre leuchtende Farbigkeit gedämpft wird. Zufällig pflanzte ich die Graslilie *Anthericum liliastrum* daneben, und ihre kleinen, zarten Blüten hatten eine mildernde Wirkung. Die Blüten der beiden anderen Spezies, *A. liliago* und *A. algerense,* sind größer und sähen deshalb nicht so gut aus.

Mit den kleineren Akeleien, von denen es eine Menge gibt, habe ich bis jetzt kein Glück gehabt. Die grünblütige *Aquilegia viridis* gedeiht allerdings gut in einem Trog. Da sie im Vergleich zu den anderen Akeleien ziemlich klein ist, steht sie am sichersten in einem Steingarten.

Ganz in der Nähe wächst der ebenfalls kleine Klebschwertel *Ixia viridiflora.* Seine grünspangrünen Blüten wirken durch die schwarzen Punkte noch eindrucksvoller.

In einem blütenreichen Monat haben grüne Blüten etwas Beruhigendes. Die kleinen Blüten des Hasenohrs *Bupleurum angulosum* mit ihren nadelkissenartigen Mitten sind meergrün. Die blaßgrünen Blütenglocken der Sommerhyazinthe *Galtonia princeps* wirken wie Alabaster. Diese Art ist kleiner als *G. candicans* und muß auf andere Weise verwendet werden. Sie sieht auf einer Böschung oder in einem schmalen Beet am Fuße einer Mauer reizend aus und benötigt als Partner nur eine niedrigwachsende Pflanze wie das winzige Veilchen ›Haslemere‹, manchmal auch als ›Miss Nellie Britton‹ verkauft, das den ganzen Sommer über lavendelfarben-rosa blüht.

Der Feuerkolben *Arisaema triphyllum,* eine Waldlandpflanze, steht am besten vor einem Hintergrund aus kleinen Farnen oder

der zwergwüchsigen Bischofskappe *Mitella breweri* mit ihren winzigen, grünen Blütchen. Nicht jeder mag die Aronstabgewächse, mancher findet sie sehr faszinierend. Der Feuerkolben zum Beispiel wirkt recht komisch mit seinem auffallenden Hochblatt, das wie ein grünlich-brauner Beutel aussieht, und den drei markanten Blättern als Hintergrund. Die noch kleinere *Pinellia tubifera* hat eine sehr schmale grüne Röhre mit einem langen, schwarzen Hochblatt – fast wie eine angreifende Kobra. Sie liebt einen feuchten, schattigen Standort, und bei mir teilt sie sich im Grabengarten ein Plätzchen mit der kleinen Bischofskappe, die ungefähr genauso groß wird, aber immergrün ist.

Ich weiß nie so recht, was ich in dem Beet ziehen soll, in dem im Juni der Feuerkolben *Arisaema candidissima* erscheinen soll. Vor Johanni gibt er keinerlei Lebenszeichen von sich, aber wenn endlich sein kräftiger Schaft durch den Boden stößt, entfaltet sich sehr bald sein wunderschönes, schimmerndweißes Hochblatt mit grünen und kastanienfarbenen Schattierungen. Nach der Blüte erscheinen attraktive große Blätter. Bis jetzt habe ich hier noch keinen Bodendecker verwendet, obwohl ich annehme, daß sich der Feuerkolben seinen Weg durch alles und jedes bahnen würde. Von der einen Seite wird er aber von der Wolfsmilch *Euphorbia robbiae*, von der anderen Seite von Elfenblumen eingerahmt.


*Zweiter Teil*


Im Juni blühen auch die Nelken. Zwar zeigen sich schon im Mai hier und da ein paar Blüten, und viele Sorten von *Dianthus caryophyllus* blühen erst im Juli, aber im Juni breiten sich ganze Teppiche weißer, rosa und karminroter Nelken aus, die den Garten mit ihrem Duft erfüllen. Eine meiner Lieblingsnelken ist eine dunkelrote ungefüllte Sorte, der ich den Namen ›Brympton Red‹ gegeben habe, da ich sie von Mrs. Clive aus Brympton d'Evercy geschenkt bekommen habe. Obwohl die Blüten an langen Stielen erscheinen, wirken sie niemals schütter. Diese Nelke paßt besonders gut in Mauerritzen, Pflasterspalten und auch in Rabatten; eigentlich kann man sie überall im Garten verwenden. Wie glühend das Karminrot ihrer Blüten ist, habe ich erst dieses Jahr entdeckt, als einige Pflanzen, die ich vor einen großen schwelenden Busch schwarzen Fenchels gesetzt hatte, zu blühen begannen. Im Laufe der Zeit hat sie so großen Anklang gefunden, daß sie von verschiedenen Gärtnereien unter dem Namen ›Brympton Red‹ aufgeführt wird. Inzwischen weiß ich aber, daß der Name nicht berechtigt ist. Mrs. Clive bekam sie nämlich von Lady Lilian Digby aus Lewcombe (in der Nähe von Evershot in Dorset) geschenkt, die sie ihrerseits in einem Armenhausgarten in Bearminster entdeckt und aus Stecklingen weiter vermehrt hatte.

Ich wünschte, die gefüllte weiße Form von ›Musgrave's Pink‹, ›John Gray‹, wäre ebenso schön im Wuchs. Ich mag ihre großen Blüten, wenn auch ihre grüne Mitte nicht so ausgeprägt ist wie bei ›Musgrave‹, und sie hat lange Stiele, was sie zu einer idealen Schnittblume macht. Sie muß aber überlegt gepflanzt werden, da sie nicht gut aufrecht steht und sich leicht umlegt, wenn man sie läßt. Ich versuche, sie auf eine Mauerkuppe zu pflanzen, wo sie auf beiden Seiten viel Platz hat. Ihre kompakten Blüten riechen besonders stark.

Solang ich gärtnere, ziehe ich »Maultiernelken« (»mule pinks«), aber erst kürzlich habe ich beim Studieren eines alten Gartenbuches entdeckt, warum sie bei uns so genannt werden. Mir ist niemals in den Sinn gekommen, daß irgendeine Verbindung mit dem dickköpfigen Vierbeiner dieses Namens bestehen könnte. Aber sowohl die Nelke als auch das Maultier sind ja Bastarde, das Produkt der Kreuzung zweier Spezies, die sich eigentlich nicht miteinander einlassen. Was unsere Nelke betrifft, so ist sie eine Kreuzung aus *Dianthus barbatus* und *Dianthus caryophyllus*. Sie hat das grüne Laub der Bartnelke und die Blüten von *Dianthus caryophyllus*, duftet aber leider nicht.

Die »Maultiernelke« ›Emile Pare‹ und *Dianthus multiflorus* lassen sich recht gut vermehren und bilden schnell Teppiche aus dunkelgrünem Laub. Die neue ›Casser's Pink‹ blüht aber so üppig, daß kaum ein Blatt zu sehen ist, und wenn ich eine Menge neuer Pflanzen haben möchte, opfere ich ein paar Blüten. Aber sogar diese ist nicht so schwierig wie der alte Bastard ›Napoleon III.‹ Dieser übelgelaunte alte Herr ist nicht dasselbe wie ›Casser's Pink‹, was viele Leute vermuten. Verglichen mit diesem verschrobenen alten Aristokraten, hat ›Casser's Pink‹ geradezu eine Engelsnatur. Im besten Falle ist ›Napoleon III.‹ ein zartes Wesen mit dünnen, blassen Blättern und im Verhältnis zu seiner schwachen Statur viel zu vielen karminroten Blüten. Manchmal sehe ich Nelken, die als ›Napoleon III.‹ etikettiert sind, aber wenn sie kräftig aussehen und einen glücklichen Eindruck machen, bin ich ziemlich sicher, daß sie nicht echt sind.

Die alten wie mit Spitzen gerandeten Nelken faszinieren mich, und ich ziehe so viele wie möglich in meinem Garten. Die meisten von ihnen sind recht spillerig und sehen am besten in Mauerfugen oder am Rand eines mit Steinen eingefaßten Weges aus. Eine Zeitlang habe ich viele namhafte Sorten besessen, aber da es schwierig war, sie alle auseinanderzuhalten, habe ich mich auf zwei Sorten beschränkt: ›Argus‹, eine schöne weiße Nelke mit dunkelkastanienbrauner Mitte, und ›Pheasant's Ear‹ mit gefüllten Blüten im gleichen Farbenspiel. Eine der schönsten Neueinführungen ist ›Doris‹ mit Blüten in leuchtendem Lachsrosa. Sie ist nicht so anspruchsvoll wie die Sorte ›Day Dawn‹, deren Rosaton zwar noch schöner ist, die aber insgesamt als Pflanze nicht so sehr befriedigt. Viele Leute ziehen die lachsrosa Nelke zusammen mit silberfarbenen Pflanzen. Die Wirkung ist hervorragend, aber ich pflanze gern auch reichlich *Campanula portenschlagiana* als Hintergrund. Wenn diese Glockenblume in voller Blüte steht, breitet sie sich in einem blauen Teppich aus. Auch später noch bringt sie immer wieder Blüten hervor, und ihr immergrünes Laub kann Blüten mit leuchtenden Farben zu großer Wirkung bringen. An mehreren Stellen in meinem Garten bildet sie zusammen mit dem Storchschnabel *Geranium endressii* über lange Zeit eine schöne Gemeinschaft. Eine Form von *G. endressii* ist besonders niedrig und überaus blühfreudig. Das Rosa der Blüten variiert, was ungewöhnlich und reizvoll aussieht. Ich habe diese Form aus einem Garten in Nordsomerset bekommen. Seither habe ich sie noch in anderen Gärten in Somerset und Dorset gesehen, weiß aber bis heute nicht, um welche Form von *G. endressii* es sich handelt.

Eine der ersten Pflanzen, die ich in meinen Steingarten gesetzt habe, war die winzige Nelke ›Mme du Barri‹. Sie hat Blüten in einem ganz blassen Rosaton mit einem sehr süßen Duft. Über die Jahre hat sie sich zu einer blaugrauen Matte ausgedehnt, die im Juni ganz mit Blüten bedeckt ist. Darüber neigt sich der blaue Lein, *Linum perenne,* der den ganzen Sommer über blüht. Wenn die Nelken ihren Höhepunkt erreichen, bilden sie zusammen mit dem Lein eine schöne Gemeinschaft. Später öffnet nahebei die Kosmee *Cosmos atrosanguineus,* die nach heißer Schokolade riecht, ihre Blüten. Ihr rauchiges dunkles Rot paßt ideal zu den Farbtönen von Lein und Nelken. Da die Kosmeen nicht ganz winterhart sind, nehmen manche Leute sie über den Winter aus dem Boden, so wie sie es auch mit den Dahlien tun. Nach meiner Erfahrung überstehen sie aber auch strenge Winter, wenn man sie unter einem Torfhaufen begräbt.

Ich habe niemals daran gedacht, die zartrosa Sterndolde *Astrantia maxima* (syn. *Astrantia helleborifolia*) in die Nähe zu pflanzen, aber zu dem zarten Blau des Leins würde sie gut passen. Von allen Sterndolden mag ich diese am liebsten. Ihre mattrosa Blüten haben blaßgrüne Außenseiten und die charakteristische kissenartige Mitte. Sie breitet sich durch weiße Ausläufer aus, und da jedes Stückchen davon anwächst, ist sie leicht zu vermehren. Ihr einziger Nachteil ist die Tatsache, daß sie nur einmal blüht. (*A. major* blüht dagegen bis Weihnachten.) Früher konnte man sich den Namen dieser Sterndolde gut merken, da sie wie die Nieswurz (Helleborus) dreilappige Blätter hat. Daß man sie in *A. maxima* umgetauft hat, werde ich nie verstehen. Sie ist mit Sicherheit nicht so groß wie *A. major* und nicht annähernd so groß wie deren Riesenform, die große zottige Blüten mit kräftigen Grünschattierungen hat. Diese Sterndolde, die fast einen Meter hoch wird, trägt noch keinen Namen und wird auch noch nicht allgemein kultiviert.

Es gibt verschiedene grüne, weiße und rosa Sterndolden, die *A. major* so ähnlich sind, daß man sie nur mit Mühe voneinander unterscheiden kann. Die einen haben ein bißchen mehr Grün und die anderen ein bißchen mehr Rosa, aber alle ähneln sich sehr. Die eine Art ist *A. biebersteinii,* eine andere ist *A. carniolica,* und eine dritte, die etwas kleiner zu sein scheint, *A. gracilipes.* Zwei weitere Sterndolden sehen anders aus: *A. carniolica* ›Rubra‹, die dunkelkarminrote Blüten trägt und viel langsamer wächst als die anderen, und die winzige *A. minor,* nur 15 cm hoch und mit kleinen Knopfblüten. Die Sterndolden sind schöne Begleitpflanzen, die in jede Umgebung passen. Besonders nützlich sind sie zwischen grellen Farben, die sich ohne sie beißen würden. Neben die kompakte rote Sterndolde setze ich gern die Pfingstnelke *Dianthus caesius* (syn. *Dianthus gratianopolitanus*) mit Blüten in sehr blassem Rosa oder ihre gefüllte Form.

Eine andere sehr gute Begleitpflanze ist die ganz ordinäre Große Bibernelle *Pimpinella major* ›Rosea‹ mit rosa Blüten. Farnartige Blätter und Blüten in einem eher matten Rosa eignen sich gut als Folie für jede kräftigfarbene oder auffallende Pflanze. Als ich die Bibernelle einmal neben die Glockenblume *Campanula glomerata* mit ihren dunkelblauen Blütenknäueln gesetzt hatte, stellte ich fest, daß diese Kombination die Wirkung beider Pflanzen noch verbesserte. Ich hatte der Bibernelle niemals viel Aufmerksamkeit geschenkt und war recht betroffen, als mir ein Besucher, der von weit her kam und lange Zeit in meinem Garten verbrachte, am Ende seines Spaziergangs erzählte, die Bibernelle sei für ihn der Höhepunkt des Tages gewesen und er hätte jeden Weg auf sich genommen, um sie zu sehen! Mit dem Gefühl, undankbar gewesen zu sein, ging ich zurück, um mir anzusehen, wie die Bibernelle ihre zarten Blätter unter dem Judasbaum ausbreitete und welch harmonische Gemeinschaft sie an einer anderen Stelle mit der Jakobsleiter *Polemonium caeruleum* und dem gestreiften Gras *Phalaris arundinacea* ›Variegata‹ vor dem Hintergrund einer blauen Zeder bildete.

Es ist immer eine große Freude – und Überraschung –, wenn man von ungefähr für einige besondere Schätze den idealen

Standort findet. So pflanzte ich auch ohne viel Überlegung die kleine ungefüllte grünblättrige Nelke *Dianthus callizonus* zwischen zwei Steine oben auf eine Böschung. Sie war von ihrem neuen Zuhause äußerst angetan, ließ sich dort behaglich nieder und blüht jetzt mit einigen Unterbrechungen den ganzen Sommer über. Ihre mit dunkleren und helleren Punkten gezierten rosa Blüten erinnern mich ein wenig an eine Bartnelke. In ihrer Nachbarschaft wächst ein graulaubiger zwergförmiger Ehrenpreis, *Veronica colensoi*.

Vor Jahren schenkten mir Freunde in Dorset einen dicken Horst Geflecktes Knabenkraut, *Orchis maculata,* aus ihrem Gartengebüsch. Es siedelte sich bei mir an und säte sich mit Maßen in verschiedenen Teilen meines Gartens aus. Später bekam ich großzügigerweise noch ein Exemplar von *Orchis elata* geschenkt, dem schönsten Knabenkraut, das ich kenne. Es hat 45 cm lange, leuchtend purpurfarbene Blütenstände, und schon eine kleine Gruppe bietet einen prächtigen Anblick. Diese Orchis liebt einen ziemlich feuchten, nahrhaften Boden, stellt sonst aber keinerlei Ansprüche. In einigen Gärten steht sie allerdings lieber als in anderen.

In Gärtnereien beginnt man jetzt, einige der problemloseren Erdorchideen zu ziehen, und bis jetzt habe ich festgestellt, daß die größeren Schmetterlingsorchideen und einige der Sumpforchideen regelmäßig wiedererscheinen. Die Sumpforchideen fühlen sich im Torfgarten wohl, und die Sumpfwurz *Epipactis palustris* gedeiht gut in einem kleinen Gartenstück, das ich unter einer Nordmauer mit kalkfreier Erde und Grünsand angelegt habe. Auch die Tibetorchidee *Pleione pricei* scheint diesen Boden einem Torfboden vorzuziehen.

Olearien mögen mich im großen und ganzen nicht. Einige Jahre lang hatte ich eine *Olearia oleifolia,* an deren graugrünem Laub und elfenbeinfarbenen Blüten ich mich immer wieder erfreute. In einem schlimmen Winter ist sie mir eingegangen, und ich habe sie nicht ersetzt. Später bekam ich ein kleines Exemplar von *Olearia gunniana* geschenkt, und da ich meine Lektion gelernt hatte, pflanzte ich sie in eine geschützte Ecke. Wenn sich der kleine Busch mit weißen Blüten bedeckt, hält man ihn oft für einen schönen Horst von Herbstastern. Ich weiß nicht, was Sie tun würden, wenn Sie einen Besucher zum anderen sagen hörten: »Guck mal, die Herbstastern da blühen schon im Juni!« Wenn mich jemand etwas fragt, antworte ich, so gut ich kann, aber ich möchte, daß jeder sich auf seine Weise am Garten erfreut, und belästige niemanden mit Informationen und langen Namen, es sei denn, man fragte danach. Ich finde oft, daß Gärtner mit ihren langen Namen sehr enervierend sein können; manchmal frage ich mich wirklich, wie sich gewöhnliche Sterbliche damit abfinden. Wir sind ja auch nicht erfreut, wenn Ärzte eine schlichte Plauderei mit den längsten Fachausdrücken würzen, die sie finden können.

Ehrenpreis bilden schöne Farbflecke, wenn sie in voller Blüten stehen, insbesondere die verschiedenen Formen der recht niedrigen ›Royal Blue‹ und ›Shirley Blue‹. Leider blühen gerade sie nur sehr kurze Zeit. Kaum haben sich alle Blüten eines Blütenstandes geöffnet, beginnen sie schon abzufallen. Deshalb pflücke ich sie niemals und gehe auch nie davon aus, daß sie dem Garten über längere Zeit Farbe verleihen könnten.

Mit den höheren Ehrenpreisarten, *Veronica spicata* und *V. longifolia,* und ihren verschiedenen Formen ist es nicht anders, und in der Regel schneide ich die unansehnlichen Stiele ab, bevor alle Blütenblätter abgefallen sind. Die blaublütigen Sorten wachsen schon seit eh und je in meinem Garten, aber die »musikalischen« Sorten von *V. spicata,* ›Barcarolle‹, ›Minuet‹ und ›Pavane‹, die in den verschiedensten Rosatönen blühen, haben sich niemals recht wohl gefühlt.

Wenn von Veronika die Rede ist, muß man trotz allem immer wieder die Strauchveronika *Hebe cupressoides* erwähnen. In der Regel preise ich sie wegen ihres Weihrauchdufts und ihrer zart blaugrauen Blätter, die im Sommer so herrlich frisch und kühl wirken, aber ihre Blüten sind mir genauso lieb. Im Juni ist der ganze Busch mit winzigen, lavendelfarbenen Blüten bedeckt; jede einzelne ist ein Kunstwerk, und zusammen bilden sie eine blasse Wolke zarter Schönheit. Ihre Blüten sind etwas dunkler als die der zierlichen kleinen Strauchveronika, die Mr. Bowles zugeschrieben wird, und erscheinen nur einmal im Jahr, während an Mr. Bowles' kleinem Busch ständig blaßblaue Blüten zu finden sind. Diese Strauchveronika ist lockerer im Wuchs, und ihre blaßlavendelfarbenen Blüten passen gut zu karminroten Blüten. Mein Exemplar steht unter einer Rose ›Paul's Scarlet‹.

Ich weiß, daß man sich im Sommer nicht soviel mit dem Laub befassen sollte, wenn Blüten über Blüten ihren großen Auftritt haben; nichtsdestoweniger kann ich mich an Laub das ganze Jahr über begeistern. Ich habe zwei Chrysanthemumarten, auf die ich zuerst wegen ihres wohlriechenden Laubs aufmerksam geworden bin. *Chrysanthemum balsamita* duftet intensiv nach Kampfer und trägt kleine weiße Blüten, denen ich zunächst wenig Beachtung geschenkt habe. Ich vermute, daß meine Pflanze größer geworden ist oder daß ich sie jetzt besser pflege, sonst hätte ich schon früher bemerkt, wie gut sich ihre silbergrauen Blätter als Folie für umstehende Pflanzen eignen. Stützt man sie etwas ab, bildet sie einen kompakten Horst von ungefähr 75 cm Höhe. Die andere Art, *C. balsamita balsamitioides,* ist sehr ähnlich, riecht aber intensiv nach grüner Minze. Es handelt sich dabei um die Pflanze, die manchmal als Balsamkraut bezeichnet wird. Ihre kleinen gelben Blüten erscheinen viel später an 90 cm hohen, etwas schwächlichen Stielen.

Skimmien haben schönes, glänzendes, gesundes Laub, das jedoch vor allem im Sommer mehr gelb als grün ist. Auch meine Eibische nehmen im Juni kurz vor der Blüte einen gelblichen Ton an; wenn die Sträucher dann aber mit ihren blauen, karminroten und weißen Blüten bedeckt sind, bemerke ich nichts mehr davon. Die Ölweide *Elaeagnus pungens* ›Aurea‹ wird im Laufe der Saison natürlich kräftiger in der Farbe. Die neuen Blätter sind zu Beginn des Frühlings nahezu grün (was mich im ersten Jahr sehr beunruhigt hat), nehmen aber im Herbst einen Goldton an, der im Winter glüht und leuchtet. Diese zuverlässige, anspruchslose Pflanze trägt das ganze Jahr über glattes, makelloses Laub.

Escallonien sind passende Sträucher für gemischte Rabatten. Für die schöne, weißblühende *Escallonia virgata,* die sich auf jedem Boden, kalkhaltigen ausgenommen, wohl fühlt, sind die rosablühenden Escallonien ›Gwendoline Anley‹ oder ›Apple Blossom‹ ideale Begleitpflanzen. *Moltkia petraea,* deren rosa Knospen sich zu violettblauen Blüten öffnen und die in saurem Boden gedeiht, sieht besonders schön aus, wenn sie unter der dunkelrosa blühenden Lorbeerrose *Kalmia angustifolia* steht.

Zwei besonders schöne sommerblühende Heiden (die nur auf kalkfreien Böden gedeihen) sind die niedrige, breitwachsende ›Mrs. D. F. Maxwell‹ mit dunkelrosa Blüten und ›H. E. Beale‹, die 20 cm lange Trauben gefüllter silbrigrosafarbener Blüten trägt. Das leuchtende Blau der zwergförmigen Ochsenzunge *Anchusa caespitosa* bietet sich als Folie für ›H. E. Beale‹ an, und die ganz blaßblauen Blütentrauben des Ehrenpreises *Veronica gentianoides* lassen den Rosaton von ›Mrs. D. F. Maxwell‹ noch dunkler erscheinen. Ich habe schon gesehen, daß diese eine Fläche von über einem Quadratmeter bedeckte und wochenlang nicht an Schönheit verlor. In einem Garten hatte man ein Heidebeet stellenweise mit Hilfe von gespaltenen Baumstämmen erhöht und verschiedene kleine Pflanzen an den vorderen Rand gesetzt; große Exemplare einer dunkelroten Hauswurz hatten sich dort auf einem Holzklotz ausgebreitet, und an anderer Stelle ragten blaugrüne Blütenstengel von Echeverien auf (die natürlich in einem Gewächshaus überwintern müssen).

Das Hornveilchen, *Viola cornuta,* hat kleine Blüten, die so graziös sind wie Schmetterlinge. Wenn es neben einer größeren Pflanze steht, zeigt es sich der Situation gewachsen und bahnt sich seinen Weg durch deren Stengel oder Zweige. Das weißblühende Hornveilchen ist besonders hübsch. Neben einer Sorte mit dunkellavendelblauen Blüten gibt es noch eine in einem blasseren Blauton, die gut zu der Wolfsmilch *Euphorbia cyparissias* oder dem Frauenmantel *Alchemilla mollis* paßt. Für eine pastellfarbene Bepflanzung bietet sich der rosa-lavendelfarbene Feinstrahl *Erigeron* ›Quakeress‹ als Hintergrund an. Er und auch die weißblühende Sorte sind ganz alte Pflanzen, aber man kann sie immer noch empfehlen, da sie im Gegensatz zu den neueren Sorten den ganzen Sommer über blühen.

Während die hohen Fetthennenarten im Spätsommer blühen, öffnet die neue Hybride ›Ruby Glow‹ bei mir schon früher ihre Blüten. Diese Kreuzung aus *Sedum cauticolum* und ›Herbstfreude‹ *(S. telephium* × *S. spectabile)* trägt schönes, purpurgraues Laub, das auch vor der Blüte ansehnlich ist. Sie ist von zwergenhaftem Wuchs, und ihre langen, niederliegenden Triebe, die mit fleischigen Blättern besetzt sind, bilden eine wertvolle Bodendecke. Hinter dieser Fetthenne haben sich bei mir ein paar Exemplare der Melde *Atriplex hortensis* angesiedelt, wodurch ein großartiger Eindruck entsteht, besonders am Spätnachmittag, wenn die Sonne durch die roten Blätter der Melde scheint und sie wie Rubine leuchten läßt – in einem Rot, das noch intensiver ist als das der rötlich-purpurfarbenen Blüten der Fetthenne. Einmal im Garten, kommt die Melde jedes Jahr wieder und setzt im Sommer kräftige Farbakzente. Eine andere Pflanze, die sich genauso verhält, ist der schwarze Fenchel. Auch er bildet nicht nur mit karminroten Rosen oder dunkelkarminroten Nelken, sondern auch mit der Fetthenne eine harmonische Farbgemeinschaft.

Ein besonders prächtiges Bild bietet der Fenchel zusammen mit der Floribundarose ›Rosemary Rose‹. Das ist eine wundervolle Pflanze, wenn der Garten nicht allzu kalt und zugig ist. Bei mir steht sie in einer Rabatte vor einer hohen Mauer, und mit ihrem ausladenden Wuchs ist sie vorzüglich für eine gemischte Rabatte geeignet. Da die Blätter ihren Purpurton behalten, ist sie auch ohne Blüten von großem Wert. Wenn man nur eine Blüte dieser Rose sähe, ohne zu wissen, von was für einem Busch sie stammt, würde man sie wahrscheinlich wegen ihrer flachen, geviertelten Blütenform und ihrer dicht gepackten Blütenblätter für eine Bourbonrose halten. Sie duftet auch wie eine alte Rose, und zu diesen guten Eigenschaften kommt, daß sie im September oder später ein zweites Mal blüht. Außerdem öffnet sie zur gleichen Zeit ihre Blüten wie der Bartfaden *Penstemon* ›Stapleford Gem‹, der an hohen, aufrechten Stielen opalfarbene Blüten trägt.

Eine andere außergewöhnliche Rose ist meines Erachtens die Kletterrose ›Guinée‹ mit samtigen, dunkelkarminroten Blüten und sehr kräftigem Duft. Sie trägt auch sehr schöne Hagebutten, wenn Freunde, Gärtner und sonstige Helfer dazu überredet werden können, die verwelkten Blüten nicht abzuschneiden.

Es gibt immer Probleme, wenn Gartenbesucher ganz automatisch die verwelkten Blütenköpfe der Rosen abkneifen. In den meisten Fällen ist das natürlich ein guter Gedanke, aber von den Rugosahybriden versuche ich sie fernzuhalten, da ich einmal all die herrlichen Früchte von ›Frau Dagmar Hastrup‹ eingebüßt habe. Diese Rose vereint alle guten Eigenschaften in sich; sie trägt ungefüllte, zartrosa Blüten und Früchte, groß und leuchtend wie Tomaten. Wenn ihre Früchte reifen, steht sie ein zweites Mal in Blüte. Da diese Rose ziemlich niedrig und ausladend im Wuchs ist, paßt sie gut an eine niedrige Mauer oder in eine gemischte Rabatte.

›Roseraie de l'Hay‹ ist eine weitere *Rosa rugosa,* die sich gut mit anderen Pflanzen kombinieren läßt. Ihre magentarot-purpurfarbenen Blüten passen wunderbar zu zartblauer Katzenminze, und zu dieser Rose wähle ich auch gern *Nepeta* × *faassenii* ›Six Hills Giant‹ oder die großblütige *Nepeta grandiflora* ›Blue Beauty‹. Der Drachenkopf *Dracocephalum prattii* hat die gleiche Farbe und den gleichen unangenehmen Geruch, wird aber insgesamt höher. Um das Bild abzurunden, lassen sich noch alle leeren Ecken mit dem Storchschnabel *Geranium endressii* ›Wargrave‹ oder der rosablühenden Form von *Geranium macrorrhizum* ausfüllen.

Die Natur kann manchmal sehr freundlich sein. Seit ich in Somerset lebe, ziehe ich an der Vorderfront meines Hauses (das inzwischen ein anderes ist!) die Säckelblume *Ceanothus* × *veitchianus.* Ihre pudrigblauen Blüten sehen vor der verblaßten rosa Backsteinmauer bezaubernd aus, und in allen Jahren hat mich die Gladiole *Gladiolus communis* ssp. *byzantinus* nicht enttäuscht und ist getreulich zu Füßen des Strauches erschienen. Manchmal sät sich diese Gladiole etwas zu verschwenderisch aus, aber jede ihrer Blüten ist bildschön, da ihre zart magentaroten Blütenblätter irisieren, wie man es auch bei Begonien und anderen Blüten finden kann.

Wenn ich meine Lieblingsglockenblume nennen sollte, würde ich mich wohl für die ganz gewöhnliche Pfirsichblättrige Glockenblume *(Campanula persicifolia)* entscheiden. Den ganzen Sommer über bringt sie an eleganten, drahtigen Stielen weit geöffnete schalenförmige Blüten hervor, und ihr immergrünes, glänzendes Laub bildet wertvolle bodendeckende Matten. Ich weiß, daß sie sich bis zu einem gewissen Grad selbst aussät; sie eignet sich aber gut zum Schneiden, und es gibt ein paar reizvolle Variationen. Die reinweiße Form ist eine der schönsten Blumen im Garten, und bei den blauen Sämlingen weiß man niemals ganz genau, welche Farbnuancen herauskommen werden. *C. persicifolia* ›Telham Beauty‹ hat sehr schöne dunkelblaue Blüten, während *C. persicifolia* ›Cantab‹ etwas heller im Farbton ist. Meines Erachtens haben bei dieser Art die gefüllten Formen nicht den gleichen Charme wie bei den Tassen-und-Untertassen-Varietäten der Marienglockenblume *C. medium* var. *calycanthema.* Die weiße Form davon mag ich am liebsten, vor allem wenn ihre Blütenblätter grünlich angehaucht sind. Bis jetzt konnte ich dazu als Gegenstück nur eine einzige Sorte in einem verwaschenen Blau auftreiben, aber es muß irgendwo noch eine bessere Sorte geben.

Manche Gärtner wollen keinen Lauch ziehen, weil die Vertreter dieser Gattung nach Zwiebeln riechen; viele Arten sind aber so schön anzuschauen, daß man den Geruch darüber ganz vergißt. Das blaßrosafarbene *Allium roseum* ist natürlich fast ein Unkraut, da es sich allzu üppig aussät, während *A. cernum,* das in einem viel dunkleren Fliederrosa erblüht, zurückhaltender ist und mit seinen grauen, grasartigen Blättern und den winzigen, nickenden Blüten einen sehr schönen Anblick bietet. Fest bei mir etabliert ist der anspruchslose gelbe Lauch *A. moly,* dessen Blätter so breit wie die unseres heimischen Knoblauchs sind. Wenn ich ihn nicht wegen seiner Blüten zöge, so wegen seiner Samenstände, die den Farbton von altem Elfenbein annehmen und ihre schwarzen Samen sogar dann noch behalten, wenn man sie ins Haus holt. Für den wilden Lauch *A. triquetum* hätte ich mehr übrig, wenn er sich nicht so zügellos aussäen würde. Als ich ihn in einem Garten in Exmoor bewunderte, wurde ich davor gewarnt, ihn im Garten zu ziehen, aber trotzdem liebe ich seine weißgrünen Blüten und die dreikantigen Stiele.

Meine beiden Lieblingslauche blühen spät im Jahr und werden verhältnismäßig hoch. *A. siculum*, das eine Höhe von ca. 75 cm erreicht, trägt seine Knospen in einer aufrecht stehenden durchscheinenden Hülle, die aus Cellophan sein könnte. Wenn sie zerreißt, stürzen die Knospen hervor. Die Pflanze sollte über Augenhöhe plaziert werden, damit man sich an der kastanienbraunen Zeichnung auf den Innenseiten der grünen und cremefarbenen Blütenglocken erfreuen kann. Nach der Befruchtung richten sich die Stiele wieder auf und bleiben so, bis die ganze Pflanze starr und bleich geworden ist und sich gut als Innendekoration eignet. In diesem Zustand riecht sie dann auch nicht mehr nach Zwiebeln.

Der andere Lauch trägt an 1,20 m hohen Stielen Blütenköpfe, die wie große Wuschelköpfe in einem malvenfarben angehauchten zarten Rosa aussehen. Ich habe ihn als *A. babbingtonii* geschenkt bekommen, aber es handelt sich wohl doch um eine andere Art, da er keine Brutknollen am Blütenstand bildet. Die Knospen sind in einer spitzen Hülle (Futteral) eingeschlossen, die rings um den Stiel aufbricht und so lange wie ein Käppchen auf den Blüten sitzt, bis sie sich ganz geöffnet haben.

Pflanzen, die ihre Blüten an der Spitze langer, nackter Stiele hervorbringen, lassen sich oft gut zwischen Steinen oder in einem schmalen Beet ziehen, wo ihre Silhouette gut zur Geltung kommt. Wie selten wird die Grasnelke *Armeria pseudarmeria* ›Bee's Ruby‹ gezogen, obwohl sie doch eine dekorative Pflanze für so einen Standort ist. Ich habe eine weißblütige Grasnelke von annähernd gleicher Größe, und sie paßt meines Erachtens gut zwischen die Steine, die ein kreisrundes Rasenstück in der Einfahrt einfassen. Ich habe sie als ›Cape St. Vincent‹ geschenkt bekommen. Ein Fachmann schwört, daß es eine *A. pseudarmeria* sei, während ein anderer auf *A. plantaginea* besteht. Ich weiß nur, daß es eine sehr schöne Pflanze ist, die vom Juni bis zum Dezember blüht und sich äußerst schwer vermehren läßt.

Die Graslilien sehen als einzelne Horste am schönsten aus. Sie benötigen einen nahrhaften, feuchten Boden und lassen sich gut mit zwergwüchsigen Sträuchern kombinieren. Die Astlose Graslilie, *Anthericum liliago*, schmückt sich mit kleinen sternförmigen Blüten, ebenso die verzweigtere Ästige Graslilie, *A. ramosum*, manchmal auch *A. graminifolium* genannt. Die Paradieslilie *A. liliastrum*, die gewöhnlich als *Paradisea liliastrum* aufgeführt wird, ist eine kräftigere Pflanze mit glockenartigen Blüten. Sie hat ähnlich wie eine Funkie fleischige, klauenartige Wurzeln, die sich leicht ausgraben und verpflanzen lassen. *A. algerense* hat die größten Blüten von allen; sie sehen wie kleine weiße Lilienblüten aus.

Mr. Norman Hadden zieht eine andere seltene Art, für die er aber keinen Namen hat. Das leuchtendgelbe *Chrysabactron hookeri*, eine Pflanze aus Neuseeland, trug früher den Namen Anthericum. Da es sehr tiefen, feuchten Boden liebt, gedeiht es am besten in sumpfigen Bereichen am Rande eines Teichs.

6

7

# Bildlegenden

1   Die Korsische Nieswurz *(Helleborus corsicus)*, die hier im Drei-
    ecksbeet zwischen ehemaligem Kuhstall und Malzhaus zusam-
    men mit Wolfsmilch vor Wind und Frost geschützt steht, bildet
    strauchartige Hügel aus graugrünen, stachligen Blättern und
    schmückt sich im Frühjahr mit grünlich-cremeweißen Blüten, die
    lange ansehnlich bleiben.

2   Die keusch zu Boden blickenden, strahlendweißen Blüten der
    Schneeglöckchen sind liebreizende Vorboten des langersehn-
    ten Frühjahrs.

3   Die aufragenden raketenförmigen Samenköpfe des Lauchs
    *Allium siculum* (rechts im Bild), die den cremefarben-grünen Blü-
    ten folgen und einen Elfenbeinton annehmen, sind über lange
    Zeit ein dekoratives Element im Garten.

4   Die kleinen, weißen Strohblumen des Perlpfötchens *Anaphalis
    yedoensis* mit ihrer elfenbeinfarbenen Mitte sollten erst im Früh-
    jahr abgeschnitten werden, da sie den ganzen Winter über einen
    schönen Anblick bieten. Sie lassen sich gut in Trockensträußen
    verwenden.

5   Der wunderbare Hartriegel *Cornus controversa* ›Variegata‹ hat
    seine Äste, die weißgerandete Blätter tragen, wie ein Dach über
    eine Fülle niedriger Pflanzen ausgebreitet. Er bildet einen leuch-
    tenden Blickfang inmitten des grünen Dickichts im Terrassengar-
    ten.

6   Der Name dieses üppigen Doldengewächses, Echte Engelwurz
    *(Angelica archangelica)*, verdankt sich dem mittelalterlichen
    Volksglauben, die Pflanze besitze engelhafte Kräfte gegen Zau-
    berei und Verwünschungen.

7   Die dunkelgrünen Blätter des winterblühenden Alpenveilchens
    *Cyclamen orbiculatum* ssp. *coum* zeigen keine Marmorierungen.
    Wildalpenveilchen bevorzugen halbschattige Plätze unter Laub-
    gehölzen. Man sollte sie ungestört lassen, da sie sich selbst aus-
    säen.

8   Die grauweißen Blütenstände der Sterndolde *Astrantia major*
    haben lange Hüllblätter mit grünen Spitzen. Besonders schön
    wirken sie in schattigen Wildgartenpartien und zwischen oder vor
    lichtem Gehölz. Wo die Sterndolde sich wohl fühlt, sät sie sich
    reichlich aus.

9   Die glockenförmigen, zart primelgelben Blüten der *Clematis reh-
    deriana,* die sich hier an einer Hauswand aus verwittertem
    grauem Stein emporrankt, duften wie Schlüsselblumen. Dieser
    Clematis sagt es besonders zu, wenn sie sich durch andere Klet-
    terpflanzen oder kleine Sträucher und Bäume hindurchwinden
    kann.

10  Mit der imposanten Wolfsmilch *Euphorbia characias,* die sich mit
    grünlichgelben Blüten mit schwarzen »Augen« schmückt, lassen
    sich eindrucksvolle Effekte erzielen. Sie möchte gern in der vollen
    Sonne stehen, wie hier zwischen den Steinen eines holprigen
    Weges.

11  Ein Blick in den üppigen grünen »Grabengarten«, in dem sich
    kräftige Blattpflanzen neben zarten Blumen in dichtem Ge-
    dränge wohl zu fühlen scheinen.

12  Im Gegensatz zu dem Wegerich *Plantago major,* den man als
    lästiges Unkraut aus dem Garten verbannen sollte, ist die Sorte
    ›Rosularis‹ eine kuriose Liebhaberpflanze, die man in England
    häufiger in alten Gärten finden kann. Bei ihr bestehen die Blüten
    aus rosenähnlichen, 8 cm breiten Rosetten grüner Blättchen.

13  Die strahlendweißen Blüten der Christrose *Helleborus niger* bil-
    den einen schönen Kontrast zu den dunkelgrauen verwitterten
    Steinen, zwischen denen die Pflanze sich eingenistet hat.

14  Die verhältnismäßig niedrige Bergenie *Bergenia* x *schmidtii,* die
    rosa Blüten und kräftige grüne Blätter trägt, eignet sich vorzüglich
    als Bodendecker.

# JULI

Immer wieder muß ich mich vor allzuviel Gelb im Garten hüten. Im Frühjahr kann das Farbschema des Gartens leicht zu gelb geraten, und auch im Herbst kann es passieren, daß die goldgelb blühenden Pflanzen überhandnehmen. Und wenn man nicht sehr achtsam vorgeht, ist der Garten auch im Juli zu gelb.

Die meisten silberlaubigen Pflanzen haben gelbe Blüten. Die Knospen des Kreuzkrautes *Senecio greyii* sind schneeweiß, öffnen sich aber zu einem kräftigen Gelb, und ein großer Busch dieses Kreuzkrauts wirkt insgesamt sehr gelb, wenn er voll erblüht ist. Will man die Blütenköpfe abschneiden, so muß man den Busch drastisch zurückschneiden, was auch keine befriedigende Lösung ist, da er nach ein paar Wochen wieder austreibt und in der Zwischenzeit, bis er nachgewachsen ist, keinen schönen Anblick bietet. Das Problem läßt sich besser in der Weise lösen, daß man das Kreuzkraut vor einen schönen grünen Hintergrund setzt, damit es in Gold prunken kann, ohne die Farbkomposition aus dem Gleichgewicht zu bringen. Die Wolfsmilch *Euphorbia wulfenii* etwa bietet sich als dämpfender Hintergrund an.

Auch bei den oft sehr gelben Strohblumen läßt sich durch sorgfältige Pflanzung viel erreichen. Bei mir steht die zarte, wollige Strohblume *Helichrysum plicatum* am Rande eines kleinen, gewundenen Weges, so daß sie sich über die niedrige Mauer neigen kann, die den Weg oberhalb des Rasens abstützt. Voll erblüht, wirkt sie wie eine kompakte gelbe Masse, die mir aus dieser Nähe fast zuviel ist. Die flachen gelben Blütenköpfe an ihren langen, schlanken Stielen lassen sich zwar leicht abschneiden, aber es ist doch sehr undankbar, das Ergebnis einer einjährigen Anstrengung einfach zu entfernen. Zwischen menschlichen

Gefühlen und ästhetischen Erwägungen hin- und hergerissen, wünsche ich mir dann, ich hätte eine hohe, felsige Böschung, auf die ich diese Strohblume setzen könnte. In dem aus Felsen herausgehauenen Garten eines Freundes in Devonshire hatte diese Pflanze einen idealen Platz gefunden: in einer Nische auf der Vorderseite des Felsens, die mit einer immergrünen *Clematis armandii* überwachsen war. Diese Strohblume ist eine ziemlich schwache Kreatur, die Wind oder grobe Behandlung schlecht verträgt; hier bot ihr die Felsmauer den nötigen Schutz, während die Clematis gleichzeitig das goldene Farbfeuerwerk ihrer Blüten abmilderte.

Auch der hübsche kleine Busch *Helichrysum trilineatum* schmückt sich an jedem Stiel mit gelben Blüten; sie sind aber klein, und ihr Gelb ist nicht grell. Wie kleine Büschel aus altgoldenem Plüsch schmiegen sie sich auf kurzen Stielen in das silberfarbene Laub, das so ihren Gelbton dämpft.

Zwei Strohblumenarten riechen stark nach Curry. *H. angulosum*, allgemein ›Currypflanze‹ genannt, hat feines silbernes Laub. Die Blüten, die eher goldschimmernd als gelb sind, verbinden sich gut damit. Bei *H. siculum* sind die Blätter breiter und reinweiß. Wenn die flachen gelben Blütenköpfe dieser Strohblume, die sich zu einem großen ausladenden Busch entwickelt, verblüht sind, öffnen sich an den Stielen winzige Blütenzweige.

Das Kreuzkraut *Senecio leucostachys* ›White Diamond‹ hat so kräftig weiße Blätter und so intensiv gelbe Blüten, daß die leuchtendweißen Knospen abgeschnitten werden müssen, wenn sie sich zu öffnen beginnen. Die Blüten der Flockenblume *Centaurea gymnocarpa* sind keine gelben Maßliebchen, sondern schmutzig-malvenfarbene Disteln und sollten von den üppigen, farnartigen Blättern, die sie eigentlich nicht verdient haben, abgeschnitten werden.

Das Heiligenkraut bringt solche Mengen dunkelgelber Knopfblüten hervor, daß man lange braucht, um sie abzuschneiden. Das kompakte Heiligenkraut *Santolina chamaecyparissus* (syn. *S. incana*) läßt sich leichter scheren als *S. rosmarinifolia* (syn. *S. neapolitana*), die etwas lockerer wächst und von allen Arten am höchsten wird und am weißesten ist. Ich habe davon zwei wogende Hügel im Garten, ziehe aber *S. sulphurea* mit ihren elfenbeinfarbenen Blüten vor. Dieses Heiligenkraut habe ich übrigens vor Jahren als Schafgarbe bekommen! Die Sorte ›Lemon Queen‹ hat graugrünes Laub und pergamentfarbene Blüten.

Einmal glaubte ich, ich hätte noch ein anderes Heiligenkraut entdeckt. Ich habe einen sehr großen Busch *S. rosmarinifolia*, der mehrere Pflanzen in seiner Nachbarschaft überwuchert hat. Eines Tages bemerkte ich, daß seine Blüten zitronengelb waren – ein Zitronengelb mit einem Hauch Grün wie eine unreife Zitrone –, und geriet vor Freude schon ganz aus dem Häuschen. Meine Aufregung war aber nur von kurzer Dauer, denn bei näherer Untersuchung stellte ich fest, daß die große *S. rosmarinifolia* auf einem armen kleinen Exemplar der grünblättrigen *S. pinnata* Platz genommen hatte, das zwar plattgedrückt, aber doch nicht völlig zerquetscht war und seine Blütenstengel durch das silberne Laub der *S. rosmarinifolia* hindurchgeschoben hatte.

Es gibt zwei Heiligenkrautarten mit grünen Blättern. Die eine, *S. viridis,* mag ich nicht in meinem Garten ziehen, da das Gelb ihrer Blüten für mein Empfinden zu aufdringlich ist. Die andere dagegen, *S. pinnata,* die sich mit grünlich-zitronengelben Blüten schmückt, bildet üppige runde Büsche aus immergrünem Laub, das sich reizvoll über die Kuppe einer Mauer ausbreitet.

Leider sind die schönsten silberblättrigen Pflanzen nicht ganz winterhart. Das Kreuzkraut *Senecio leucostachys* hat wunderbar weiße Blätter, die so zart sind wie bei den Farnen. Außerdem sind – ein weiterer Vorzug – seine Blüten nicht gelb, sondern elfenbeinfarben. Vernünftige Gärtner versuchen erst gar nicht, dieses Kreuzkraut durch den Winter zu bringen; statt dessen sorgen sie für einen guten Vorrat an Stecklingen, die sie im Frühjahr auspflanzen. Es gibt zwei Möglichkeiten, diese Pflanze zu ziehen. Einmal kann man eine entzückende Wirkung dadurch erzielen, daß man sie an den vorderen Rand eines erhöhten Beets setzt, wo sie sich zum Ende des Sommers hin zu einem flach wachsenden, breiten Busch entwickelt. Man kann sie aber auch an eine exponierte Stelle setzen und ihr Silber mit rosa efeublättrigen Pelargonien oder Bleiwurz kombinieren, die den ganzen Sommer über für Farbe sorgen.

Da ich kein vernünftiger Gärtner bin, ziehe ich mein Kreuzkraut vor einer Südmauer und hoffe, daß es durch den Winter kommt. Und manchmal tut es das sogar! Da ich nicht wußte, wie starkwüchsig das kletternde Kreuzkraut *S. scandens* ist, pflanzte ich es neben das silberblättrige Kreuzkraut; diesem bietet es wohl Schutz, aber es erstickt es beinahe.

Meine Liebe zu *Artemisia arborescens* habe ich in einem irischen Garten entdeckt, wo eine Pflanze ihre hohen Blütenstiele über eine Mauer neigte. Es war Sommer, und die Artemisie hatte sich mit den für sie so typischen Blüten geschmückt, so daß es aussah, als gieße eine Miniaturmimose ihren Blütenschaum über die graue Steinmauer. Ich erbat mir einen Steckling, und bis heute habe ich die Artemisie bei mir halten können, da ich die Stecklinge im Winter hege und pflege. Bis zum Ende der Saison entwickelt sie sich zu einer recht stattlichen Pflanze mit einem Laub, wie ich es zarter nicht kenne.

Eine andere überaus weiße Pflanze, *Centaurea candidissima*, läßt sich am besten aus Samen ziehen. Diese Flockenblume, die sich gegen Ende des Sommers zu einem kleinen Busch entwickelt hat, grabe ich in der Regel im Herbst aus und topfe sie zum Überwintern ein, da ich mit der Vermehrung aus Samen kein großes Glück habe.

*Verbena venosa* blüht in der Regel vom Juli bis zum Ende der Saison. Ich liebe diese Verbene und finde es schade, sie an Stellen zu pflanzen, wo sie nicht so bewundert werden kann, wie sie es verdient. Viele Leute ziehen jedes Jahr neue Pflanzen und verwenden sie wie einjährige Sommerblumen. In einer harmonischen Farbkomposition mit zartem Rosa, Elfenbein oder auch einem Kirschton verwendet, sähe sie ausgesprochen angenehm aus; in Parkanlagen scheint man es aber besonders zu lieben, sie zusammen mit kräftig orangefarbenen Tagetes zu pflanzen, die für mich einen etwas zu östlichen Charakter haben. Manchmal, wenn sie ganz allein verwendet wird, sieht sie wie ein Kirschauflauf aus, läßt aber leider den Duft vermissen. Es gibt verschiedene Methoden, die Verbene zu ziehen. Wenn man sie als Sommerbeetpflanze einsetzen will, muß man jedes Jahr mit neuen Pflanzen beginnen, die man entweder aus Stecklingen oder aus Samen heranzieht. Da ich meine Verbenen nicht auf diese orthodoxe Weise verwende, kann ich nicht sagen, welche Methode die bessere ist. Gelegentlich finde ich Sämlinge in der Nähe meiner Pflanzen; sie beginnen sehr früh zu blühen und haben sich gegen Ende der Saison zu schönen Pflanzen entwickelt.

*Verbena venosa* ist nicht ganz winterhart. Sie übersteht aber die meisten Winter, wenn sie neben Steine gepflanzt wird, so daß sie ihre unternehmungslustigen Wurzeln im Winter darunter vergraben kann. Besonders gut steht sie am Rande eines Steinwegs oder einer gepflasterten Fläche, und wenn sie unter den Röcken einer dunkelrosa Hortensie hervorlugt, macht sie sich sehr hübsch.

Ich mag diese Verbene lieber als *V. corymbosa,* obgleich manche wählerischen Gärtner sie ziemlich gewöhnlich finden (wohl wegen ihrer häufigen Verwendung als Sommerblume), während *V. corymbosa* nur Lob verdiene. Ich bin durchaus ihrer Meinung, daß eine üppige Bepflanzung mit *V. corymbosa,* die an 60 cm langen Stielen dunkellavendelblaue Blüten trägt, sehr schön aussieht. Diese Verbene wird gern mit Heliotrop verglichen; ihre Blüten sind aber mehr blau als violett, und leider duften sie auch nicht.

Diese Verbene ist kein sehr adrettes Gewächs, da sie zu schmächtig ist, um sich selbst halten zu können; sie läßt sich aber auch schlecht abstützen und bedarf also sorgfältiger Plazierung. Als Füllsel zwischen Sträuchern ist sie ideal, da sie auch etwas Schatten gern zu haben scheint.

*Verbena bonariensis* wird noch höher – 1,20–1,50 m. Wenn sie auch viel starrer im Wuchs ist als *V. corymbosa,* so knickt sie doch leicht ab und sollte deshalb möglichst an einem dünnen Eisenstab festgebunden werden. Ich kann bis heute nicht sagen, ob sie zweijährig, mehrjährig oder vielleicht nicht ganz winterhart ist. Sie sieht am schönsten aus, wenn sie wie in Hidcote Manor in Gloucestershire, einem Garten des National Trust, in einem großen Horst gezogen wird. In meinem Garten habe ich immer nur so wenig Sämlinge, daß es nicht zu einem großen Horst reicht. Es sieht herrlich aus, wenn sich die Verbenen in einer gemischten Rabatte über niedrigeren Pflanzen wiegen. Auch für Tintinhull, einen anderen Garten des National Trust, ist diese Verbene charakteristisch; hier hat man sie in eine Rabatte längs einer Mauer gesetzt.

Das Christophskraut *Actaea spicata* var. *rubra* würde nicht in eine Staudenrabatte passen. Da es Schatten benötigt, ist eine Waldlandumgebung oder eine schwierige Ecke der geeignete Standort. Bei mir steht es neben Korsischer Nieswurz in der Nordostecke des Vorgartens. Seine Blüten sind klein und unscheinbar wie etwa bei einer weißen Astilbe. Wir ziehen diese Pflanze aber auch nicht wegen ihrer Blüten oder ihres zarten, farnartigen Laubs, sondern wegen ihrer herrlichen roten Beeren, die den armseligen kleinen Blüten folgen und groß und glänzend in Trauben über den Blättern sitzen. Sie halten sich über mehrere Wochen. Den Vögeln schmecken sie nicht, und wenn sie abzufallen beginnen, sammle ich sie auf, um die Samen auszusäen. Dabei gehen mir immer einige verloren; da ich aber niemals einen Sämling gefunden habe, scheint es mir sicherer zu sein, sie in einer Kiste auszusäen.

Wenn *Actaea spicata* var. *rubra* eine hübsche Pflanze ist, so ist *Actaea alba* einfach umwerfend. Es gibt zwei Arten Christophskraut mit weißen Beeren, wie mich Wilhelm Schacht vom Botanischen Garten in München belehrt hat. *A. spicata* var. *alba* ist schön, hält aber dem Vergleich mit *A. alba* nicht stand. Diese hat sehr große, glänzende Beeren und rote Stiele. Zum erstenmal habe ich sie im Garten eines Freundes gesehen, wo sie stärker auffiel als alle übrigen Pflanzen.

Die meisten Nelken haben ihren Höhepunkt im Juni. Es gibt aber auch einige, die im Juli blühen; sie scheinen allerdings nicht zu den kräftigsten Mitgliedern der Familie zu zählen. Ich schäme mich geradezu, wenn ich daran denke, wie viele seltene, bezaubernde Julinelken, die ich früher einmal im Garten hatte, inzwischen verschwunden sind. Da gab es zum Beispiel die kräftig roten ungefüllten Blüten der Holbeinnelke mit zwei oder drei kleinen, gedrehten weißen Staubfäden, die wie Fragezeichen aussehen. Sie sind mir nur ein oder zwei Jahre treu geblieben, und ich kann nicht behaupten, daß sie sich bester Gesundheit erfreut hätten.

Eine andere seltene karminrote Nelke ist ›Sops and Wine‹, mit kleinen gefüllten Blüten in einem Karminrot, das purpurfarben angehaucht ist. Mehrere Jahre lang hat sie sich in meinem Garten wohl gefühlt, bis sie letztendlich doch verschwunden ist. Die gelbblütige Nelke *Dianthus knappii* habe ich immer wieder erneuert, da ich ihre blassen Blüten besonders schätze.

Unter den Nelken mit größeren Blüten ist die alte Cottage-Gartennelke immer noch die beste; trotzdem findet sie heute offenbar nicht mehr so großen Anklang. Inzwischen werden andere karminrote gefüllte Nelken gezogen; sie haben aber weder den Duft noch die Farbe der alten Gartennelken. Ich habe mehrere Pflanzen geschenkt bekommen, die verbesserte Formen der alten Cottage-Nelke sein sollen, aber lange nicht so üppig blühen und auch den süßen Duft vermissen lassen.

Die scharlachrote ›Grenadier‹, deren Farbe so kräftig ist wie die einer Gardistenuniform, sieht man nur noch selten. Sie ist ein wunderbar leuchtender Farbfleck, wenn der Garten etwas traurig auszusehen beginnt. Es gibt eine entzückende Nelke, die etwa die gleiche Größe hat. Ich habe sie als ›Marie Antoinette‹ geschenkt bekommen; sie hat die gleiche Farbe wie die Reifröcke am Hof der Marie Antoinette.

›Reine Hortense‹ blüht üppig, hat aber keinen leuchtenden Farbton zu bieten. Das Rosa dieser alten Gartennelke ist von zartester Blässe. Sie hat einen ganz eigenen Wuchs, da ihre Blütenstiele ziemlich lang sind und überall Knospen entspringen. Wenn sie zu blühen beginnt, ist es praktisch unmöglich, eine Blüte zu pflücken, ohne mehrere Knospen zu opfern – eine Tatsache, die mich immer wieder betrübt. Sie muß unbedingt vorsichtig abgestützt werden, da die Stiele sonst, zu schwer von all dem Blütenschmuck, am Boden liegen. Dank der unzähligen Knospen blüht sie über mehrere Wochen, und wenn ich es übers

Herz bringe, ein paar Blütenstiele abzuschneiden, kombiniere ich sie in der Vase am liebsten mit silbrigem Laub, insbesondere mit den gefiederten Blättern von *Artemisia pontica*. Gartenfreunde, die orthodoxer sind als ich, haben mich schon gescholten, weil ich keine Knospen abzupfe. Ich liebe nun einmal Pflanzen, die in großen Mengen blühen, und mag meine Blumen lieber, wie sie wachsen, statt die Blütenanzahl zu reduzieren, um feinere Exemplare zu bekommen.

Viele Male habe ich *Iris laevigata* gekauft und wieder eingebüßt, bevor ich merkte – oder mir jedenfalls gesagt wurde –, daß sie ein Kalkhasser ist. Vielleicht ist sie aber auch nur eine schwierige Pflanze. Namentlich die zartrosa *I. laevigata* ›Rose Queen‹ habe ich immer wieder zu ziehen versucht. Wie entzückt war ich, als sie in meinem Garten ihre Blüten öffnete! Es war das erste und letzte Mal. Weiß der Himmel, warum ein Exemplar der panaschierten *I. laevigata* seit Jahren an der nassesten Stelle in meinem Grabengarten überlebt. Sie will sich aber nicht vermehren, und immer wieder schaue ich nach, ob sie noch da ist. Manchmal blüht sie, und ich schaue dann gespannt zu, wie sich ihre gestreiften Knospen zu zartlavendelfarbenen Blüten öffnen. Zum erstenmal sah ich diese Iris in einem Garten in Hampshire im Wasser eines Teiches stehen. Sie war dort offenbar überaus glücklich, denn es hatten sich beachtliche Horste gebildet.

Sehr hohe Penstemonarten müssen vor eine Mauer oder zwischen andere hohe Pflanzen gesetzt werden, damit sie etwas Halt haben. Manchmal muß man sie auch unauffällig an ein paar Stäben festbinden; besser ist es natürlich, wenn man darauf verzichten kann. Der Bartfaden *Penstemon hartwegii* muß meines Erachtens abgestützt werden, da seine schlanken Stiele manchmal fast einen Meter hoch werden. Seine blaßrosa Blütenglocken öffnen sich erst, wenn alle anderen Arten verblüht sind.

Zwei meiner neueren Penstemonarten habe ich in Hidcote entdeckt. Eine davon hat Blüten in einem mittelkräftigen Rosa mit dunkleren Markierungen auf den Innenseiten der Blütenblätter. Diese Art habe ich *Penstemon* ›Hidcote-laced‹ getauft. Die andere heißt angeblich *Penstemon* ›Geo. Home‹. In der roten

Rabatte in Hidcote sticht sie hervor, und auch in Kiftsgate Court ist sie zu sehen. Sie hat sehr große, leuchtendrote Blüten und frisches grünes Laub. Über den Namen eines schönen blauen Bartfadens, den ich vor kurzem geschenkt bekommen habe, gibt es einige Unstimmigkeiten. Manche nennen ihn *Penstemon* ›Sour Grapes‹, andere *Penstemon* ›Unripe Grapes‹, wobei beide Namen den Farbton vollendet beschreiben.

Der Bartfaden ›White Bedder‹ wird immer viel bewundert. Seine ziemlich weit geöffneten Blütenglocken haben einen Cremeton, der kirschfarben angehaucht ist.

Ich plädiere wieder und wieder für Bartfaden im Garten, weil er den ganzen Sommer über für Farbe sorgt, und erweitere meine Sammlung jedes Jahr. Über lange Zeit war ›Hawell's Pink Bedder‹ einer meiner Lieblinge. Er hat einen verzweigten Wuchs und trägt ziemlich kleine, lachsrosa Blüten. ›George Elrick‹ ist in der Farbe sehr ähnlich, aber die Blüten sind größer und weiter geöffnet. Diese Sorte hat den kräftigen Wuchs, der für die meisten Penstemonarten so typisch ist, und bildet kompakte Horste.

*Penstemon* ›Schönholzeri‹ ist ein Neuling – zumindest für mich –, und ich vermute, daß er härter ist als die meisten anderen Sorten, da die Gärtnereien, die normalerweise keinerlei Penstemon anbieten (sie befürchten, er könne sich als nicht winterhart erweisen, da ihn die Gärtner in der Regel herunterschneiden, bevor die Fröste vorüber sind), ihn jetzt in ihren Katalogen mit *Penstemon* ›Garnet‹ und *Chelone barbata (Penstemon barbatus)* aufführen. Die Blüten von *Penstemon* ›Schönholzeri‹ sind fast so kräftig rot wie die der Sorte ›Newbury Gem‹, aber kleiner, und die Art hat auch nicht den gleichen holzigen, schütteren Wuchs, sondern die Pflanzen wirken adrett und kompakt. Sie haben mehr Substanz als der Bartfaden *P. hartwegii,* der sowohl in der Blüte als auch in der Form recht schlank ist.

Die meisten von uns könnten mit Astilben etwas phantasievoller umgehen. Das trifft auch auf mich zu. Es ist nämlich keineswegs so, daß sie unbedingt an einem feuchten Platz gezogen werden müßten. Natürlich gedeihen sie besser, wenn sie am Rand eines Wassers stehen; wenn sie aber Schatten haben und der Boden mit Humus angereichert ist, kommen sie auch mit weniger Wasser aus.

Astilben sind sehr ausdauernd und anspruchslos; sie blühen Jahr für Jahr, und wenn sie noch so vernachlässigt werden. Auch meine Astilben stehen schon zwanzig Jahre im Garten, obwohl ich nichts für sie getan habe. Ab und zu steche ich ein paar Stücke ab, um sie zu verschenken, und so werden die Pflanzen nicht zu groß. Die einzige Sorte, die ich benennen kann, ist die dunkelrote ›Fanal‹ mit bronzefarbenen Blättern. Die zwergförmige *Astilbe chinensis* var. *pumila* bildet eine schöne Bodendecke; ihre lila-rosa Blüten passen aber nicht zu allen Pflanzen. Um gut auszusehen, benötigt sie eine blaublühende Pflanze an ihrer Seite, etwa die kräftig blaue *Lindelofia longiflora* mit ihren behaarten Blättern, oder den zart lavendelblauen Milchlattich *Cicerbata bourgiae*.

Es werden so viele schöne Astilben angeboten, daß die Auswahl schwerfällt. *Astilbe* ›Red Sentinel‹ zeichnet sich durch ihre leuchtendroten Blüten aus, während die hohe Sorte ›Ostrich Feather‹ überhängende rosafarbene Blütenrispen hervorbringt. *A. simplicifolia* ›Atrorosea‹ ist eine hübsche zwergwüchsige Form mit dunkelrosa Blüten, und inzwischen gibt es auch eine Form mit dunklen Blättern, *A. simplicifolia* ›Bronze Elegance‹, und eine mit mattweißen Blüten, *A. simplicifolia* ›Praecox Alba‹.

Seit ich einen Garten habe, ziehe ich das hohe Mädesüß *Filipendula palmata*. Diese robuste, gutartige Pflanze hat holzige Wurzeln und kräftige, aufrechte Stiele. Auch das kleinste Wurzelstückchen geht an, und die Pflanze vermehrt sich gut. Derzeit wird sie eher geringgeschätzt; ich habe ein halbes Dutzend Kataloge durchgesehen und konnte sie nirgends entdecken. Verschiedene Gärtnereien ziehen jetzt aber eine neue zwergwüchsige Form, *F. palmata* ›Rubra‹, nur halb so groß wie die Stammform. In vielen Gärtnereien werden die Pflanzen noch als *Spiraea palmata* angeboten, obwohl der korrekte Name inzwischen *Filipendula palmata* ist.

Manche Leute können Pflanzen besser aus Samen ziehen als andere. Ich stelle mich sehr schlecht an und behalte vielleicht nur eine von zehn ausgesäten Pflanzen. Erfolgreiche Gärtner haben mir gesagt, um mit Sicherheit jedes Jahr wieder Eccremocarpus zu haben, hege man am besten einen Trupp Sämlinge; ich hoffe aber immer, daß die Pflanzen, die ich einmal geschenkt bekommen habe, im nächsten Jahr wieder erscheinen. Bis jetzt haben sie das auch getan, und manchmal bringen sie sogar ein paar Sämlinge hervor, aber eines Tages könnte mich das Glück auch verlassen. Als ich die kleinen Pflanzen geschenkt bekam, setzte ich sie in Steintröge vor dem Malzhaus und bot ihnen als luftige Herbergen die Schneebälle *Viburnum utile* und *Viburnum fragrans* an. Bei diesen Pflanzen handelt es sich übrigens um die karminrote Form *Eccremocarpus scaber* ›Carmineus‹, die meines Erachtens besonders schön ist. Die Varietät mit orangefarbenen Blüten paßt besser an weniger auffallende Plätze.

Ich versuche immer, die Glockenrebe *Cobaea scandens* dazu zu bringen, durch den Winter zu kommen, aber bis jetzt vergeblich. Ich weiß wohl, daß sie eine halb winterharte mehrjährige Pflanze ist, die allerdings meist wie eine einjährige behandelt wird, aber bei Freunden von mir überdauert sie in einer sehr geschützten Ecke, wo sie von Jahr zu Jahr größer wird. Manchmal hört man Klagen über ihren unangenehmen Geruch, den ich freilich noch nie bemerkt habe und der mich im übrigen auch nicht daran hindern würde, sie zu ziehen, denn ich finde ihre Blüten in Form und Farbe einfach hinreißend. Nichts kann liebreizender sein als die feinen Grünschattierungen ihrer Blüten, wenn sie sich öffnen, und ihr zarter Purpurhauch, wenn ihre Zeit zu Ende geht.

Befreundete Floristen finden die weiße Form *C. scandens* ›Alba‹ noch schöner als die gewöhnliche. Ich habe die wie Perlen schimmernden Blüten aber noch nie zu Gesicht bekommen, obwohl ich jedes Jahr voller Hoffnungen Samen kaufe. Die Früchte der Glockenrebe sind vielleicht noch aufregender als die Blüten. Sie sehen fast wie große Reineclauden aus, haben einen zarten Duft und verwandeln ihre Farbe von Grün über Gelb bis hin zu einem zarten Orange. Sät man *C. scandens* Anfang Juni im Freien aus, dann bringt sie Mitte August Blüten hervor – und riesige Mengen Stiele und Laub. Da diese Pflanze für einen kleinen Raum zu üppig ist, ist es ratsam, die Samen an den Rand auszusäen. Am besten steht sie vor einer Mauer oder einem Zaun, wo eine schnelle sommerliche Begrünung gewünscht wird. Die einjährige Fremdartige Kapuzinerkresse, *Tropaeolum peregrinum,* wächst fast genauso schnell.

Die meisten Phloxarten beginnen Ende Juni zu blühen und erreichen ihren Höhepunkt im Juli. In der Regel bringen sie noch bis zum Sommerende ein paar vereinzelte Blüten hervor. Will man ihre Blütezeit verlängern, kann man ziemlich spät im Frühjahr ein paar Horste pflanzen und gut wässern. Da es im April mitunter eine starke Trockenperiode gibt, sind reichliche Wassergaben der einzige Weg zum Erfolg. Ich habe zwei spätblühende Spezies im Garten, die mir sehr teuer sind. Dazu gehört der Große Staudenphlox, *Phlox paniculata,* der von einigen Leuten nicht besonders geschätzt wird. Ich muß zugeben, daß seine lavendelfarbenen Blüten kleiner sind als beim durchschnittlichen Staudenphlox; die Stiele sind länger und die Blütenstände größer. Meines Erachtens können sich die Hybriden an Eleganz und Charme nicht mit ihm messen; außerdem blüht er spät und lang, und ich liebe den sanften Lilaton seiner kleinen zarten Blüten. Auch die weiße Form dieses Phloxes ist mir ans Herz gewachsen.

*P. × arendsii,* der nicht so hoch wird, hat Blüten in der Größe eines gewöhnlichen Phloxes und den ziemlich lockeren Wuchs von *P. divaricata* (zum Glück aber nicht sein Temperament). Er trägt lila Blüten und fühlt sich in einer schattigen, nicht zu trockenen Rabatte wohl. Er mag gemulchten oder humosen Boden und muß recht oft geteilt werden, da seine Wurzeln schnell hart werden und verklumpen. Ich habe einen sehr alten weißen Phlox geschenkt bekommen, der *P.* ×*arendsii* zwar ähnelt, aber meines Erachtens nicht der gleiche ist. Er kam aus Irland und stand jahrelang im Garten der Familie, die ihn mir geschenkt hat. Er ist ziemlich niedrig und blüht reinweiß. Phloxe gedeihen gut zwischen Sträuchern und fühlen sich im Schatten wohl.

Ich weiß, daß mir manch einer nicht zustimmen wird, aber ich empfinde ein gut gewachsenes Exemplar des Wegerichs *Plantago major* ›Rosularis‹ als sehr angenehm. Viele Gärtner lehnen es ab, diesen alten Freund, den Mr. Bowles so liebte, zu ziehen, da er sich fast genauso schlimm aussät wie der gewöhnliche Wegerich. Ich stimme ihnen zu und muß gestehen, daß ich, bevor ich die Pflanzen anhand der Blätter unterscheiden konnte, auf Händen und Knien zu rutschen pflegte, um die aus den Pflasterritzen hervorsprießenden kleinen Fremdlinge penibel auf eine Andeutung von Rosetten an den winzigen Blütenähren zu untersuchen. Wegeriche scheinen anfällig für Schimmel zu sein. In einem sehr nassen und manchmal auch in einem sehr trockenen Jahr werden ihre Blätter unansehnlich. Dann kann man nur noch zum Spaten greifen und die Pflanzen ausgraben. Zum Glück hat man immer einen Vorrat an jungen Pflanzen, die ihren Platz einnehmen können. In jugendlichem Alter sind sie mit ihren kräftigen, glatten Blättern und den großen, gekräuselten grünen Köpfen besonders hübsch. Jahrelang haben meine Gartenfreunde und ich geglaubt, es gebe zwei Typen von ›Rosularis‹ – einen mit runden und einen mit langen, spitzen Blütenständen. Wir waren so überzeugt davon, daß ich immer nachfragte, welchen Typ man denn haben wolle, wenn jemand ›Rosularis‹ suchte. Ich bin aber zu dem Schluß gekommen, daß es reiner Zufall ist, wie die Blütenstände sich entwickeln. Laut Parkinson können sie flacher oder lang und spitz sein. Ich selbst mag lieber die gerundeten, die eher nach Rosen aussehen; manchmal entdecke ich aber auch beide Formen an ein und derselben Pflanze. Dieser Wegerich ist ein ganz unprätentiöses Gewächs und paßt am besten in schwierige Ecken oder vor höhere Stauden. Als vollständig grüne Pflanze läßt er sich überall einsetzen und kann sich als Puffer zwischen kräftigen Farben nützlich machen.

Schon seit mehreren Jahren versuche ich mein Glück mit der Rasselblume *Catananche caerulea;* aber alle ausgewachsenen Pflanzen haben den Winter nicht überlebt. Pfahlwurzeln und schwerer Lehmboden vertragen sich nicht gut, und erst als ich große Sämlinge geschenkt bekam, gelang es mir, Rasselblumen dauerhaft anzusiedeln. Es hat sich gelohnt, ein oder zwei Jahre zu warten, bis sie sich zu stattlichen Horsten entwickelt hatten, und ich bin überglücklich, daß diese Pflanze jetzt in meinem Garten gedeiht. Ich erfreue mich an ihren silberfarbenen Knospen, wenn sie sich im Winde wiegen, und das Blau ihrer Blüten hat einen sehr angenehmen, zarten Ton, der sich mit allen anderen Farben wunderbar verbindet. Ich ziehe die Rasselblume zwischen einer rosafarbenen Rose und einer dunkelcremefarbenen niedrigen Gartenchrysantheme, die schon früh blüht.

Der Juli ist der Monat, in dem die meisten Clematisarten ihren Höhepunkt erreichen. Seit kurzem wage ich mich auch an einige neue interessante Sorten. Der aufregende Farbton der ›Hagley Hybrid‹ zwischen Krebsrosa und Karminrot verblaßt mit der Zeit zu einem zarten Lavendel. *Clematis florida bicolor* habe ich mehrmals ausprobiert, weiß aber bis jetzt noch nicht, wie sie behandelt werden will. Sie gehört zu den ganz schwierigen Clematisarten, lohnt aber jede Mühe. Ihre weißen Blüten mit kräftig purpurfarbener Mitte sehen fast wie Passionsblumen aus.

Die Wildformen der Clematis lassen sich oft problemloser ziehen als manche Hybriden. *C. macropetala* ›Markhamii‹ blüht lavendelrosa. *C. macropetala,* blau bis hellviolett, klettert nicht so stark wie *C. tangutica,* die Blüten wie kleine gelbe Laternen und im Herbst dann flaumige Samenköpfe trägt. Wenn *C. rehderiana* erst einmal Fuß gefaßt hat, was ein bißchen dauert, schlingt sie sich um alles und jedes; ihre Girlanden sind voller kleiner, blaßgrüner Blüten, die nach Schlüsselblumen duften.

Ich habe sie an die Ostmauer des Kuhstalls gepflanzt, wo schon der Schneeball *Viburnum fragrans,* die ungefüllte rosafarbene Rose ›Complicata‹ und *Clematis tangutica* standen. Wenn *C. rehderiana* in Blüte steht, ist die Blütezeit von *C. tangutica* vorüber, und sie hängt voller seidiger, flauschiger Samenköpfe. Sie unterstreichen noch die blasse Schönheit von *C. rehderiana,* die ihre Blütengirlanden über Rose und Schneeball schwingt, um die andere Clematis festlich zu schmücken.

Die größte Clematisentdeckung in den letzten Jahren ist *C. orientalis,* die Ludlow und Sheriff aus Tibet mitgebracht haben. Die vier wächsernen Blütenblätter sind so dick wie Orangenschalen. Zu Beginn der Blütezeit sind sie blaßgrün, dann färben sie sich gelb, und schließlich nehmen sie einen richtigen Orangeton an. Ende Juli beginnt diese Clematis bei mir zu blühen, und noch im November zeigt sie ein paar vereinzelte Blüten. Ihr Laub ist seegrün und so zart wie das Laub von Farnen. Eine Pflanze habe ich an einer Westmauer stehen; sie rahmt das Küchenfenster ein, klettert das Dach hinauf, um die Antenne zu überwuchern, und kämpft sich um die Ecke zu einer Nordmauer vor. Im September ist sie so schwer mit Blüten beladen, daß sie wie eine Gardine vor dem Fenster hinge, wenn wir nicht drastisch eingriffen. Die zweite Pflanze, die an einer Ostmauer steht, ist sogar noch üppiger im Wuchs, da sie sich, oben auf der Mauer angekommen, vorwärtsarbeiten muß; das darunterliegende Beet ist schon ganz mit ihren geradezu tropisch wuchernden Ranken bedeckt. Ich habe große Schwierigkeiten, *C. × jouniana* ›Praecox‹, die den unteren Teil der Mauer bedeckt, vor dem Erstickungstod zu bewahren. Und wenn die Blüten von *C. orientalis* welken, bedeutet das noch lange nicht das Ende. Denn die Bälle aus seidigem Flaum, die sich schon während der Blütezeit zwischen die Blüten gemengt haben, bleiben so lange hängen, bis der Februar gekommen ist und die Pflanze zurückgeschnitten wird. Von Mr. Roland Jackman habe ich erfahren, daß ich diese Clematis Mitte Februar auf eine Höhe von ungefähr 60 cm herunterschneiden kann.

Verglichen mit der überaus starkwüchsigen *C. orientalis* sind die anderen Clematisarten, die im Juli blühen, sehr zurückhaltend. Die perlweißen Blüten von *C. × huldine* wirken von unten gesehen am besten. *C. viticella* ›Alba Luxurians‹ sollte man in Augenhöhe pflanzen, damit sich die zarte Schönheit ihrer weißen, mit grünen Spitzen versehenen Blüten aus nächster Nähe bewundern läßt. *C. viticella* ›Kermesina‹ mit kräftig rosafarbenen Blüten bildet eine harmonische Gemeinschaft mit der zartblau blühenden Säckelblume ›Autumnal Blue‹.

Von den hohen Indianernesseln (Monarden) ziehe ich, ob malvenfarben, rosa oder rot, so viele, wie es eben geht. Ihre langen, beblätterten Stiele stehen aufrecht, und ihr Laub ist sogar noch mitten im Winter aromatisch. Die Sorte ›Snow Maiden‹ (›Schneewittchen‹) ist eine außergewöhnliche Pflanze. Weiße Blumen werden im Garten immer benötigt, und wenn sie, wie in diesem Fall, grüne Krausen tragen und schöne aufrechte Horste bilden, die eine Höhe von ungefähr 75 cm erreichen, sind sie besonders wertvoll. Ich ziehe ›Snow Maiden‹ zusammen mit der Goldrute ›Lemore‹, einer Gartenhybride, die grünlichgelbe Blüten trägt und in der Kombination mit weißen Blüten am besten zur Geltung kommt. Diese Indianernessel, die über mehrere Wochen blüht, scheint feuchten Boden nicht ganz so dringend zu benötigen wie einige andere Sorten.

Der Juli ist der Monat, in dem die Königslilien die Luft mit einem Geruch erfüllen, der so köstlich ist, daß ich mehrmals am Tage zu ihnen hingehen muß. Da man meines Erachtens niemals zu viele Königslilien im Garten haben kann, suche ich für jeden Sämling, den ich finde, ein Plätzchen. Sämlinge erscheinen rings um die Pflanzen, manchmal auch in Ritzen zwischen Steinen und auf den Wegen. Die schönsten Königslilien, die ich jemals gesehen habe, wuchsen in einem riesigen Topf. Also ziehe auch ich meine Lilien jetzt in erhöhten Beeten, Kübeln und Trögen, die sie sich mit Fritillarien, Schneeglöckchen und zwergwüchsigen Narzissen teilen müssen. Es ist eine gute Idee, alle überschüssigen Lilien in Töpfe zu pflanzen und diese dann in Blumenbeete zu versenken, denen es im Juli an reizvollen Akzenten mangelt.

Das Interesse an Lilien wird immer größer. Wer aber einen sehr lehmigen Boden hat, muß sich mit einigen wenigen Arten zufriedengeben. Ich bin darüber nicht traurig, da meine Lieblingslilien weiß sind und die Königslilie, *Lilium regale,* bei mir gut gedeiht. Die Madonnenlilie, *L. candidum,* fühlt sich dagegen nicht so wohl. Mit *L. longiflorum* hätte ich gern mehr Glück; sie scheint aber meinen Boden nicht zu mögen, und deshalb will ich sie und die Goldbandlilie, *L. auratum,* jetzt in Töpfe pflanzen. Auch *L. szovitsianum,* grünlichgelb, wäre nach meinem Geschmack, während ich die lohfarbenen und roten Lilien, von denen die meisten keinen Duft haben, gern anderen überlasse. Türkenbundlilien mit weißen und weinroten Blüten werden unter Sträuchern heimisch, und die kleinen gelben Lilien *L. pyrenaicum* säen sich gut aus. Niemand würde sie wohlriechend nennen, aber wenn eine Pflanze wächst, weil sie selbst es möchte, wird man nicht allzu kritisch sein. Sogar die Fachleute haben große Schwierigkeiten, einige ihrer Lilien zufriedenzustellen. In einem berühmten Garten hat man zwischen Sträuchern erhöhte Beete aus Torfblöcken angelegt. Sie sind mit einem besonderen Kompost und einer Sandschicht versehen, in die man die Lilien behutsam eingesetzt hat – und dennoch wollen sie nicht immer gedeihen.

Funkien (auch sie gehören zur Familie der Liliengewächse) erfreuen sich immer größerer Beliebtheit, wenn diese auch nicht der Faszination gleichkommt, die Lilien auf manche Menschen ausüben. Die Zuneigung zu den Funkien kann ich gut verstehen, denn sie haben nicht nur wunderbare Blätter, sondern auch schöne Blüten in Weiß oder in sanften Lilatönen. Sie lassen sich auch problemlos ziehen, sofern man sie mit feuchtem, humusreichem Boden versorgt. Die Behauptung etlicher Fachleute, sie könnten keinen Lehmboden vertragen, kann meines Erachtens nicht ganz stimmen, da sie sich auch bei mir wohl fühlen. Ich gebe immer ordentlich Torf in den Boden, bevor ich sie einpflanze. In erster Linie sind Funkien Schattenpflanzen. Sie gedeihen aber auch in der Sonne und blühen an einem sonnigen Standort sogar noch reicher; die Blätter werden im Schatten freilich größer. In der Sonne brauchen sie mehr Feuchtigkeit. Ich weiß bis heute nicht, welche Arten ich am liebsten mag. Panaschierte Formen faszinieren mich, aber die großen, runzligen Blätter von *Hosta sieboldiana* würde ich wohl doch an die erste

Stelle setzen. Sie sind grau bereift und stark geädert. Schneidet man die blaßlila Blüten nach dem Verblühen nicht ab, dann nehmen sich die Samenstände beinahe wie silberfarbene Blüten aus, die den ganzen Winter über halten.

Im Garten eines Freundes habe ich eine sehr schöne Anpflanzung mit diesen Funkien gesehen. Auf der einen Seite eines kleinen Rosengartens hatte man die Kletterrose ›New Dawn‹ gezogen. Sie bildete eine Art Trennwand, und zu ihren Füßen wuchsen diese prachtvollen Funkien. Die zartrosafarbenen Rosenblüten sahen zusammen mit dem Laub der Funkien und ihren blaßlila Blüten hinreißend aus.

Funkien passen gut unter altmodische Rosen und auch unter Bäume, vielleicht zusammen mit der weißen *Iris ochroleuca* als Akzent.

Diese spätblühende Iris benötigt nicht unbedingt viel Feuchtigkeit. Wegen ihrer Höhe ziehe ich sie im Hintergrund einer Rabatte, und ich wünschte, ich hätte den Einfall gehabt, die Ochsenzunge *Anchusa azurea* ›Loddon Royalist‹ vor sie zu setzen. Diese glückliche Kombintion habe ich einmal in einem Garten gesehen. Die Ochsenzunge, die nicht abgestützt war, hatte dort eine Masse aus dunkelblauen Blüten und dunkelgrünen Blättern ausgebreitet.

Der Spierstrauch *Spiraea × bumalda* unterstreicht mit seinen karminroten Blüten noch die Schönheit der hohen Glockenblume *Campanula lactiflora*, die sich mit ganz blaßblauen Blüten schmückt. Zwei andere Pflanzen, die das Thema leicht variieren, sind *Amsonia salicifolia* und die Schafgarbe *Achillea millefolium* ›Cerise Queen‹. Die Amsonie ist mit ihren kleinen schieferblauen Sternblüten eine gute Begleitpflanze. Ich habe sie in meinem Garten hinter dem magentaroten, silberblättrigen Storchschnabel *Geranium traversii* ›Russell Prichard‹ stehen, und ganz im Hintergrund gehen die kirschroten Blüten der Schafgarbe in ein blasses, trauriges Rosa über.

Mr. Bowles' Rhabarber *Rheum palmatum* ist von dem Moment an, da seine leuchtend kirschroten Knospen durch den Boden stoßen, faszinierend anzuschauen. Seine roten schrumpligen

Blätter entfalten sich langsam bis auf eine Breite von einem Meter, und obwohl sie mit der Zeit grüner werden, bleiben die Unterseiten doch karminrot. Die Blütenrispen, deren Farbe an reife Himbeeren erinnert, können eine Länge von 1,50 m erreichen. Eine meiner Pflanzen steht neben dem Perlpfötchen *Anaphalis yedoensis,* der höchsten Art dieser Gattung, die an 90 cm hohen Stielen silbrig-elfenbeinfarbene Blüten hervorbringt und Blätter trägt, die oberseits grün und etwas wollig, unterseits dichtwollig sind. Dahinter erhebt sich die hohe Wiesenraute *Thalictrum flavum* ssp. *glaucum* mit ihren zitronengelben Blütenrispen.

Es wundert mich, daß das Kreuzkraut *Senecio smithii* nicht in mehr Gärten gezogen wird. An einem feuchten Standort wächst es überaus gut, und seine fleischigen Wurzeln und übereinandergreifenden Blätter vermehren sich schell. Diese in allen Teilen robuste Pflanze trägt an dicken Stielen weiße gänseblümchenartige Blüten von etwa 2,5 cm Durchmesser. Schlechtes Wetter kann ihrem glänzenden immergrünen Laub kaum etwas anhaben.

Teile des Gartens können schon einmal etwas dürftig aussehen. Wenn das der Fall ist, läßt sich mit der riesigen Fackellilie *Kniphofia northiae* Abhilfe schaffen. Sie verleiht dem Garten Substanz, ist sie doch geradezu ein Pflanzenungetüm mit langen, breiten Blättern, die enorme Rosetten bilden, aus denen sich die kompakten, korallenroten bis grünlichgelben Blütenähren bis auf eine Höhe von fast einem Meter erheben. Zu den Pflanzen, die ich mit ihr kombiniere, gehört die Glockenblume *Campanula alliariifolia* ›Burghaltii‹, die besonders schön aussieht. Sie bringt ununterbrochen über viele Wochen große schieferblaue Glockenblüten hervor.

Es ist keinesweg schwierig, im Juli Blumen im Garten zu haben; die meisten von ihnen sind aber verhältnismäßig hoch. Es gibt einen Knöterich, *Polygonum emodi,* der sich gut als Vordergrundpflanze eignet. Er trägt schmale, bronzerote Blätter und blutrote Blütenähren. Das im Sommer blühende Alpenveilchen *Cyclamen purpurascens* (syn. *C. europaeum*), in mancherlei seltsamen Ecken zu finden, bringt über viele Wochen seine Blüten hervor. Seinen angenehmen Duft kann man am besten genießen, wenn es in einem erhöhten Beet steht; ich habe gehört, daß es, wenn es sich wohl fühlt, das ganze Jahr hindurch seine Blüten behält – was es bei mir tut, wie ich mit Freude feststellen kann.

# AUGUST

Dies ist der Monat, der die Kunstfertigkeit und den Einfallsreichtum des Gärtners auf die Probe stellt. Vor allem nach einer Trokkenperiode, wenn das Gras braun geworden ist und die Blätter von Rost oder Mehltau befallen sind, kann der Garten sehr mitgenommen aussehen. Es gibt Blumen, die uns durch diese grämliche Zeit begleiten können; man muß sie aber finden, und ich preise meine Laubhügel im August mehr als jemals sonst. Die blaßgrün-cremefarbene Braunwurz *Scrophularia aquatica* ›Variegata‹ ist genauso schön wie jede Blume; die silbernen Pflanzen lieben heißes Wetter und erreichen ihren Höhepunkt im Hochsommer. Purpur- oder goldfarbener Salbei ist weitaus ansehnlicher als die Stoppeln verwelkter Blumen, und die flachen, graublauen Blätter von *Othonnopsis cheiriifolia,* die einen schönen Teppich bilden, schaffen eine angenehm kühle und ruhige Atmosphäre. Die kleinen Sträucher mit panaschierten Blättern, die ich in meinen Rabatten ziehe, sind bei mir im Sommer besonders beliebt; die panaschierte Kerrie und die panaschierte Schneebeere sind immer wertvolle Sträucher, aber ganz besonders dann, wenn es im Garten vorübergehend an Reizen mangelt.

Die Gärten, die im August einen wirklich fröhlichen Anblick bieten, sind in der Regel gut mit einjährigen Pflanzen ausgestattet (und gut entwickelte Einjährige können äußerst wirkungsvoll sein), oder das Schwergewicht liegt auf Dahlien.

Ich schäme mich, daß ich mit Dahlien nicht freundlicher umgehe, obwohl ich sie einzeln sehr gern mag. Ich denke durchaus, daß hier und da ein Horst im Garten sehr erfreulich anzuschauen ist, vor allem vor einem schönen grünen Hintergrund, der die Leuchtkraft der Blüten ein wenig abmildert; aber ein Beet oder gar ein ganzer Garten, vollgepackt mit Dahlien jedweder Farbe, weckt in mir immer den Wunsch nach einem grünen Rasenstückchen, auf dem das Auge ausruhen kann. Behutsam und in sanften Farben verwendet, können Dahlien, je weiter die Saison voranschreitet, in einer gemischten Rabatte sehr wertvoll sein.

Blaßrosa Dahlien unterstreichen das verwaschene Blau der Herbstastern; das gleiche gilt für den leuchtenden Pfirsichton der Dahlie ›Baby Royal‹. Ein nahezu grünes Zitronengelb paßt als kühle Farbe wunderbar zu weißen Blüten, und wenn es fast ganz grün ist, läßt es sich sehr gut mit einem dunklen Karminrot kombinieren.

Wenn die Dahlien nur ein bißchen winterhärter wären, wäre das Leben viel einfacher. Mehr als zwanzig Jahre lang habe ich zwei große Dahlienhorste besessen, die jedes Jahr zu meiner Freude wiedererschienen, wenn ihre Farben auch nicht gerade die waren, die ich mir ausgesucht hätte. Beide Exemplare – ein gefülltes und ein ungefülltes – waren scharlachrot, und ihre Pflanzennachbarn wollten sehr behutsam gewählt werden. Purpurblättriger Salbei paßte gut, und ein Teppich aus den weißgrünen Blättern des Spindelstrauchs *Euonymus radicans* ›Variegata‹ bildete einen schönen Hintergrund. Ich hätte sicher auch den Wollziest, *Stachys lanata*, oder panaschierte Artemisien mit weißgrünen eingeschnittenen Blättern verwenden können. Auch panaschierter Andorn (Marrubium) oder die panaschierte Form der Apfelminze, *Mentha rotundifolia* ›Variegata‹, hätten sich mit ihrem üppigen Wuchs und ihrer ruhigen Farbmischung aus Creme und Blaßgrün gut mit dem Scharlachrot der Dahlien kombinieren lassen.

Ein sehr strenger Winter hat mir aber alle Probleme abgenommen. Seitdem ziehe ich keine Dahlien mehr, obwohl ich weiß, daß mein Sommergarten ohne sie farbloser ist.

Die Wiesenraute *Thalictrum dipterocarpum* ist mit ihren zarten graugrünen Blättern und Wolken winziger lavendelfarbener Blüten eine viel problemlosere Pflanze als rote Dahlien, wenn es darum geht, passende Gefährten zu finden. Mehrere Malvenarten säen sich in verschiedenen Teilen meines Gartens selbst aus. Die niedrige Moschusmalve, *Malva moschata,* hat Blüten in einem etwas trüben Rosaton, der gut zu den Blüten der Wiesenraute paßt. Die dunkelrosa einjährige Buschmalve *Lavatera trimestris* ›Loveliness‹ wäre noch geeigneter; leider gerät sie bei mir aber immer wieder in Vergessenheit. Ich habe eine aufrecht wachsende Form der *M. moschata,* die wirkungsvoller ist als der gewöhnliche Typ und Blüten im gleichen Rosaton trägt. Ich hätte die Buschmalve noch lieber, wenn ihre Blüten etwas leuchtender im Farbton wären, aber wegen des zarten Gesamteindrucks paßt sie gut zur Wiesenraute. Beide Pflanzen gedeihen gut im Schatten, und die Wiesenraute benötigt viel Feuchtigkeit, wenn sie ihre angestammte Höhe von 1,50 m erreichen soll. Die Malve blüht fast bis Weihnachten, und wenn sie im Frühjahr zurückgeschnitten wird, treibt sie schnell wieder neu und kräftig aus. Statt einer Wiesenraute könnte auch ein Schmetterlingsstrauch ein angemessener Gefährte sein. Besonders eindrucksvoll sind *Buddleja davidii* ›Royal Red‹ mit purpurroten Blütenrispen oder *B. fallowiana* ›Loch Inch‹ mit pastellblauen Blüten und silbrig schimmernden Blättern.

Der Salbei *Salvia verticillata* bildet eine schönen Teppich rings um die Buschmalve. Mit seinen runzligen, wolligen Blättern und seinen kleinen blaugrauen Blüten ist er farblich eher unentschlossen, nicht aber in der Art und Weise, sich auszubreiten. Er schickt seine kriechenden Triebe in alle Richtungen und bedeckt so sehr schnell eine große Fläche. Seine Wuchsform leistet gute Dienste, wenn es darum geht, den nackten Boden unter einer Buschmalve zu bedecken; in einem Beet aber, in dem kleine und wertvolle Pflanzen wachsen, ist er nicht zu empfehlen.

*Malva sylvatica* ›Primley Blue‹, eine aus dem Garten des verstorbenen Herbert Whiteley in Paignton stammende Form, blüht noch im August und ist in ihrer ruhigen Art sehr hübsch. Ich habe sie zum erstenmal unter Sträuchern gesehen, wo sie sich zu einem Teppich ausgebreitet hatte. Wegen ihrer langen rankenden Stiele benötigt sie viel Raum. Ich hatte den Eindruck, sie käme besser zur Geltung, wenn man sie so pflanzte, daß sie sich durch einen niedrigen Strauch hindurcharbeiten könnte. Deshalb habe ich mein Exemplar zu einer Gruppe von Floribundarosen der leuchtendrosa blühenden und etwa 80 cm hoch werdenden Sorte ›Ingrid Stenzig‹ gesetzt. Diese Pflanzenkombination hat sich als sehr gut erwiesen, da sich die langen Stiele der Malve, bedeckt mit kleinen, flachen Blüten, denen kleine Blätter folgen, nach Herzenslust durch die Rosen winden können. Das recht matte Blau der Blüten wird durch dunklere Markierungen verbessert, und die blauen Blüten und silberfarbenen Knospen der Rasselblume *Catananche caerulea*, die in einem großen Horst nahebei wächst, runden das Bild ab.

Eine andere Malve, die zur Schönheit des Sommergartens beitragen kann, ist die weiße Form der Moschusmalve. Weiß der Himmel, wie diese Malve in meinen Garten gelangt ist – ich war jedenfalls entzückt, als ich sie entdeckte, und bewunderte die Geschicklichkeit, mit der sie sich vor eine blaßgelbe Königskerze gesetzt hatte. Diese Pflanzenkombination – an der ich übrigens völlig unschuldig war – erwies sich lange Zeit als eine der gelungensten im ganzen Garten; später hat die Königskerze es aber so übertrieben, daß ich sie aus ihrem schmalen Beet entfernen mußte. Nun bin ich auf der Suche nach einer Pflanze mit etwas bescheideneren Proportionen, die ich hinter die weiße Malve setzen könnte.

Ich glaube, eigentlich ist der Juli die Zeit, in der die Phloxe ihr herrliches Schauspiel aufführen, aber bei mir sind sie erst im August soweit. Und wenn man junge Pflanzen in den Garten setzt, kommen sie gewöhnlich erst im September zur Blüte. Haben die Phloxe aber erst einmal zu blühen begonnen, dann hören sie über Monate hinweg nicht auf. Ich habe festgestellt, daß man die Blütezeit dadurch verlängern kann, daß man die Blütenköpfe direkt nach dem Verblühen abschneidet, damit sich Seitentriebe mit neuen Blüten entwickeln.

Jedes Jahr tauchen neue Phloxsorten auf, und es wäre mühsam, sie alle registrieren zu wollen. Seit Jahren schon ziehe ich den Staudenphlox ›Albert Leo Schlageter‹, und ich glaube nicht, daß die neuere Sorte ›Brigadier‹ sehr viel besser ist. Beide blühen in jenem leuchtenden Lachsrosa, das man mit Pflanzen wie Begonien in Verbindung bringt – in einem lebhaften, aber in keiner Weise aufdringlichen Rosa. Mein Lieblingsphlox hat reinweiße Blüten – so weiß wie nur etwas; auch scheint er etwas länger zu blühen als alle anderen Phloxarten. Die neue Sorte ›Mother of Pearl‹ hat weiße Blüten, die rosa angehaucht sind, und ›Fanal‹ ist einer der besten roten Staudenphloxe.

Phloxe werden oft recht einfallslos verwendet. Sie sind hervorragende Rabattenpflanzen, fühlen sich aber auch im Schatten ausgesprochen wohl, so daß man sie gut zwischen Sträucher pflanzen kann. Es hat mich sehr beeindruckt, wie sie einer meiner Freunde in seinem Garten verwendet hat. Es gibt dort keine echten Blumenrabatten im traditionellen Sinn; statt dessen hat man den Garten auf einfache Weise mit Sträuchern ausgestattet, die die Arbeit erleichtern. Der Garten umgibt ein altes Bauernhaus, und auch Reste des alten Hofs sind noch zu erkennen. Es gibt noch den Ententeich und den alten Steinweg, und Phloxe sind genau die Pflanzen, die zu den Sträuchern passen und dem Garten in den Sommermonaten Farbe verleihen. Es war angenehm, bei einem Spaziergang auf gepflegtem Rasen zwischen den Sträuchern Karminrot, Violett, Rosa oder Lavendel aufblitzen zu sehen.

Ich habe nie herausbekommen, wie ein großes, ansehnliches Mitglied der Zwiebelfamilie in meinen Garten gelangt ist. Als ich die kleine Familie zwischen meinen Primeln entdeckte, glaubte ich, es wäre Porree, und ich rätselte, wie er wohl dahin gekommen sein mochte. Ich ziehe nur sehr wenig Gemüse und Porree schon gar nicht, aber er war da – zunächst nur ein Horst; der wurde jedes Jahr größer, und schließlich machten sich Familienmitglieder selbständig, und ich entdeckte ringsherum in den seltsamsten Ecken junge, kräftige Kerlchen. Ich werde schon von einem wilden Lauch mit struppigen grünen Köpfen heimgesucht und fragte mich, ob ein weiterer Störenfried mir noch mehr Arbeit machen wolle. Natürlich sind sie entfernte Verwandte; während ich mich aber damit herumplage, den Garten von dem lästigen grünen Lauch zu befreien, umsorge ich die großen rosa Blütenköpfe meines »Porrees«, die sich über eine niedrige Mauer erheben. Ich habe auch entdeckt, daß sie sich bemerkenswert gut trocknen lassen und zur Schönheit meiner Trockenblumenschalen beitragen. Außerdem bleibt ihr zarter Rosaton lange erhalten, und ein Hauch von Grün macht die Blüten noch reizvoller. Eine kenntnisreiche Freundin dachte schon, sie hätte ein Geheimnis für mich gelöst. Sie meinte, mein übergroßer Porree sei *Allium babbingtonii*. Eine Zeitlang glaubte ich ihr auch, bis ich in einem Buch eine Abbildung von *A. babbingtonii* entdeckte. Im Vergleich zu meiner Pflanze waren seine Blütenköpfe aber viel zottiger und die Brutknollen, die sich am Blütenstand bilden, kleiner. Von anderer Seite habe ich den Hinweis bekommen, es könne sich bei meiner Alliumart um den sogenannten »Lundy Leek« handeln. Ob das nun stimmt, ist auch nicht einfach zu klären.

Lauch erinnert mich an Kräuter, insbesondere an Ysop, auf den im August stets Verlaß ist. Ysop wächst schon immer in meinem Garten, da ich seinen steifen Wuchs, seine blauen, rosa oder weißen Blüten und seine aromatischen Blätter schätze. Er sät sich in einer mäßigen und in der Regel angenehmen Weise aus. Ich hätte keinen besseren Platz für einen riesigen Horst auswählen können, der sich in der Nähe des Gartentors zwischen großen Steinen ans Licht gedrängt hat. Jedes Jahr erleide ich einen Schock, denn jedes Jahr besucht mich ein professioneller Gärtner, um mit mir darüber zu diskutieren, was im Garten beschnitten werden muß, und jedes Jahr höre ich die gleiche Bemerkung – wie wirkungsvoll nämlich eine gewöhnliche Pflanze sein kann, wenn sie in der richtigen Weise gezogen wird. Ich habe Ysop nie als gewöhnliche Pflanze betrachtet, und wenn ich darüber nachdenke, sehe ich ihn in anderen Gärten nur selten. Ich werde oft nach dem Namen der Pflanze gefragt und zitiere dann die Bibelstelle, um zusätzliches Interesse zu wecken. Benötigt man eine straff wachsende und ausdrucksvolle Pflanze, um eine harte Linie aufzubrechen oder dem Steingarten Reiz und Farbe zu verleihen, so gibt es nichts Besseres als Ysop. Wenn er nach ein paar

Jahren holzig und knorrig geworden ist, muß er ausgegraben und durch eine junge Pflanze ersetzt werden. Man kann ihn über mehrere Jahre hinweg be- und zurückschneiden, aber irgendwann geht das nicht mehr, und er muß weichen, es sei denn, er wird an einer Stelle gezogen, wo Größe ein Vorzug ist.

Obgleich Ysop eigentlich immer für ein paar Sämlinge sorgt, sollte man sich nicht darauf verlassen und lieber jedes Jahr von den weiß, blau und rosa blühenden Pflanzen ein paar Stecklinge schneiden. Wenn man dabei nicht systematisch vorgeht, wacht man eines schönen Tages auf, um festzustellen, daß alle Pflanzen einer bestimmten Farbe aus dem Garten verschwunden sind.

Es gibt einen zwergwüchsigen Ysop, *Hyssopus aristatus,* der sich recht gut als Lückenfüller zwischen hohen Stauden verwenden läßt, meines Erachtens aber doch nicht den Charakter des gewöhnlichen Ysops, *Hyssopus officinalis,* besitzt. Die steifen und aufrechten Stiele der zwergwüchsigen Art werden nur 25–30 cm hoch. Sie blüht etwas später, und bis jetzt habe ich sie nur mit blauen Blüten gesehen.

Im August verlasse ich mich für Farbe im Garten auf die mehrjährigen Lobelien. In einem durchschnittlichen Jahr gedeihen sie gut in normalen Blumenbeeten und bestehen nicht auf einem Standort am Wasserrand. Es ist aber keine Frage, daß sie allzu trockene Standorte hassen, und hätte ich einen Wasserlauf im Garten, würde ich sie dort ansiedeln. So aber pflanze ich sie in einen tiefen, nahrhaften und mit viel Humus angereicherten Boden. In einem nassen Sommer werden sie sehr hoch und entwickeln große Blüten. Bei Trockenheit haben sie Schwierigkeiten, sich aufrecht zu halten, die einen mehr, die anderen weniger. Die hübsche blaue *Lobelia syphilitica* leidet unter langen Trockenperioden, während die leuchtendrosa ›Joyce‹ und die violette ›Jean‹ Trockenzeiten besser zu überstehen scheinen und wohl auch winterhärter sind. Die große violette *L. × vedrariensis* ist äußerst widerstandsfähig und prunkvoll.

Die Lobelie mit karminroten Blättern, die gewöhnlich *L. cardinalis* genannt wird, in Wirklichkeit aber *L. fulgens* ist, ist fachmännisch gezogen eine herrliche Pflanze. Wenn man das frühe

Abendlicht durch ihre pflaumenfarbigen Blätter und die glühenden Blüten schimmern sieht, meint man, der Garten sei mit Juwelen übersät. Es zahlt sich aus, sie mit reichlich Wasser zu versorgen. Ich pflanze immer ein paar Horste in den Trog neben der Tür zum Garten. Natürlich ist das genau der falsche Platz – unter einer Nordmauer und in einem Steintrog, der kleinen Pflanzenschätzen vorbehalten sein sollte, die viel Pflege benötigen (von denen aber die meisten im Frühjahr blühen). Ich muß diesen Frevel aber begehen, denn die honigfarbene Mauer dahinter ist eine perfekte Folie für die blutroten Blüten, die hier die letzten Strahlen der Abendsonne einfangen können, bevor sie hinter den Bäumen verschwindet.

Die Lobelien in diesem Trog sind immer die schönsten im Garten, da sie mehr als die übliche Wasserration erhalten. Aus einem alten Kupfergefäß auf der anderen Seite der Tür, das das Wasser vom Dach auffängt, kann ich immer ohne große Mühe mit einem Schöpflöffel aus Zinn, den ich gleich daneben aufbewahre, reichlich Wasser für die Lobelien schöpfen.

Mr. H. C. Pugsley aus Derby, der sich große Verdienste um Lobelien und Königskerzen und viele andere Pflanzen erworben hat, hat eine breite Palette an winterharten Lobelien in wunderbaren Farbtönen gezüchtet – malvenfarbene, rote und kirschrote, schließlich eine dunkelkarminrote Sorte, die er ›Old Port‹ genannt hat. Die Blütezeit dieser Lobelien beginnt im Juli oder August und dauert bis Oktober. Ich sehe immer zu, daß ich die verwelkten Blüten abschneide, damit die Seitentriebe noch neue Blüten hervorbringen, wenn die zentrale Blütentraube verblüht ist. Wenn die Blütezeit endgültig vorüber ist, hat sich die einzelne Rosette, die wir im Frühjahr ausgepflanzt hatten, zu einem großen Horst entwickelt, den wir im nächsten Frühjahr wiederum in einzelne Rosetten aufteilen können.

Hätte ich in meinen Mistbeetkästen mehr Platz, dann würde ich meine Pflanzen wahrscheinlich im Herbst teilen und die Teilstücke dort überwintern, wie es viele Leute mit der nicht ganz winterharten *Lobelia fulgens* tun. So hätte ich im Frühling, in dem es wochenlang trocken sein kann, einen fliegenden Start.

Ich habe schon die großen Horste der *L. fulgens* ausgegraben und in einem Kasten überwintert; inzwischen lasse ich sie aber draußen stehen und bedecke sie nur mit einer Torfschicht. In den meisten Jahren ist das nicht notwendig, aber man weiß ja nie, und außerdem kann der Torf den Boden nur verbessern. Manche Gärtner sehen rote Lobelien gern ohne Beiwerk; sie füllen ganze Beete damit und behandeln sie gewissermaßen wie Sommerblumen. In einem Garten gibt es ein Beet, das erst mit Tulpen und anschließend mit Lobelien bepflanzt wird. In diesem Garten ist das möglich, weil sich das Beet vor einer Eibenhecke hinzieht, die den Garten unterteilt; ohne die Hecke würde diese konzentrierte Farbe sicher zu aufdringlich wirken. Ich selbst ziehe die Lobelien lieber in einer gemischten Rabatte mit anderen Blumen. In einem Beet habe ich neben *L. fulgens* die Wolfsmilch *Euphorbia pilosa* ›Major‹ gepflanzt. Diese Wolfsmilch, die zu Beginn des Frühjahrs blüht und im August einen Hügel aus zartem Grün bildet, ist ein passender Gefährte für die Lobelie. Ich war früher der Meinung, die Wolfsmilch *E. epithymoides* sei besser, weil sie kompakter ist; inzwischen ist mir aber *E. pilosa* ›Major‹ lieber, denn sie sieht auch nach der Blüte noch reizvoll aus. Eigentlich ist sie im Sommer und im Herbst fast noch schöner, da ihr frischgrünes Laub karminrote und rosa Schattierungen annimmt, die sich gut mit dem Farbton der Lobelie vermischen.

Leuchtendes Blau ist immer willkommen, vor allem im August, wenn es dem Garten an Farben mangelt. Ich wünschte, ich hätte die mexikanische Tagblume *Commelina coelestis* schon in früheren Jahren meines Gärtnerinnenlebens kennengelernt. Das ist wirklich eine faszinierende Pflanze, nicht nur wegen ihrer wahrhaft mittelmeerblauen Blüten, sondern auch wegen ihres ganz eigenen Wuchses und ihrer kleinen stengelumfassenden Blätter, fast wie bei Dreimasterblumen (Tradescantia). Die Tagblume gibt gar nicht erst vor, winterhart zu sein (in Samenkatalogen wird sie als halb winterhart beschrieben), wenn einige Pflanzen auch manchmal den Winter überstehen. Sie sät sich aber selbst gut aus, und wenn man sie einmal im Garten hat, soll man sie angeblich immer haben. Ich hoffe, daß das wahr ist, denn ich möchte mich jedes Jahr an ihren liebreizenden blauen Blüten erfreuen können. Es gibt auch noch eine weißblühende Form, die ich zwar noch nicht gesehen habe, von der ich mir aber vorstellen könnte, daß sie fast genauso schön ist.

Die Tagblume wird etwa einen halben Meter hoch, und ihre ausdrucksvollen, leuchtendblauen kleinen Blüten können eine langweilige Anpflanzung beleben. Die Tagblume benötigt eigentlich keine andere Farbe zur Unterstreichung ihrer Schönheit, obwohl ihr ein nicht zu blasses Rosa oder ein Zitronengelb gut zu Gesicht steht. Ich ziehe meine Tagblumen am liebsten inmitten von Irisblättern, die für mein Gefühl genau den Hintergrund liefern, der das unvermischte Blau ihrer Blüten am besten zur Geltung bringt.


*Zweiter Teil*


Es ist immer ein Freudentag, wenn sich die ersten Blüten an den Zweigen des Sommerjasmins öffnen, weil ich dann weiß, daß ich von da an bis zum November oder gar Dezember diese köstlich duftenden Blüten im Garten haben werde. Ein Zweig erfüllt einen ganzen Raum mit Duft, und wenn ich Gäste habe, würde ich es nie vergessen, ihnen einen kleinen mit Jasmin gefüllten Zinnkrug ans Bett zu stellen. In jedem Garten sollte mindestens ein *Jasminum officinale* stehen, denn es gibt nichts Hinreißenderes als den Duft des Echten Jasmins. Zu meinen frühesten Erinnerungen gehört es, wie ich in einem Cottage-Garten am Meer einen Pfad zu einem kleinen, romantisch in Jasmin gehüllten Haus hinablief. Ich glaube, Jasmin war damals für derartige Zwecke gang und gäbe, und das mit gutem Grund. Als ich meinen Garten anlegte, pflanzte ich also meinen Sommerjasmin an die Nordmauer des kleinen Steinhauses »unten im Garten«, das ich später ausräumte und in ein Sommerhaus verwandelte.

Später riet man mir zu der verbesserten Form von *Jasminum officinale*, die als *J. officinale* ›Affine‹ oder ›Major‹ angeboten wird, da ihre Blüten größer seien. Das stimmt schon, und dazu sind sie noch rosa angehaucht, was sehr attraktiv wirkt; aber sie erscheinen bei weitem nicht in so großen Mengen, und auch ihr Duft ist meines Erachtens nicht so stark. Die Pflanze ist ausgesprochen starkwüchsig, und ihre Blätter sind größer; sie schmückt sich aber nicht den ganzen Sommer lang mit duftenden weißen Blütenzweigen wie meine gewöhnliche alte Pflanze, und außerdem hat sie viel zu viel Laub.

Es gibt Blumen, die immer Raritäten sein und unsere Freunde immer neidisch machen werden. Als ich zum erstenmal die Inkalilie *Alstroemeria pulchella* in dem wunderbaren Garten von Crathes Castle in der Nähe von Banchory sah und bewunderte, war mir klar, daß ich sie um jeden Preis haben mußte. Diese Inkalilie ist keine Pflanze, um die man seine Freunde bitten würde; und wenn doch, würden sie einem bestimmt kein Stückchen davon abgeben. Dann habe ich sie wieder in Mr. Haddons Garten in Porlock gesehen, wo sie unterhalb der Mauer seines Gewächshauses stand. Inzwischen habe ich sie noch in anderen Gärten gesehen, niemals aber in großen Gruppen, obwohl ich vermute, daß sie mit der Zeit an Umfang zunimmt. Schließlich fügte es sich, daß aus einem Privatgarten überschüssige Pflanzen verkauft wurden, und es gelang mir tatsächlich, zwei Pflanzen zu ergattern. Eine setzte ich in eine geschützte Ecke zwischen West- und Nordmauer, wo der Boden feucht und nahrhaft ist. Ich habe sie nie wiedergesehen. Das zweite Exemplar pflanzte ich in den obersten Bereich eines Steingartens vor einer Südmauer, und dieser Standort war goldrichtig. Seither habe ich jedes Jahr ein paar Blüten. In einem nassen Jahr sind es weniger, wenn es aber heiß und trocken ist, erscheinen immer neue lange, zerbrechliche Blütenstiele, obgleich die Blätter gelb werden und absterben. Ich liebe diese rotgrünen trompetenförmigen Blüten, die wegen ihres Farbenspiels auch Papageienlilie genannt werden und so aussehen, als wären sie geradewegs einem holländischen Blumengemälde entsprungen. Nie habe ich die schönen Ligtuhybriden dazu bewegen können, in meinem Garten zu gedeihen, ob ich sie nun aus Samen gezogen oder als kleine Pflanzen bekommen habe, und die gewöhnliche Alstroemerie würde ich nicht einladen, sich irgendwo breitzumachen, aber die romantische, geheimnisvolle *A. pulchella* gehört zu den Pflanzen, die im August vieles aufwiegen.

Die Gilbweideriche oder Felberiche (Lysimachiae) sind keine besonders aufregenden Pflanzen. Sie sind aber nützlich im Garten und machen keine Mühe, solange sie nicht austrocknen. Ich setze sogar gern den unbändigen Goldfelberich, *Lysimachia punctata,* an einen Platz, der in kurzer Zeit üppig bewachsen sein soll. Im Frühjahr sind seine schlichten gelben Blüten und sein üppiges Laub sehr willkommen, und er läßt sich im Zaum halten.

Für große kahle Flächen ist der Gemeine Gilbweiderich, *L. vulgaris,* gut geeignet. Er wuchert nicht so stark wie viele andere Pflanzen, die man für diesen Zweck verwendet. Sein Wuchs ist verzweigter als bei *L. punctata.* Die Blüten von *L. ciliata* haben orangefarbene Mitten, und *L. verticillata* ist im Erscheinungsbild ganz ähnlich.

Ich wünschte, die kleine, rosablühende *Lysimachia leschnaulti* ließe sich genauso problemlos wie die anderen Arten ziehen. Es ist ein ausgesprochen reizvolles Pflänzchen, das aber klipp und klar zu erkennen gibt, daß es meinen Garten nicht leiden kann, und davon läßt es sich nicht abbringen, was ich auch tun mag. Jahrelang habe ich mich bemüht, es zufriedenzustellen, aber inzwischen habe ich es aufgegeben. Sollte ich allerdings zufällig in einem anderen Garten ein gut geratenes Exemplar entdecken, weiß ich genau, daß ich es noch einmal versuchen werde – die Herausforderung ist einfach zu groß.

Jetzt bietet das Pfennigkraut, *Lysimachia nummularia,* eilfertig seine Hilfe an, und wäre es keine so problemlose Pflanze, dann würden wir schon gehörigen Wirbel darum machen. Seine kleinen runden Blätter glänzen, als wären sie lackiert, und seine offenen gelben Blüten sind von einem einfachen Liebreiz, der kaum zu überbieten ist. Das Pfennigkraut ist ein phantastischer Bodendecker, insbesondere an einem feuchten Standort, wo es in alle Richtungen kriecht und sich immer wieder im Boden verankert. Die gelbblättrige Form ist sogar noch besser, da ihre frische

Farbe aus der Ferne an Blüten denken läßt. Sie ist genauso leicht zu ziehen wie die grünblättrige Form und sorgt für Sonnenschein in dunklen Ecken. In Hidcote wächst sie im gelben Garten, und in einem anderen Garten hat man sie auf einen Sims über einem Bogengang gepflanzt.

Der Schneefelberich, *Lysimachia clethroides,* teilt die Abneigung der ganzen Familie gegenüber sehr trockenen Bodenverhältnissen und gedeiht am besten mit viel Feuchtigkeit. Er hat die gleichen behaarten Stengel wie *L. punctata,* schmückt sich aber mit weißen Blütenähren, die an der Spitze herabgebogen sind. Ich habe einmal gehört, daß er seinen Namen der Blütenform verdanke, die einem Hirtenstab ähnele, was mir aber ganz ungerechtfertigt erscheint. In Nachschlagewerken heißt es, die Bezeichnung »clethroides« bedeute, daß seine Blüten denen der Clethra ähnelten. Wie auch immer – der Schneefelberich ist eine recht eindrucksvolle Pflanze, besonders wenn er vor eine Mauer oder eine Hecke gesetzt werden kann. Dann nämlich schauen alle seine anmutigen Blüten in die gleiche Richtung. Wenn er dagegen in einem offenen Beet steht, wissen seine Blüten nicht so recht, wohin sie blicken sollen. Die Blätter dieses Felberichs, die sich im Herbst karminrot färben, bilden eine harmonische Gemeinschaft mit der staudigen *Clematis heracleifolia.*

Der Aristokrat der Gattung ist meines Erachtens *Lysimachia ephemerum* mit blaugrünen Blättern und grauen Blüten. Dieser Felberich ist entschieden eine feuchtigkeitsliebende Pflanze. Ich habe ihn schon in voller Schönheit am Wasser stehen sehen; aber auch bei mir beklagt er sich keineswegs über seinen Standort in meinen gemischten Rabatten. Diese hohe, stattliche Pflanze zählt wohl zu den wertvollsten Sommerblühern, da sie sich in jedes Pflanzschema einfügt. Gelegentlich finde ich ein paar Sämlinge, aber niemals viele, was ich sehr bedauere, da er nicht schnell wächst und man beim Teilen mit großer Behutsamkeit vorgehen muß. Da die Wurzeln ziemlich fleischig sind, verfaulen sie manchmal, wenn der Herbst sehr naß ist.

Obgleich ich den Bartfaden nicht als typische Augustblume bezeichnen würde, ist er in diesem verhältnismäßig schwierigen

Monat mit Sicherheit eine sehr wertvolle Pflanze. Zu diesem Zeitpunkt sind die ersten Blütenrispen schon abgeschnitten, und man erfreut sich am zweiten Blütenflor. Mir scheint, der Bartfaden muß mit größerer Regelmäßigkeit von seinen verwelkten Blüten befreit werden als jede andere Blume, wenn er ununterbrochen blühen soll.

Ich weiß nicht, ob es Einbildung ist, aber ich finde immer, daß die rosa und roten Varietäten des Bartfadens am schönsten sind, wenn das Jahr schon etwas fortgeschritten ist. Vielleicht liegt es aber auch daran, daß ihre Blüten im herbstlichen Sonnenlicht eine besondere Leuchtkraft bekommen. Obgleich ich sie alle schon bei ihrem ersten Auftritt bewundere, scheinen mir ›Castle Forbes‹, ›Newbury Gem‹ und die rosa Sorten wie ›Hewell's‹ oder ›George Elrick‹ zu Anfang der Blütezeit nicht annähernd so farbenprächtig zu sein wie später. Die hohe lavendelfarbene ›Mrs. Hindley‹ und die reichblühende ›Purple Bedder‹ gelangen oft erst spät im Jahr zu voller Schönheit. Insbesondere ›Mrs. Hindley‹ erreicht erst im Spätsommer ihren Höhepunkt; sie sieht besonders schön aus, wenn sie neben dunkelkirschrote Rosen wie ›Independence‹ oder ›Rosemary Rose‹ gepflanzt wird. ›Rosemary Rose‹, die oft erst spät ihre flachen kirschroten Blüten öffnet, paßt wunderbar zu den schlanken Blütenrispen des Bartfadens. Auch ohne Blüten bildet sie einen schönen Kontrast, da sie ihr dunkles Purpurlaub die ganze Saison über behält. Die opalisierenden Blütenglocken des Bartfadens ›Stapleford Gem‹ sind eher blau als lavendelfarben und insgesamt so unbestimmt in der Farbe, daß sie sich gut mit dem Farbton der ›Rosemary Rose‹ kombinieren lassen, obwohl dieser Bartfaden im Vergleich zu ›Mrs. Hindley‹ eher steif im Wuchs und nicht ganz so hoch ist. Längst nicht so üppig wie während der ersten Blüte, aber doch noch recht ansehnlich, tändelt der Bartfaden *Penstemon heterophyllus* weiter durch die Saison, und wenn er nicht gar so viele seiner rosa überhauchten blauen Blüten trägt, erfreut man sich um so mehr an seinem dunkelbronzefarbenen Laub. Seine zerbrechlichen Stiele müssen von Zeit zu Zeit gestutzt werden, da sich die Pflanzen im Laufe des Augusts stark ausbreiten.

Der hohe Bartfaden *P. isophyllus* mit seinen korallenfarbenen trompetenförmigen Blüten ist ein schöner Spätblüher. Ich versuche ihn immer vor einer Mauer zu ziehen und habe dabei ganz zufällig eine glückliche Pflanzenkombination entdeckt. Wenn dieser Bartfaden eine stattliche Höhe erreicht hat, ist auch das kleine Exemplar des Kreuzkrauts *Senecio leucostachys,* das ich in seine Nähe gesetzt habe, zu einem ansehnlichen Busch herangewachsen. Beide Pflanzen lieben den Komfort einer Südmauer, und wenn sich die korallenroten Blütenrispen durch das Silberfiligran des Kreuzkrauts schieben, entsteht ein bezauberndes Bild. In einem anderen Jahr ist es vielleicht nicht annähernd so schön, aber wenigstens einmal habe ich mich eine ganze Saison lang daran erfreut.

Obgleich die einzelnen Blüten des Bartfadens ›Garnet‹ klein sind, neigt die Pflanze dazu, im Hochsommer recht groß zu werden, und sie kann ziemlich unordentlich aussehen, wenn man sie nicht von Zeit zu Zeit etwas ausputzt. Der Frauenmantel *Alchemilla mollis* im Vordergrund schmückt sich mit einem Schaum winziger gelbgrüner Blüten und mit wunderbaren graugrünen Blättern. Ich kenne keine Blume, die durch einen Frauenmantel in der Nachbarschaft nicht noch gewinnt. Jene Glücklichen, die Inkalilien, insbesondere die Ligtuhybriden, ziehen können, haben entdeckt, wie bezaubernd sie aussehen, wenn man *Alchemilla mollis* davorpflanzt.

Jeder Gärtner hat andere Vorstellungen von Blumen und Farben. Ich liebe die Pastelltöne des Bartfadens und mache mir nichts aus den grellgelben Blumen des Frühherbstes, und da ich ein Übergewicht an Gelbtönen im Garten zu vermeiden suche, bin ich ziemlich unentschlossen, wenn ich unter den vielen Varietäten der Goldrute eine Auswahl treffen soll. Einzeln betrachtet, sind sie alle schön, und es lohnt sich, die Gestalt dieser winzigen kleinen Blüten aus nächster Nähe zu betrachten; trotzdem will ich aber nicht zu viele davon in meinem Garten haben. Darin halte ich es eher mit den Amerikanern. Da in ihrem Land die Goldrute eine der verbreitetsten Wildblumen ist, haben sie ihr den Zutritt zu den Gärten verboten. Es stehen viele neue und schöne Sorten zur Auswahl, aber ich ziehe immer nur die Gartenhybride ›Lemore‹, weil ihre zitronengelben Blüten einen angenehmen zarten Grünstich haben, der sie zu einem guten Pflanzgefährten macht. Die großen Strubbelköpfe auf ziemlich niedrigen Stengeln sind sehr zart und hübsch anzuschauen. Sie lassen sich gut trocknen und sind dann noch fast genauso schön. Die goldfarbene Herbstaster *Solidaster luteus* ist ihnen sehr ähnlich. Manche Leute bevorzugen die ganz dunkelgoldfarbene Varietät mit dem sprechenden Namen ›Goldenmosa‹. Ich kann mir vorstellen, daß sich ihre kräftig dottergelbe Blütenfarbe vor einem weißen oder grünen Hintergrund gut ausnimmt, aber sie bedarf immer einer genau überlegten Plazierung. Ich selbst mag die sehr alte Goldrute *Solidago caesia*. Sie hat federnde, graugrün und bläulich bereifte Stengel, die überreich mit kleinen gelben Blüten bedeckt sind, und wirkt anders und viel eleganter als viele sonstige Goldruten. Sie läßt sich auch gut mit *Alchemilla mollis* oder weißen Indianernesseln der Sorte ›Schneewittchen‹ kombinieren.

Grüne Edeldisteln (Eryngium) ziehen immer die Aufmerksamkeit auf sich. Ihr Laub ist nicht typisch für Edeldisteln, wohl aber ihre Blütenköpfe. *Eryngium bromeliifolium* blüht als erste. Diese Edeldistel ist kleiner als die anderen und trägt feine schwertförmige Blätter mit relativ wenig Stacheln.

An den etwa meterhohen Stielen erscheinen zwei bis drei Monate lang immer wieder kleine grüne »Pompons«. Auch die Edeldistel *E. serra* wird nicht sehr hoch. Im Vergleich zu *E. bromeliifolium* ist sie etwas untersetzter und trägt an kräftigen Stielen breite, dornige Blätter und grüne, walzenförmige Blütenstände. Da sie wie eine Agave aussieht, wundere ich mich gar nicht, daß sie sogar in einigen botanischen Gärten als *E. agavifolium* etikettiert wird, die ihrerseits größer ist (ihre Größe liegt ungefähr zwischen *E. serra* und *E. bromeliifolium*). *E. pandanifolium* ist der Riese dieser Gattung, eine Edeldistel mit langen, schmalen, dornig gezähnten Blättern und Stielen von 2,40 bis 3 m. Ihre lockeren Dolden bestehen aus Myriaden winziger runder champignonfarbener Blüten. Vor einem dunkelblauen Himmel sieht die Silhouette einfach hinreißend aus. Wenn man ihr nach der Winterzeit die nötige Pflege zukommen lassen will, muß man sich mit Handschuhen bewaffnen. Viele ihrer äußeren Blätter, die zerfetzt und braun geworden sind, müssen entfernt werden, und zu einem späteren Zeitpunkt benötigt die Pflanze eine Stütze, wenn ihre majestätischen Blütenstengel aufrecht wachsen und schön aussehen sollen. Erst spät im Jahr entfaltet sich diese Edeldistel zu voller Schönheit, deshalb sollte man sie vor möglichen Herbststürmen schützen.

Grüne Blumen üben eine große Faszination auf mich aus. Am liebsten würde ich einen »grünen Garten« anlegen, in dem ich alle Pflanzen mit grünen Blüten versammeln könnte. Das Problem ist nur, daß einige dieser Pflanzen ganz unterschiedliche Standorte und Bodenverhältnisse benötigen. Schopflilien ziehe ich im Vorgarten, der nach Süden ausgerichtet ist, und mit dem Haus im Rücken gedeihen sie gut. Die Blüten der Schopflilie *Eucomis punctata* sind reizende alabastergrüne Glocken, die Blattstiele sind stark gefleckt. Ich mag diese Schopflilie lieber als die spektakulärere *E. bicolor,* die Blüten mit violetter Mitte trägt und deren durchscheinende Brakteen violett angehaucht sind.

Eine andere entzückende grüne Blume ist das Hasenohr *Bupleurum angulosum.* Da es am besten in Grünsand gedeiht, habe ich es in ein besonderes Beet vor einer Nordmauer gepflanzt, wo seine kleinen meergrünen Blüten und seine schmalen Blätter über viele Wochen hin reizvoll aussehen.

Ich kann es auch nicht riskieren, die Sommerhyazinthe *Galtonia princeps* in ein gewöhnliches flaches Beet zu pflanzen. Ich habe es versucht und hatte keinen Erfolg. Da Schnecken die graugrünen Blätter und zerbrechlichen Stiele dieser hübschen grünen »Schneeglöckchen« besonders zu lieben scheinen, sollte man die Sommerhyazinthe lieber in einem erhöhten Beet mit gut durchlässigem Boden ziehen, wo die Schnecken nicht so lästig werden können.

Auch die winterharte *Watsonia beatricei* benötigt einen gut durchlässigen Boden und Südlage. In einem normalen Jahr gedeiht sie sehr gut, aber nach einem richtig strengen Winter gibt es keine flammenfarbigen Blüten und nach zwei sehr strengen Wintern überhaupt keine Watsonie mehr – letztendlich ist sie also doch nicht winterhart.

Seltsamerweise sind die Mitglieder der Ingwerfamilie, die wir zu ziehen versuchen, viel härter, als wir gedacht haben. *Cautleya robusta* hat sogar noch nach zwei der strengsten Winter geblüht, an die ich mich erinnern kann, und *Hedychium densiflorum* hat nicht nur in Somerset, sondern auch in Gärten in der Nähe von London überlebt. Selbst ohne Blüten sollte man diese Pflanzen schon wegen ihrer glatten Stiele und lanzettlichen Blätter schätzen. Ich versuche jetzt auch mein Glück mit *Hedychium gardnerianum* und werde sehen, ob ich es, mit Torf bedeckt, draußen lassen kann.

*Selinum carvifolia,* die Kümmelsilge, blüht im August. Diese in England heimische Pflanze, auch »Cambridge Parsley« genannt, kann man heute noch in ein oder zwei Sumpfgebieten in Cambridgeshire finden. Mit ihren flachen, farnartigen Blättern und ihren flachen, schaumigen weißen Blütendolden, die durch ihre roten Stiele noch eindrucksvoller wirken, ist sie eine ideale Pflanze für den Waldlandgarten. Sie sollte am besten allein stehen. Mein Exemplar wächst in der Nähe eines kalkfreien Beetes, in dem ich den Hartriegel *Cornus canadensis* ziehe; die flachen Blattrosetten der Kümmelsilge, die an 10–20 cm hohen Triebspitzen sitzen und jeweils in der Mitte weiße Blüten tragen, bilden einen bezaubernden Teppich im Schatten der ausgebreiteten Blätter des Hartriegels. Die Blüten des Hartriegels werden manchmal von roten Beeren abgelöst, und das Laub färbt sich karminrot.

Die kleine japanische Pflaume *Houttuyina cordata* mit dunklen Blättern und kleinen weißen Blüten mit vorspringender Mitte benötigt eher Feuchtigkeit als Schatten. Es gibt noch eine gefüllte Form, die vielleicht nicht so schön, aber doch interessant ist. Da sich beide Pflanzen nur mäßig durch unterirdische Ausläufer ausbreiten, werden sie nicht lästig.

Eine reizvolle Aster, die im Sommergarten ein willkommener Gast wäre, breitete sie sich nur nicht so stark durch ihren kriechenden Wurzelstock aus, ist *Aster macrophyllus*. Sie trägt große, blaßlavendelfarbene Blütenköpfe mit schmalen Blütenblättern, deren steife Struktur recht ungewöhnlich ist. Große, behaarte herzförmige Blätter an kräftigen Stielen runden das Bild ab – ein Bild, das man indes ständig überwachen muß. Ich ziehe diese Aster neben der kleinen rosafarbenen Floribundarose ›Radium‹ – eine Kombination, die mir gelungen scheint.

Ganz in der Nähe muß ich mit einer anderen sich ausbreitenden Pflanze kämpfen. Manchmal frage ich mich wirklich, warum ich mich mit der Sumpfgarbe *Achillea ptarmica* ›The Pearl‹ herumplage, da ihre weißen Wurzelausläufer einfach überall zu sein scheinen. Ich versuche, sie im Zaum zu halten, indem ich große Drainageröhren im Boden versenke und sie hineinpflanze. Es gelingt ihr aber, über den Rand zu entkommen. Wenn ich aber im August nicht allzu viele Blumen im Garten habe, bin ich doch dankbar für die kleinen weißen Blütenkörbchen, die sich so lange im Garten halten und sich so gut pflücken lassen. Vor die Sumpfgarbe habe ich an den Rand der niedrigen Mauer, die das Beet abstützt, ein großes weißes Schleierkraut gesetzt. Schleierkraut setze ich immer gern an einen Mauerrand. Wenn es nämlich verblüht ist, entsteht an dieser Stelle keine unangenehme Lücke, da es die Berge seines Blütenschaums zum größten Teil über die Mauerkuppe herabhängen läßt. Hinter der Sumpfgarbe sorgen verschiedene Phloxe für sommerliche Farben. Der panaschierte Phlox ›Border Gem‹ verbindet eine schöne Blütenfarbe mit wunderbar weiß panaschierten Blättern. Dieser violette Phlox bildet eine prächtige Farbgemeinschaft mit der rosablühenden Sorte ›Sweetheart‹ und der dunkelkarminroten Sorte ›Joan Elliott‹.

Der Beifuß *Artemisia ludoviciana* ist eine andere stark wuchernde Pflanze, die aber so wertvoll ist, daß man nicht auf sie verzichten sollte. In meinem Garten steht sie hinter *Artemisia* ›Lambrook Silver‹. Ihre hohen, schlanken Stengel bilden einen schönen Kontrast zu dem filigranen Laub der holzigeren ›Lambrook Silver‹, und beide zusammen bilden einen weiß-silbrigen Fleck als Kontrast zu farbenprächtigeren Pflanzen.

Die Eisenhutarten sind Pflanzen, von denen wir in der Regel nicht viel Aufhebens machen, obwohl es sehr unterschiedliche Typen gibt, die jeweils zu anderen Zeiten blühen. *Aconitum vulparia* ist vielleicht vielen zu blaß in der Farbe; manche schätzen aber die grünlich-cremefarbenen Blüten, die sich wie Vögel auf den schlanken Stengeln niedergelassen haben. Dieser Eisenhut ist keine kompakte Pflanze, und er möchte sich in unseren Gärten so verhalten wie in seinem Heimatland Österreich. Da er es gar nicht mag, wenn man ihn einschränkt, sollte man ihn zusammen mit Stauden ziehen, mit denen er sich vermischen und zu einem schönen Bild zusammenschließen kann. Bei mir wächst er vor dem hohen, blaßlavendelfarben blühenden Staudenphlox *Phlox paniculata,* und im Hintergrund steht ein ansehnlicher Busch *Achillea filipendulina* ›Gold Plate‹. Alle diese Pflanzen müssen abgestützt werden, aber ich binde sie nur locker zusammen, so daß sie sich untereinander Halt geben können.

Der rankende Eisenhut *Aconitum volubile* ist eine ausgesprochen originelle Pflanze, die man nur selten sieht. Ich habe sie zum erstenmal in den berühmten Gärten in Harrogate entdeckt. Sie wuchs dort im Steingarten, wo sie sich, über spannenhohe Pflanzen rankend, einen langen Weg über den Boden gebahnt hatte. Als gewöhnliche Kletterpflanze gezogen, bildet sie an einer Mauer einen großen Fleck aus zartblauen Blüten. Sie kann auch mit anderen Schlingpflanzen kombiniert werden, wie in Wisley, wo ihr zarter Farbton das leuchtende Scharlachrot von *Tropaeolum speciosum* und das klare Blau der Tigerglocke *Codonopsis vinciflora* zu großer Wirkung bringt. Die erste Station des rankenden Eisenhuts ist in meinem Garten die duftende *Artemisia tridentata,* zwischen deren kleinen silbernen Blättern er sich sehr gut macht.

Clematis kommen und gehen das ganze Jahr über; im August blühen einige der schönsten Sorten. Die Clematis ›Countess of Onslow‹ hat urnenförmige Blüten in einem warmen Rosa, die in der Mitte dunkler gestreift sind. Ich habe sie über die Kuppe einer abfallenden Mauer gezogen, hinter der die ersten weißen Blüten von *Anemone japonica* majestätisch aufragen.

*Clematis flammula* ist eine geradezu berühmte Wildform. Sie ist aber ganz anders im Wuchs und duftet köstlich. Die Wolken kleiner weißer Blüten, die intensiv nach Mandeln riechen, grüßen mich jedesmal, wenn ich die Tür zum Garten öffne. Die großen rosa Blütenköpfe der Hortensie *Hydrangea involucrata* ›Hortensis‹ ragen fast in die Blütenwolken hinein.

Wenn die früheren Clematis verblüht sind, kann ich mich an den zartblauen Blüten von ›Perle d'Azur‹ erfreuen, die vor den im Hintergrund aufragenden zartfarbigen Blütentrauben der Stockrose *Alcea cannabina* über meine hohe Mauer hängen. Die kleinblütige Stockrose war eine der Lieblingspflanzen von Mr. Bowles. Ihre hellrosa Blüten, die in der Mitte karminrot gefärbt sind, kommen und gehen über viele Wochen. Im Winter sehen ihre trockenen Stengel wie feines Maßwerk aus.

# SEPTEMBER

Der September ist weniger problematisch als der August. Die Tage werden zwar etwas kürzer, aber die Luft ist so feucht und frisch, daß sich die Pflanzen richtig wohl fühlen und ihre Blütenfarben leuchten lassen.

Mit dem September assoziiert man die Herbstastern *(Aster novi-belgii)*, obwohl sie erst richtig zu blühen beginnen, wenn der Monat schon fast vorüber ist. Ein paar zwergförmige Varietäten öffnen schon verhältnismäßig früh ihre Blüten. ›Peter Harrison‹, ungefähr 30 cm hoch und mit zartrosa Blüten, die kompaktere ›Rosebud‹, die noch blasser im Farbton ist, und die schöne weißblühende ›Snowsprite‹ beginnen schon Anfang September zu blühen. ›Victor‹, die niedrigste von allen, blüht ziemlich spät, und ›Countess of Dudley‹, eine schöne rosablühende Sorte mit dunkleren Knospen, erst ganz spät. Dann gibt es noch verschiedene blaue Sorten in unterschiedlichen Höhen und Wuchsformen; am befriedigendsten erscheint mir ›Blue Bouquet‹, dicht gefolgt von ›Lady-in-Blue‹.

Unter den höheren Sorten erblüht ›Elisabeth Bright‹, deren rosa Blüten auch nicht den geringsten Malventon zeigen, immer schon frühzeitig; desgleichen die von mir immer noch geliebte, ziemlich dunkelrosa Sorte ›Charles Wilson‹. Ich schätze sie besonders wegen ihrer kleinen Blüten. Sie sind ein Labsal im Vergleich zu den großen zottigen Blüten einiger neuer Astern, die man teilweise für einjährige Sorten halten könnte. ›Peace‹, ›Plenty‹ und ›Prosperity‹ gehören zu den frühblühenden Sorten, ebenso ›Royal Blue‹ und ›Little Boy Blue‹. *Aster sedifolius* (syn. *Aster acris*) – es gibt eine hohe und eine niedrige Form – öffnet gleichfalls im September ihre ersten Blüten. Die niedrige *Aster acris* ›Nanus‹ ist so adrett, daß sie sich – vorausgesetzt, die Pflanze ist nicht zu klein – in einem Steingarten bewähren kann, und ganz gewiß auch an der Vorderfront einer Rabatte. Sie bildet dichte, halbkugelige Büsche aus blauen Blüten, die sich vor einer Gruppe aus rosa oder rotem Bartfaden wie ›Pink Bedder‹ oder ›Castle Forbes‹ sehr gut ausnehmen. Ich weiß eigentlich gar nicht, warum ich mich mit der hohen *Aster acris* herumplage. Sie bietet niemals einen befriedigenden Anblick, und selbst wenn ich sie geschickt abgestützt habe, wirkt sie unordentlich und schütter. Ich habe aber immer Probleme damit, Pflanzen, die ich schon lange in meinem Garten ziehe, hinauszuwerfen. Mir kommt das unfreundlich und undankbar vor, obwohl ich weiß, daß mein Garten besser aussähe, wenn ich mich von ein paar Pflanzen trennen würde, mit denen ich kein rechtes Glück habe.

Von der frühblühenden kleinen roten Aster ›Beechwood Rival‹ werde ich mich aber niemals trennen, obgleich heute neuere Sorten in schöneren Rottönen angeboten werden. Diese Aster habe ich von meiner Schwester geschenkt bekommen, als ich zu gärtnern begann. Ich besitze sie also schon über zwanzig Jahre, und nach wie vor erfreue ich mich an ihrer zwergförmigen Statur und ihren kleinen karminroten Blüten. Von meinem ersten Exemplar habe ich inzwischen wohl Hunderte von Sprößlingen abgegeben, da sich diese hübsche Aster so gut teilen läßt.

Es ist merkwürdig, daß es immer noch Gärten ohne Gelenkblumen gibt. Diese Pflanze mit ihren aufrechten, bambusartigen Stielen und ihren Blüten in einem zarten Orchideenrosa ist nämlich völlig anspruchslos. Ich dachte immer, sie werde wegen ihres aufrechten Wuchses und ihrer Anspruchslosigkeit »die gehorsame Pflanze« tituliert, aber natürlich nennt man sie wegen ihrer Blüten so. Drückt man nämlich ihre ordentlich nebeneinander aufgereihten Blüten zur einen oder anderen Seite, dann bleiben sie genau in dieser Stellung. *Physostegia virginiana* ›Vivid‹ ist die am häufigsten gezogene Sorte. Sie ist auch immer noch die beste, obwohl jetzt neue Formen lauthals angepriesen werden. ›Rose Bouquet‹ und ›Summer Spire‹, die beide höher wachsen, sollen Blüten in einem kräftigeren Rosaton haben, obwohl

ich das kaum feststellen kann. ›Summer Spire‹ sorgt im Spätherbst und im Winter für Farbe, weil sich ihre hohen und schlanken Stengel dunkelkarminrot färben. Die weißblühenden
Gelenkblumen sind sehr schön; sie wachsen bei mir aber nicht
so steif und aufrecht wie ›Vivid‹, sondern fallen so unordentlich
auseinander wie die blaßblütige Spezies *Physostegia virginiana*
(aus der die Kultursorte ›Vivid‹ entstanden ist), der es nicht
gelingt, ihr schwaches Kreuz geradezuhalten. Lange Zeit habe
ich die Spezies wegen ihrer zarten Blütenfarbe gezogen; es ist
mir aber nie geglückt, ihre schmächtigen Stiele auf befriedigende
Weise abzustützen. Sie vermehren sich zwar gut; mit ihnen
umzugehen ist aber so, als binde man nasses Heu auf.

Die Sterngladiole *Acidanthera bicolor* var. *murielae* ist ein unsicherer Kantonist. In einem Jahr blüht sie wie ein Engel, und im
nächsten kommt sie so spät, daß der Frost jede Blüte vernichtet.
Man muß sie wohl jedes Jahr ersetzen. Es scheint aber keine
Rolle zu spielen, wenn man die Zwiebeln später als empfohlen
pflanzt. Ich pflanze meine manchmal erst im Juni, und sie blühen trotzdem. Sie bekommen bei mir ein kleines Nest aus Sand
und Torf, mit Knochenmehl angereichert, und werden sorgfältig
gegossen, wenn das Wetter trocken ist.

Die dreieckigen weißen Blüten der Sterngladiole, die in der
Mitte auffallend schwarz gezeichnet sind, haben etwas Aufrei-
zendes. Wenn man sie abpflückt, riechen sie betörend, und dem
Öffnen der Blüten zuzuschauen ist fast so aufregend wie bei der
Gladiole *Gladiolus tristis* mit ihren binsenartigen Stengeln, die in
eckigen Bewegungen sich biegen und anschwellen.

Ich weiß nicht, warum ich erst so spät auf *Gaura lindheimeri*
aufmerksam geworden bin. Eine Freundin, die eine Menge
davon im Garten hat, zieht sie schon seit Jahren, wie sie mir
sagte. Da ich ihren Garten ganz gut kenne, kann ich mir gar nicht
erklären, wieso ich sie nicht bemerkt habe. Sie blüht spät; vielleicht war ich eben nie im September und Oktober dort. Nachdem ich sie aber einmal in diesem Garten bewundert habe, stoße
ich natürlich prompt auch in anderen Gärten auf sie, wie das ja
häufig so geht.

Ein oder zwei Jahre lang hatte ich die Gaura selbst und fand sie hinreißend mit ihren Myriaden flatternder cremigweißer Blüten, die sich nur schwer mit anderen Blüten vergleichen lassen. Ihre Knospen sind rosa angehaucht, und wenn sich die Blüten öffnen, bildet die Knospenhülle einen Hintergrund für die Blütenblätter und verleiht ihnen einen blaßrosa Schimmer. Ich kenne keine andere Blüte, bei der die Blütenblätter an der Spitze angeordnet sind und ein dickes Bündel von 1,2 cm langen Staubfäden den unteren Teil der Blüte bildet. Die an der Spitze braun getönten Staubfäden sind rings um eine blaßgrüne Narbe versammelt. An jedem Stiel sitzt eine ganze Reihe von Blüten, und während die unteren Blüten schon verwelken, öffnen sich immer noch neue Knospen.

Die Gaura wirkt eher etwas schmächtig, und da sie eine Masse ineinander verflochtener, ziemlich hoher Stiele hervorbringt, sollte man sie möglichst zwischen andere hohe Pflanzen von kompakterer Statur setzen, so daß ihre tanzenden weißen Blüten aus einem dunklen Hintergrund herausschäumen. Ich hatte meine Gaura an einen freien Standort gesetzt, was ein Fehler war. Ich wußte nicht, wie hoch sie werden würde. Dann gesellte ich ihr das Weidenröschen *Epilobium rosmarinifolium* zu, das ungefähr genauso groß wird und einen vergleichbar unordentlichen Wuchs hat. Als ich im Herbst das Beet neu anlegte, gab ich der Gaura einen besseren Platz. Leider ist ihr aber das Umpflanzen nicht bekommen, und sie ist mir eingegangen. Diese Pflanze, die aus Texas stammt und einen leichten, sandigen Boden liebt, darf nämlich erst im Frühjahr umgepflanzt werden. Man kann sie aus Samen ziehen, und sie ist der Mühe wert.

Es ist ein Jammer, daß manche wirklich schönen Pflanzen störende Eigenschaften haben. Wenn das Kreuzkraut *Senecio tanguticus* (syn. *Ligularia tangutica*) in voller Blüte steht, muß ich sein eindrucksvolles heraldisches Laub und seine schönen goldfarbenen Blütenköpfe einfach bewundern. Die geöffneten Blüten sehen aus wie goldenes Filigran, und sind sie verwelkt, so bleibt ein silbrig schimmerndes Gerippe. Im Gegensatz zu den meisten anderen Pflanzen, die sich in seidigen Flaum verwandeln, bewahrt dieses Kreuzkraut seine Schönheit über lange Zeit in der Vase; man muß es allerdings genau im richtigen Moment abschneiden. Wenn die großen spitzen Blütenköpfe silbrig geworden sind, ist es schon zu spät. Man muß die langen Stiele dann abschneiden, wenn die Blütenköpfe mit schmuddeligen Büscheln bedeckt sind, die so aussehen, als hätte man sie in Wasser getaucht. Im warmen Haus verwandeln sie sich schnell in kleine Daunenbälle, die von metallischen Brakteen umgeben sind. Wenn der Flaum weggeblasen ist, bieten die Brakteen allein immer noch einen reizvollen Anblick. Neben all diesen Vorzügen hat *Senecio tanguticus* aber einen nicht zu übersehenden Nachteil: Man braucht ihn nur an dem einen Ende einer Rabatte zu pflanzen – schon taucht er, kaum daß man ihm den Rücken zugekehrt hat, auch am anderen Ende auf, nicht ohne zwischendurch an den unmöglichsten Stellen hervorzuschießen.

Ich habe ein ganz besonderes kleines geschütztes Beet in der Ecke zwischen der hinteren Mauer des Kuhstalls und dem Ende des Malzhauses. Dieses kleine dreieckige Beet ist der Zufluchtsort für besondere Pflanzen, die ich im Auge behalten möchte. *Lobelia laxifolia* ist eine davon, und an der Mauer stehen eine *Buddleja fallowiana* ›Loch Inch‹ und die Säckelblume *Ceanothus burkwoodii*. Dummerweise habe ich ein bißchen *Senecio tanguticus* in dieses Beet gepflanzt, wahrscheinlich weil ich nicht wußte, wohin damit. Er nahm in Kürze mein kostbares Asylplätzchen total in Besitz, und als ich zu der Überzeugung kam, ihn ausgraben zu müssen, weil ich dort die selteneren Nieswurzen wie *Helleborus torquatus, H. lividus* und *H. purpurascens* ziehen wollte, war er fest entschlossen, das Feld nicht zu räumen. Obgleich ich ihn schließlich doch loswerden konnte – wie ich zumindest glaubte –, ist er sicher schon ein halbes dutzendmal wieder erschienen. Er erinnert mich an den Winterheliotrop *Petasites fragrans,* der mir früher einmal, als ich noch ganz unbedarft war, verkauft wurde und den ich damals auch in diese besondere Ecke pflanzte. Irgendwie ist es mir dann gelungen, diesen hartnäckigen Störenfried loszuwerden, und so wird es mir vielleicht mit der Zeit auch mit dem Kreuzkraut gelingen. Ich will es nicht vollständig aus meinem Garten verbannen, sondern einer Pflanze ein weniger wertvolles Plätzchen einräumen. Ein trockener Sommer wird das Seine dazutun, es in Schach zu halten. Da ich festgestellt habe, daß es trockene Bodenverhältnisse überhaupt nicht mag, werde ich es jetzt ohne Rücksicht an die trockenste Stelle im Garten pflanzen.

*Senecio przewalskii* (syn. *Ligularia przewalskii*) ist eine elegantere Pflanze mit schlanken, dichten, ährenrispigen Blütenständen, die aus winzigen gelben Blüten bestehen, und tief eingeschnittenen Blättern. Er benötigt mehr Feuchtigkeit als der gewöhnlichere *Senecio tanguticus* und macht einen notleidenden Eindruck, wenn er zuwenig Wasser bekommt. Er läßt sich ebenfalls gut trocknen. Bis jetzt habe ich noch nicht bemerkt, daß er Ausläufer macht; das kann aber auch daran liegen, daß ich ihn nicht an den Fuß einer Böschung, sondern ganz nach oben gesetzt habe, wo er nicht recht glücklich zu sein scheint.

Ein anderes Kreuzkraut, das im Herbst richtig geschäftig wird, ist der kletternde *Senecio scandens,* eine problemlose und anpassungsfähige Pflanze, die überall wächst. Das war mir nicht klar, als ich ihn dummerweise an eine meiner wertvollen Südmauern pflanzte – hinter dem unteren Steingarten in der Nähe des Tores zum Wirtschaftshof. Ich weiß nicht, ob es an dem günstigen Standort oder an der natürlichen Üppigkeit dieses Kreuzkrauts liegt, daß es sich zu einem gewaltigen grüngoldenen Dickicht entwickelt hat, das jedem Herbststurm ausgeliefert ist. Ich werde es jetzt wohl an eine weniger exponierte und weniger wertvolle Stelle setzen, denn ich glaube, es fühlt sich überall wohl.

Genaugenommen muß ich die Mutterpflanze gar nicht versetzen, denn ich habe immer viele Sämlinge im Garten, die ich an verschiedenen Stellen ausprobieren kann. Dieses Kreuzkraut gedeiht gut an West- und Ostmauern, und auch an einer nach Süden ausgerichteten Mauer fühlt es sich wohl; dort bildet es zusammen mit *Senecio leucostachys* eine herrliche Farbgemeinschaft aus Silber, Gold und blassem Grün.

Als ich die kleine rosafarbene Winde *Convolvulus althaeoides* in meinen Garten pflanzen wollte, wurde ich gewarnt, daß ich mir damit Ärger aufhalsen würde. Ich hätte mir diese Warnung zu Herzen nehmen sollen, als ich merkte, wie schwer sie zum Wachsen zu bringen war. Häufig ist es so, daß Pflanzen, die am Anfang Probleme machen, nachher noch schwerer loszuwerden sind. Mit Sicherheit ist das der Fall bei dieser kleinen rosa Winde mit ihren unschuldigen kleinen Blüten und bezaubernden Trieben voller zarter silberner, anfangs nahezu grüner Blätter . Ich habe sie – und zwar mehrmals, bevor sie endlich zu wachsen geruhte – auf die Böschung im oberen Teil des »Lido« gesetzt, und inzwischen hat sie sich über die ganze Böschung ihren Weg gebahnt. Wenn ich sie wieder loswerden will, bleibt mir nichts anderes übrig, als die ganze Böschung umzugraben und von vorn anzufangen. Beim nächsten Mal werde ich ein langes Drainagerohr versenken und es am Boden einzementieren, dann werden Madame wohl nicht mehr wuchern wollen. Im Moment wachsen keine Pflanzen auf der Böschung, die von der Winde inkommodiert werden. Der Agapanthus und die Nerinen lassen sich nicht dazu herab, von ihr Notiz zu nehmen, und die Mitglieder der Ingwerfamilie – *Hedychium densiflorum* und *H. gardnerianum* – und die verschiedenen Zistrosen sind viel zu hoch, als daß sie von der Winde belästigt werden könnten. Dagegen scheut sie sich nicht, auf den Storchschnabel *Geranium macrorrhizum* und die weiße Form des Storchschnabels *G. phaeum* zu klettern. Sie windet sich auch gern durch Sträucher wie *Cotoneaster horizontalis* und *Genista radiata* und tummelt sich durch Edeldisteln und Ziest auf der Böschung. Meine Winde ist meines Erachtens *Convolvulus elegantissimus,* und die weniger schöne Form ist *C. althaeoides.*

Einige Mitglieder der Gattung Convolvulus haben ein sittsames Benehmen. Die Winde *C. mauritanicus* breitet sich ein bißchen aus, aber auf damenhafte Art, indem sie zwar auf allen Seiten austreibt, niemals jedoch dreist in das Gebiet anderer einfällt. Sie hat manchmal gewisse Startprobleme, und verschiedene Leute, denen ich Stückchen davon abgegeben habe, beschweren sich, daß sie bei ihnen nicht wachsen will. Ich glaube, sie mag es nicht, wenn man sie halbherzig behandelt. Bemüht man sich aber ausreichend um sie, reagiert sie dankbar. Ich trenne gern von Pflanzen ein paar bewurzelte Stücke ab, stecke sie anderswo in den Boden, gebe vielleicht etwas Sand und Torf dazu, damit sie einen besseren Halt haben, und besprenkele sie mit etwas Wasser, um sie nach ihrer Reise zu erfrischen. Die Winde *C.mauritanicus* läßt aber nicht so mit sich umspringen. In ihrem Fall zahlt es sich aus, die abgetrennten Stücke in einen Topf mit guter sandiger Topferde zu setzen und die Pflanzen erst dann an ihren endgültigen Standort zu setzen, wenn sie ausreichend Wurzeln gebildet haben. Dann bildet die Winde eine feste Matte, die von Jahr zu Jahr größer wird, aber immer kompakt bleibt. Ich habe mein Exemplar in den unteren Bereich des Steingartens in der Nähe des Tores gepflanzt, wo es inzwischen die ganze Nische ausfüllt. Diese Winde blüht genauso spät wie unsere kleine rosa Freundin, und wenn es auf den Oktober und sogar den November zugeht, steigert sie sich in einen Blütenüberschwang, und ihre grünen Laubmatten sind von bezaubernden blauen Blüten übersät.

Durch puren Zufall und reine Unkenntnis ist mir eine meiner Septemberkombinationen gelungen. Als mein Mann und ich im Jahre 1938 nach Somerset kamen, fragten mich Freunde in Lancashire, was sie mir für den Garten kaufen könnten, und ich wünschte mir »Herbstkrokusse« *(Colchicum autumnale)*. Als ich die Zwiebeln im Sommer bekam, hatte ich gerade die Steingärten auf der Südseite der Mauern fertiggestellt, die uns von dem Obstgarten trennten, und natürlich sollten meine neuen »Krokusse« einen Platz in dem neuen Steingarten bekommen. Heute würde ich sie natürlich in einer besonderen Ecke oder unter einer Hecke oder Mauer unterbringen. Sie könnten zum Beispiel an den Rand einer Strauchpflanzung gesetzt werden; auch ein nicht zu schattiger Waldlandgarten wäre passend für sie, denn nackte Erde ist kein Hintergrund für diese ätherischen Schönheiten. Eine glitzernd weiße Herbstzeitlose, die sich aus einem erdigen Bett erhebt, wirkt sehr unangezogen, und ich wundere mich nicht, daß die Zeitlosen auch »naked ladies« genannt werden. Man glaubt fast, ihnen einen Mantel umlegen zu müssen, um sie vor der Kälte zu schützen. Deshalb sollte man ihnen möglichst immer einen schönen grünen Hintergrund verschaffen. Die selteneren Zeitlosen sind viel zu wertvoll, als daß sie ihr Glück unter dem Gewirr eines groben Bodendeckers versuchen sollten; das Problem besteht darin, Pflanzen zu finden, die einen lockeren grünen Hintergrund bilden, sich aber nicht zu einer dichten Matte entwickeln. Die natürlichen Standorte der Herbstzeitlosen sind einfache Wiesen; aber nur wenige von uns besitzen eine Wiese, die im Frühjahr, wenn die Herbstzeitlosen ihre riesigen Blätter hervorbringen, nicht geschnitten wird. Da ihre großen, glänzenden Blätter, die am Anfang so schön sind, trostlos aussehen, wenn sie zu welken beginnen, versuche ich, die Pflanzen an solchen Stellen unterzubringen, wo ihr Laub die Szene mit Würde verlassen kann. Als ich eine einzelne Zwiebel in den untersten Teil des Steingartens pflanzte, stand das kleine Exemplar von *Convolvulus mauritanicus* noch ziemlich weit entfernt davon, aber so, wie aus der einen Zwiebel zwanzig oder mehr geworden sind, hat auch die Winde über die Jahre an Umfang zugenommen, und die Herbstzeitlosen öffnen nun ihre sehr dunklen und lebhaft orchideenrosafarbenen Blüten im September inmitten der großen Windenhorste. Die Farbkombination ist gut, da das Schieferblau von *C. mauritanicus* in keiner Weise mit dem Farbton der Herbstzeitlosen in Wettstreit tritt. Das Beste an diesem glücklichen Zufall besteht aber wohl darin, daß die Winde ihre herrlichen Ranken über die absterbenden gelben Blätter der Herbstzeitlosen ausbreitet.

Die Kap-Fuchsie *Phygelius capensis* ist für mich immer eine Septemberblume, obgleich ihre Saison in manchen Jahren viel früher beginnt. Ich glaube, sie liebt nasse Sommer, denn dann blüht sie von Juli bis November aus Leibeskräften. Ihre großen korallenfarbigen trompetenförmigen Blüten kommen besonders gut zur Geltung, wenn viele Herbstastern in Blau- und Grautönen erblüht sind. Ich ziehe nur die gewöhnliche Form, möchte mir aber immer auch noch die rötere Fuchsie *P. coccineus* anschaffen. Die insgesamt blassere und zartere Form *P. aequalis* mit ihren grün angehauchten, blaßorangefarbenen Blütenglocken, deren Ton im Laufe der Zeit dunkler wird, ist leider nicht so widerstandsfähig.

Im September gibt es noch eine Menge Penstemonarten, die den Garten mit Farbe versorgen. ›Myddleton Gem‹ ist eine ganz bezaubernde Sorte mit kleinen karminroten Glocken mit weißem Schlund. Ich bemühe mich um möglichst viele Pflanzen, die von dem verstorbenen E. A. Bowles gezogen worden sind, und seinen kleinen Bartfaden hege ich liebevoll.

Die nebligblauen Blüten von *Penstemon heterophyllus* sind dank der zarten Spuren von Rosa gleich freundlicher. Viele blaue Blumen zusammen wirken leicht etwas kühl; gesellt man ihnen aber Rosa oder Lavendelfarbe zu, so erscheinen sie gleich weniger distanziert. Wenn auch die verbesserte Form dieses Bartfadens, *P. heterophyllus* ›True Blue‹, in der Regel mehr geschätzt wird als die Stammform, möchte ich davon doch nicht mehr als zwei oder drei Exemplare zusammenpflanzen. Eine große Pflanzung mit *P. heterophyllus* dagegen bietet immer ein heiteres Bild. Seine rötlichen Blätter tragen sicherlich auch dazu bei. Dieser Bartfaden ist von allen staudigen Arten die einzige, die ich als Bodendecker bezeichnen würde. Sein horizontaler Wuchs bedeutet, daß er selten mehr als spannenhoch wird, aber eine Pflanze kann sicher einen Meter im Durchmesser erreichen.

Sedum und September passen zusammen. Wir kennen alle die Fetthenne *Sedum spectabile,* deren flache dunkelrosafarbene Blütenköpfe so wunderbar zu *Perovskia atriplicifolia* passen. Viel unvertrauter ist uns die Fetthenne *S. alboroseum,* die größer und blasser in der Farbe ist.

Ein vertrauenswürdiger Gärtner hat mir einmal erzählt, die panaschierte staudige Fetthenne sei eine Form von *S. alboroseum*. Inzwischen habe ich aber festgestellt, daß die Gärtnereien diese reizvolle Pflanze als *S. telephium* ›Variegatum‹ aufführen. Diese Fetthenne läßt sich genauso problemlos ziehen wie alle anderen. Man sollte nur alle Stengel, die wieder in den einfachen Grünton zurückfallen, sofort entfernen. Zieht man diese Fetthenne im Schatten, so belohnt sie uns mit den schönsten panaschierten Blättern.

Die verschiedenen neuen, farbenprächtigeren Formen von *S. spectabile* stellen eine große Verbesserung dieser altmodischen Pflanze dar, deren hellrosa Blütenton etwas grell ist. ›Brilliant‹, ›Carmen‹ und ›Meteor‹ sind neue und verbesserte Formen von *S. spectabile*, aber der eigentliche Durchbruch kam erst mit der Einführung der Sorte ›Herbstfreude‹, einer Kreuzung aus *S. spectabile* und *S. telephium*. Diese Fetthenne ist in jeder Beziehung eine schönere Pflanze – höher, aufrechter und üppiger; ihre großen Blütenköpfe sind in einem dunkeren und lebhafteren Rosa gefärbt. Außerdem behalten sie ihre Farbe so gut, daß ich niemals auf die Idee käme, sie vor Frühjahrsbeginn abzuschneiden, und auch dann warte ich damit noch so lange wie möglich.

Von *Sedum telephium* scheint es viele Varietäten zu geben. Ich habe eine Pflanze, die ziemlich hoch wird und stark eingeschnittene Blätter und karminrote, prächtig samtige Blütenköpfe trägt. Außerdem habe ich noch die Sorte *S. telephium* ›Roseum‹. Ihr Laub, das im Austrieb rosa schattiert ist, nimmt mit zunehmendem Alter einen normalen Grünton an. *S. telephium* ›Munstead Dark Red‹ ist eine herrliche Pflanze mit flachen dunkelroten Blütenköpfen und kleinen Blütenzweigen, die ganz ebenmäßig an jedem Blattansatz hervorsprießen. Ich komme regelmäßig an zwei Gärten vorbei, in denen sich diese Fetthenne sehr gut entwickelt hat. In dem einen Garten bildet sie einen eindrucksvollen Hügel an einer Cottage-Mauer, in dem anderen füllt sie dicht an dicht ein ganzes Beet, das hoch über der Straße liegt; im Vorbeifahren glaubt man, jemand habe dort einen Orientteppich ausgebreitet. *S. telephium* ›Coral Cluster‹ schmückt sich mit leuchtenden, korallenfarbigen Blüten.

Aber damit sind wir noch nicht am Ende der staudigen Fetthennen. Jahrelang habe ich mir über einen Fremdling, der irgendwie in meinen Garten gelangt ist, den Kopf zerbrochen, weil ich seinen Namen nicht herausfinden konnte. Er ist groß und fleischig und ziemlich unbestimmt in der Farbe, und seine Blütenköpfe, Blätter und Stengel sind alle in dem gleichen blassen, bronzigen Karminrot gefärbt. Inzwischen weiß ich, daß es sich um die Große Fetthenne, *Sedum maximum*, handelt, das

Aschenputtel der Familie, zu der auch das wunderbare *Sedum maximum* ›Atropurpureum‹ gehört. Diese wunderbare Pflanze wird zweimal so hoch wie die meisten Fetthennen und muß, wenn sie an einer exponierten Stelle steht, etwas abgestützt werden. Meines Erachtens sieht sie vor einem silbrigen oder ganz blaßgrünen Hintergrund besonders schön aus. Manche Leute sind der Ansicht, bronzelaubige Pflanzen seien nicht das Richtige für den Garten. Wenn sie sie auch nicht gerade als häßlich bezeichnen, so können sie sich jedenfalls nicht für sie begeistern. Ich denke aber, daß allmählich immer mehr Leute feststellen werden, daß verschiedenfarbige Blätter dem Garten eine besondere Note verleihen, und eine Gruppe dieser hübschen Fetthenne kann wirklich höchst aufregend sein.

Die Fetthennen vermischen sich wie andere Pflanzen selbst untereinander. Man weiß also niemals genau, wie sich ein zufällig auftauchender Sämling entwickeln wird. Ich entdecke immer wieder Neues in den Gärten anderer Leute. Mein jüngster Fund ist ein sehr hohes und gut entwickeltes Exemplar mit großen Blättern, die rot angehaucht, aber nicht vollständig rot sind wie das Laub von *S. maximum* ›Atropurpureum‹. Auch die Stengel sind rot getönt; nur die riesigen Blütenköpfe sind grün – zumindest bei der Pflanze, die ich gesehen habe –, aber möglicherweise nehmen auch sie später einen roten Farbton an. Diese großen Fetthennen sind, was ihre Farbe betrifft, wertvolle Pflanzen, können aber nicht mit dem schönen Wuchs von *Sedum spectabile* konkurrieren, das zu keiner Zeit irgendwelche Makel aufweist.

Da die meisten gelbblühenden Fetthennen zwergwüchsig sind, passen sie besser in einen Steingarten oder zwischen Pflastersteine. *Sedum aizoon,* das ungefähr 45 cm hoch wird, eignet sich aber auch gut als Rabattenpflanze. Das leuchtende Gelb seiner Blüten wird abgemildert, wenn man für eine freundliche grüne Umgebung sorgt. Es gibt noch eine andere wertvolle Fetthenne, die gut zwischen Steinen an der Vorderfront einer Rabatte gezogen werden kann. Für einen Steingarten ist sie zu groß, und da sie nicht kräftig genug ist, um gerade in die Höhe zu wachsen, ist sie für ein gewöhnliches Staudenbeet nicht geeignet. Auf einer Mauerkuppe ist sie dagegen entzückend anzuschauen. Wie sie heißt, weiß ich bis heute nicht.

Eine der reizvollsten neuen Pflanzen, die ich in den letzten Jahren kennengelernt habe, ist das Helmkraut *Scutellaria incana* (syn. *S. canescens*). Ich bin nicht sicher, ob es wirklich neu ist – vielleicht ja nur für mich –, aber als ich es zum erstenmal sah, mußte ich haltmachen, um es genau zu betrachten, und bevor ich den Garten verließ, kehrte ich noch einmal zu ihm zurück, um noch einen Blick darauf zu werfen.

Diese nicht sehr hohe Pflanze (sie wird ungefähr 35–40 cm hoch) bildet einen ordentlichen kleinen Busch, der mit kleinen schieferblauen Blüten bedeckt ist. Bei Schieferblau denkt man vielleicht, die Pflanze sehe düster aus, was aber entschieden nicht der Fall ist. Die Blüten sind sehr zart, und die Pflanze insgesamt wirkt zart und federleicht. Diese reizende Pflanze läßt sich gut mit einigen der kräftigeren Farbtöne des frühen Septembers kombinieren, aber leider weiß ich bis jetzt noch nicht, wie sie behandelt werden möchte. Sie ist mir zweimal eingegangen, und auch das köstliche lavendelfarbene Bohnenkraut, das ebenfalls im September blüht, habe ich eingebüßt. Diese beiden leicht holzigen Pflanzen scheinen irgend etwas in meinem Garten nicht zu mögen. Ich bin aber entschlossen, herauszufinden, wie ich sie zufriedenstellen kann. Beide blühen in jenem wunderbar nebeligen Blau, das einem Garten Harmonie verleiht.

Ich glaube nicht, daß ich die einzige bin, die mit diesen beiden Pflanzen Schwierigkeiten hat. Während sie früher in den Katalogen verschiedener Gärtnereien aufgeführt wurden, sind sie heute daraus verschwunden. Da das Helmkraut seltsamerweise den bitterkalten Winter 1962/63 ohne Probleme überstanden hat, vermute ich, daß es weniger Kälte als vielmehr Feuchtigkeit nicht vertragen kann.

Das Bohnenkraut *Satureia montana* ssp. *illyrica* ist ein winziger Strauch mit dunkellavendelfarbenen Blüten. Es erinnert sehr an ein prächtiges Winterbohnenkraut, mit dem es ja auch verwandt ist. Dies vielleicht nicht sehr auffallende, aber doch interessante Pflänzchen verleiht dem Garten einen eigenen Charakter.

Es gibt einige Pflanzen, die eher wegen ihrer Seltenheit denn wegen ihrer Schönheit geschätzt werden. Die kleine *Nerine foliosa* zum Beispiel kann mit ihren kunstvoll wirkenden, zarten, spinnenförmigen Blüten in einem normalen Beet zwischen anderen Pflanzen gar nicht zur Geltung kommen. Um ihre ätherische Schönheit wirklich genießen zu können, sollte man sie möglichst auf eine Böschung oder in ein erhöhtes Beet pflanzen. Das gleiche gilt für *Nerine fimbriata,* die genauso reizende zarte Blüten trägt.

Alle Nerinen sehen dann am schönsten aus, wenn sie zu Füßen einer nach Süden ausgerichteten Mauer stehen. In geschützten Gegenden habe ich sie auch schon in gewöhnlichen Blumenbeeten wachsen sehen; mir gefallen sie aber am besten, wenn sie den unteren Rand einer Mauer als farbenprächtiges Band säumen. In den meisten Gegenden müssen sie sogar, um gut zu blühen, im Schutz einer Südmauer stehen, was auch zu ihrer Persönlichkeit zu passen scheint. Den meisten Leuten erscheint die gewöhnliche *Nerine bowdenii* wie ein Wunder. Im Aussehen erinnert sie eher an eine Gewächshauspflanze als an eine gewöhnliche winterharte Staude, aber da man ihre guten Seiten mehr und mehr entdeckt, ziehen viele Leute sie im Garten. Die Selektion ›Fenwick‹ ist zweifellos eine bessere Pflanze, aber wenn beide Pflanzen – Stammform und Selektion – nicht nebeneinander gezogen werden, ist der durchschnittliche Gärtner auch mit *N. bowdenii* ganz zufrieden. Es gibt auch eine weiße Nerine, die bei mir aber trotz großer Mühen nicht gedeihen will. Für die meisten Leute liegt der Reiz der Nerinen vor allem darin, daß sie ihre kirschroten Blüten zu einer Zeit öffnen, in der diese Farbe selten ist. Wozu also eine weißblühende Nerine? Weiße Blumen besitzen einen ganz eigenen Charme, und ich hätte gern von jeder Blume in meinem Garten auch eine weiße Version.

Jedes Jahr hoffe ich, neue und interessante einjährige Pflanzen zu finden. In den Botanischen Gärten von Cambridge habe ich den Stachelmohn *Argemone mexicana* entdeckt, der mich mit seinen zarten Farbtönen bezaubert hat. Er läßt eine Symphonie aus sanftem Graugrün und Primelgelb entstehen, und es gibt wohl auch andere Pastelltöne. Ich hoffe, daß sich diese winterharte Einjährige selbst aussät. Wegen ihrer charakteristischen, dekorativen Samenkapseln trägt *Argemone mexicana* wahrscheinlich auch die Namen »Devil's fig« oder »Prickly poppy« (»Teufelsfeige« oder »Stachelmohn«).

Die *Humea elegans,* die in Hampton Court zusammen mit Bleiwurz und anderen nicht sehr winterharten Pflanzen in einer Mauerrabatte wächst, hat mich auf die Idee gebracht, es noch einmal mit dieser aromatischsten aller Pflanzen zu versuchen. Sie schmückt sich mit braunen Blütenfedern, die das Haus im Winter mit einem unvergleichlich süßen und geheimnisvollen Duft erfüllen. Zu Recht wird sie »Weihrauchpflanze« genannt.

Die grüne Form des Fuchsschwanzes *Amaranthus caudatus* hat ihren Charme, aber gepflückt und in einer Vase arrangiert, kommen die Zweige meiner Meinung nach besser zur Geltung als im Freien. Damit man den Fuchsschwanz in seiner vollen Schönheit bewundern kann, sollten seine Blütenstände herabhängen können, ohne durch ihr Eigengewicht die Erde zu berühren. Deshalb empfehle ich, ihn in ein erhöhtes Beet zu setzen.

Freunde haben mir Samen von *Cacalia coccinea (Emilia flammea)* geschenkt, und ich hätte nie gedacht, daß etwas so Schönes dabei herauskäme. Orangefarbene Blumen mag ich nicht, wenn ihr Farbton grell und beißend ist; das Orange der Blüten von *Cacalia coccinea* ist aber dunkel und unaufdringlich, und die leuchtendgrünen Blätter bilden einen schönen Hintergrund. Wenn sie einmal zu blühen beginnt, hört sie gar nicht mehr auf, und ihre strahlenden kleinen Blüten wiegen sich sogar noch im kalten Novemberwind.

Andere Freunde haben mir Samen von dem grünblütigen Bauerntabak *(Nicotiana rustica)* geschenkt und für mich vorgezogen. Seine kleinen gekräuselten Blüten duften meines Erachtens nicht besonders stark, sind aber reizvoll anzuschauen. Der Bauerntabak ist eine hohe, kräftige Pflanze, die bis jetzt bei mir jedes Jahr wiedergekommen ist.

Der frostempfindliche Salbei *Salvia patens* schmückt sich mit Blüten in einem unvergleichlichen Blau, einem echten Himmelblau. Früher wurde er viel häufiger gezogen als heute. Er wurde wie eine Dahlie behandelt, mußte aber mit so vielen anderen schönen Dingen aus unseren Gärten verschwinden, als die Arbeit oder der Arbeitskräftemangel uns diktierte, welche Gärten wir haben sollten. Ich glaube, daß *Salvia patens* in manchen Gegenden den Winter im Freien übersteht, wenn sie tief gepflanzt und mit einer warmen Decke geschützt wird. Einer meiner Freunde pflanzt Wollziest *(Stachys lanata)* über den Salbei, der sich unter seiner grauen Decke ausgesprochen wohl fühlt und getreulich jedes Jahr wiederkommt. Man kann auch wie beim Bartfaden Stecklinge abnehmen. Wie bei allen Salbeiarten bilden sie leicht Wurzeln und scheinen zuverlässiger als die alten Pflanzen zu blühen.

Die gelbblütige alpine Erdbeere *Fragaria indica* bietet im September mit ihren runden roten Beeren einen hübschen Anblick. Die Beeren sind so dick und saftig, daß man sie am liebsten essen würde. Aber obwohl sie eßbar sind, gerät man nicht in Versuchung, die Pflanze zu plündern, denn der Geschmack ist eher unangenehm. Da die Beeren auch den Vögeln nicht zu schmekken scheinen, bilden die dunklen Blätter und glänzenden Früchte im Herbst eine wunderschöne, wenn auch wuchernde Bodendecke.

Ich weiß nicht, weshalb die Myrte manchmal unerwartet reich blüht. Obwohl ich sie im Winter ziemlich kräftig zurückschneide, bringt sie manches Jahr im September eine Fülle flaumiger, weißlicher Blüten hervor, insbesondere nach einem nassen Sommer. Da ich immer wieder feststelle, daß meine Myrte zusammen mit den Myrten anderer Leute blüht, glaube ich, daß das Wetter dafür verantwortlich ist. Reichliches Gießen bei trockenem Wetter könnte auch die richtige Antwort sein. Wenn wir es auch nicht verhindern können, daß die Myrte im Winter darbt und braun wird, so können wir doch zumindest dafür sorgen, daß sie im Herbst üppig blüht und sich anschließend mit glänzenden schwarzen Beeren schmückt.

Fuchsien sind zu dieser Jahreszeit eine große Hilfe. Sie scheinen jetzt ihren Höhepunkt zu erreichen, und man ist dankbar für diese anmutigen kleinen Büsche voller karminroter, purpurfarbener, kirschroter, rosafarbener und weißer Blüten. Ich habe ein halbes Dutzend kleiner Fuchsien, die den Winter im Freien überstehen und den Herbstgarten beleben. Aufrecht oder breit wachsende, ungefüllte, blasse und dunkelfarbige – alle möglichen Arten und Sorten, für die ich keine Namen habe, da mir Freunde und Nachbarn Stecklinge von namenlosen Pflanzen geschenkt haben. Von den Fuchsien, die ich mit Namen kenne, kann ich ›Mrs. Popple‹ empfehlen, die jedes Jahr größer und kräftiger wird und bis zum November eine Fülle leuchtender Blüten zur Schau stellt. Die ›Tom Thumb‹ ist das genaue Gegenteil – eine perfekte Miniaturausgabe, die offensichtlich genauso winterhart ist. Dann gibt es noch die große, elegante *Fuchsia magellanica* mit zarten weißen und rosa Blüten und die panaschierte Form, die nicht so kräftig, aber ausladend im Wuchs ist. Meine Lieblingsfuchsie ist ›Mme Cornelissen‹ mit rotweißen Blüten. Obgleich sie als winterhart aufgeführt wird, bin ich von ihrer Winterhärte nicht ganz überzeugt, da ich sie mehr als einmal eingebüßt habe; andererseits überlebt sie aber sogar in kälteren Gegenden im Freien. Manche Leute decken ihre Fuchsien im Winter mit Farnkraut und immergrünen Zweigen ab; das ist sicherlich empfehlenswert, ich tue es aber nie.

Chrysanthemen gehören zum Herbst, und ihr Geruch läßt an Freudenfeuer und fallendes Laub denken. Deshalb kann ich mich mit Julichrysanthemen nicht recht anfreunden, obwohl ich andererseits doch sehr erfreut wäre, wenn ich einige meiner Lieblingschrysanthemen dazu überreden könnte, nicht erst Ende Oktober – oder sogar noch später – zu blühen. Es gibt natürlich viele Sorten, die ihre Blüten früher öffnen, wie zum Beispiel die altmodische ›Anastasia‹, eine wunderbar pomponblütige Gartenchrysantheme in einem malvenfarben getönten Rosa. Sie hat ein bronzefarbenes Gegenstück, und ich habe lange Zeit ein Exemplar der gleichen Art in einem blassen Rosa besessen. Die frühblühende ›Dr. Tom Parr‹ ist insgesamt zufriedenstellend. Ihre krappfarbenen Blüten verblassen zu einem rosa angehauchten Bronzeton. Die karminrote zwergwüchsige Sorte ›Brightness‹ ist schön anzuschauen, hat aber nicht die Widerstandskraft der alten Varietäten. Ich möchte Chrysanthemen, die so zuverlässig und problemlos sind wie andere Stauden, und alle Sorten, die jedes Jahr erneuert werden müssen, sind für mich ein echter Luxus. Diesen Luxus leiste ich mir aber gern bei der Gartenchrysantheme ›Tapestry Rose‹, einer entzükkenden ungefüllten Sorte mit zarten korallenrosa Blütenblättern und grünen Mitten. Möglicherweise handelt es sich hier um eine Koreanumhybride. Wenn ja, dann hat sie etwas mehr Ausdauer als die anderen Koreanumhybriden, die sich bei mir nie lang halten. Aber auch ›Tapestry Rose‹ muß in der Regel alle paar Jahre erneuert werden.

Die Cottage-Chrysanthemen blühen sogar noch später. Manchmal lassen sie sich so viel Zeit, daß sie mit Wind, Regen und nassen Blättern zu kämpfen haben. Die erfreuliche ungefüllte, rosa ›Innocence‹ bringt in der Regel Ende September ihre ersten Blüten hervor. Sie wird nicht so hoch wie einige der anderen Cottage-Typen, die gelbe und bronzefarbene Blüten tragen, und sie erreicht auch nicht die Höhe des reizvollen alten Herrn ›Emperor of China‹. Ich habe es inzwischen aufgegeben, einige dieser Sorten auf orthodoxe Weise zu ziehen, da sie trotz sorgsamen Aufbindens einfach nicht aufrecht wachsen wollen. So pflanzte ich die bronzefarbene Varietät unter ein hohes Exemplar der buschig wachsenden Strohblume *Helichrysum gunnii*. Im ersten Jahr verlief alles nach Plan. Die Strohblume brachte im Spätfrühjahr ihre rosafarbenen Blüten hervor, und im September, als sie nichts mehr zu bieten hatte als braune Büschel, schob die Chrysantheme ihre langen Stengel durch das nadelartige Laub, und die bronzefarbenen Blüten wurden von dunklem Grün eingerahmt. Dann kam ein verheerender Winter, dem die arme Strohblume erlag. Ich schnitt sie aber nicht – wie viele andere Pflanzen – bis auf den Boden zurück, sondern ließ gut einen halben Meter des toten Holzes stehen. Die Chrysanthemen versuchten nun, sich so gut wie möglich mit der ihnen verbliebenen Stütze zu arrangieren. Ein paar der längsten Stiele aber, die es nicht schafften, aufrecht zu bleiben, schlugen dort Wurzeln, wo sie umfielen – ein Hinweis auf andere Möglichkeiten, mit den schmächtigen Chrysanthemen umzugehen. Für die gelbe Cottage-Chrysantheme, die hoch, aber nicht so hoch wie die bronzefarbene wird, bietet sich als Nachbar das hohe Perlpfötchen *Anaphalis margaritacea* var. *yeodensis* an; die zartgelben Blütenköpfe der Chrysanthemen können sich mit den flaumigen weißen Blütenköpfen und dem Silberlaub des Perlpfötchens vermischen.

Die Chrysantheme ›Emperor of China‹ hat rosa Blüten mit dunkleren Schattierungen, die sich aus Knospen in einem dunkleren Rosa öffnen. Die Blätter führen dasselbe Thema weiter, indem sich viele karminrote Blätter zwischen die grünen mischen. Diese Chrysantheme wird nicht ganz so hoch wie die anderen.

Die hübsche zwergförmige rosablühende ›Gloria‹ paßt gut in die Vorderfront einer Rabatte. Etwas später öffnet dann eine andere alte Varietät ihre winzigen karminroten Blüten mit goldener Mitte. Der einzige Name, den ich für sie habe, ist ›Tiny‹, und obgleich er gut zu ihr paßt, habe ich das Gefühl, daß es noch einen anderen, korrekteren Namen geben muß. Da sie sich im Vergleich zu den anderen etwas schwerer ziehen läßt, gehe ich bei der Vermehrung möglichst vorsichtig mit ihr um. Ich würde nämlich nur sehr ungern auf diese kleinen Blüten verzichten wollen, die mich so fröhlich aus dem Garten anstrahlen.

Von allen winterharten Chrysanthemen mag ich vielleicht die wunderschöne, duftende ›Wedding Day‹, die als letzte blüht, am liebsten. Sie trägt große, ungefüllte, weiße Blüten mit grüner Mitte. Auch diese Chrysantheme habe ich durch einen Strauch wachsen lassen. Ich habe sie unter einen stattlichen Busch von *Phlomis fruticosa* gesetzt, damit sie sich ihren Weg durch dessen Zweige bahnen kann und die Schönheit ihrer Blüten durch seine wollig behaarten graugrünen Blätter verstärkt wird.

Eine wertvolle orchideenfarbene Blume, die ihren Höhepunkt Ende September erreicht, ist der Schlangenkopf *Chelone obliqua.* Seine beutelförmigen, dunkelrosa oder purpurfarbenen Blüten sitzen an aufrechten, kräftigen, 60 cm hohen Stielen, die nicht abgestützt werden müssen. Die weiße Varietät läßt sich leichter plazieren; per Zufall ist mir aber eine eindrucksvolle Kombination der rosablühenden Art mit der Fetthenne *Sedum telephium* ›Munstead Dark Red‹ gelungen.

Ebenfalls orchideenrosa, aber in einer dunkleren Schattierung, blüht, so Gott will, im Herbst das Kreuzkraut *Senecio pulcher.* Aus irgendeinem Grund läßt sich dieses Kreuzkraut nicht leicht auftreiben, und hat man es endlich gefunden, dann macht es Schwierigkeiten. Es hat lange, fleischige, leicht gekerbte Blätter. Seine gänseblümchenartigen Blüten, ebenfalls fleischig, sitzen an Stengeln, die einen halben Meter hoch werden sollten, aber häufig kürzer ausfallen. Ein Gärtnereibesitzer, der mich besuchte, als die Pflanze in Blüte stand, betrachtete sie und sagte: »Ich sehe, daß Ihr Kreuzkraut auch nicht besser gedeiht als bei mir.« Eigentlich war ich ziemlich stolz darauf, daß es mir gelungen war, mein Exemplar über fünf oder sechs Jahre im Garten zu halten, und war dankbar, daß es überhaupt blühte. Ich ziehe es in einem schmalen Beet am Rande eines Steinwegs und achte darauf, daß es viel Wasser bekommt. Ich frage mich, ob es an einem ganz nassen Platz nicht besser gedeihen würde, habe aber bis jetzt nicht den Mut besessen, es herauszunehmen oder zu teilen. Ein anderes Kreuzkraut, das ich in meinem Garten ziehe, *S. smithii,* bevorzugt in der Tat einen feuchten Standort und gedeiht an der nassesten Stelle in meinem Graben gut.

Es ist undankbar von uns, gewisse Pflanzen schlecht zu behandeln oder zu verjagen, wenn sie nichts zum Garten beitragen, während wir ihre Schönheit, zeigen sie uns Blüten oder Früchte, enthusiastisch genießen. Die dicken, wuchernden Wurzeln der meterhohen Lampionblume *Physalis alkekengi* var. *franchetii* sind bei mir schon immer schlecht angeschrieben gewesen. Sie erscheinen an Stellen, wo ich die Pflanze niemals hingesetzt habe, wachsen von den ihnen zugewiesenen Plätzen aus wer weiß wohin und ersticken dabei wichtigere Pflanzen. Aber all das ist vergessen, wenn sich im September die Lampions zu verfärben beginnen. Die Farbe, die sie schließlich annehmen, ist ein klares Mandarinenrot; sie erreichen es über Grün-, Gelb- und Orangeschattierungen. Das hellgrüne Laub trägt zur Schönheit des Bildes bei, und zur Abrundung des Ganzen sind häufig noch ein paar kleine cremefarbene Blüten an der Spitze der Zweige geöffnet. Diese prachtvollen Farben sind im Herbst sehr willkommen, vor allem, wenn sie plötzlich unter Bäumen auftauchen. Dann kann man niemals genug von dieser leuchtenden Pflanze haben, denn zwischen all dem Grün sieht sie so großartig aus, daß man es kaum übers Herz bringt, viele ihrer Blütenzweige abzuschneiden. Und dabei braucht man sie doch zum Trocknen und um die Bitten all der Leute befriedigen zu können, die sich nicht die Mühe machen, die Lampionblume selbst zu ziehen, und erst dann ihre Möglichkeiten erkennen, wenn sie im Herbst ihr leuchtendes Farbschauspiel aufführt.

*Strobilanthes atropurpurea* findet zu keiner Zeit große Beachtung; das ist schade, denn sie trägt schöne Blüten in einem beruhigenden Dunkelblau, das gut zu ihren dunklen behaarten Blättern paßt. Sie beginnt dann zu blühen, wenn kräftige dunkle Farben gebraucht werden, um etwa den satten Goldton der Goldruten und die vielen Gelbtöne der im August und September blühenden Korbblütler abzumildern. Sie gehört in die Familie der Akanthazeen und ist im Gegensatz zu ihren meisten Verwandten, die nur im Gewächshaus gedeihen, eine verhältnismäßig winterharte Staude von 60 cm Länge. Ihr Name bedeutet »zapfenförmige Blüte«, da die Knospen Zapfenform haben. Ich ziehe sie mit *Erigeron philadelphicus,* der früh und spät blüht.

Eine andere Septemberblume, die wirklich mehr beachtet werden sollte, ist *Stokesia laevis* (syn. *S. cyanea*). Ihre großen, gefransten, lavendelfarbenen Blüten, die an Kornblumen erinnern, sitzen an spannenlangen Stielen. Deshalb paßt sie gut an den vorderen Rand einer Rabatte. Ihre schmalen, langen, glänzenden Blätter sind im Winter recht hübsch anzuschauen. Mit Fetthennen läßt sie sich gut kombinieren.

Die Bleiwurz *Ceratostigma plumbagionoides* wird sehr geschätzt, wenn sie in Blüte steht. Den Rest des Jahres über erntet sie aber nur böse Blicke, da sie sich ziemlich heftig ausbreitet. In kurzer Zeit wächst sie aus einer Tasche im Steingarten heraus und bahnt sich ihren Weg durch Steinspalten und unter Steinen hervor, bis sie einen Großteil des Raumes bedeckt hat, der eigentlich anderen Blumen zusteht. Ihre ziemlich zähen, drahtigen Stiele scheinen weder Anfang noch Ende zu haben. Wenn sie dann im September ihr herbstliches Schauspiel eröffnet, färben sich ihre Blätter karminrot, um das kräftige Blau der kleinen Blüten noch zu unterstreichen. Sie blüht nicht immer gut, und ich glaube, sie läßt sich nur dadurch zur Raison bringen, daß man sie in einem sehr trockenen Boden in so enge Behausungen pflanzt, wie sie eine Mauerkuppe oder enge Taschen zwischen Steinen bieten, aus denen sie nicht herauskann. Bergenien bilden einen angenehmen Kontrast.

Die kleinen rosa und weißen gänseblümchenartigen Blüten des Feinstrahls *Erigeron mucronatus* kommen und gehen den ganzen Sommer über; im Herbst scheint er aber noch einmal zu ganz neuem Leben zu erwachen, wenn er das üppigste Blütenkleid des Jahres überstreift. Diese kleine Pflanze kann wegen der Art und Weise, in der sie sich aussät, zur Plage werden. Am besten pflanzt man sie zu Füßen von Mauern und in Steinspalten wie in den Gärten der Royal Horticultural Society in Wisley. Der bitterkalte Winter 1962/63 hat uns gezeigt, daß sie nicht so widerstandsfähig ist wie gedacht, und ich glaube, daß die Pflanzen, die überlebt haben, in Zukunft mehr Beachtung finden.

Der hinreißende rosarote Spaltgriffel *Schizostylis coccinea* ›Mrs. Hegarty‹ war für uns immer etwas ganz Selbstverständliches. Zugegeben, er entwickelte sich nicht zu derartig kräftigen Pflanzen wie die später blühende muschelrosa Sorte ›Viscountess Byng‹, deren Blütenähren länger und fleischiger sind, aber er wuchs doch recht gut, und jedes Stiel- oder Wurzelstückchen entwickelte sich zu einer neuen Pflanze. Und so waren wir völlig verstört, als der harte Winter fast den ganzen Bestand dieses äußerst beliebten Spaltgriffels vernichtete.

Das Alpenveilchen *Cyclamen neapolitanum,* das in allerdings kleinen Mengen gewöhnlich schon im August erscheint, erreicht seinen Höhepunkt im September, wenn die Kormusse mit Myriaden flatternder kleiner rosafarbener Blüten bedeckt sind. Die Blätter, die einen schönen Hintergrund bilden, zeigen sich erst im Oktober in ihrer ganzen Fülle. *C. graecum* mit seinen fein gezeichneten Blättern blüht im September und im Oktober. Die Blüten können weiß oder rosa sein; häufig müssen wir uns aber nur mit den Blättern zufriedengeben.

Die Liriope ist eine so bescheidene kleine Pflanze, daß man sie leicht so lange vergißt, bis zwischen ihren dunklen, grasartigen Blättern die dunkelblauen Blütentrauben erscheinen. Die Liriope stammt aus China und ist immergrün. Die schönsten Pflanzen, die ich gesehen habe, wuchsen im Schatten; manche Leute ziehen sie aber auch in der Sonne. Es scheint zwei Arten – *Liriope muscari* und *L. graminifolia* – zu geben; ich finde, sie sehen fast gleich aus. Kürzlich habe ich eine weiße Liriope geschenkt bekommen. Sie ist für den Herbst wohl noch besser geeignet, da ihre weißen Blüten in dunklen Ecken sehr schön aussehen. Ich würde die Farbe meiner Liriope als Dunkelblau bezeichnen; manchmal wird sie aber auch als Violett-Purpur beschrieben. Wie dem auch sei, die Pflanze ist so charaktervoll, daß ein einzelnes Exemplar zwischen den Pflastersteinen einer Terrasse oder in einem großen Steingarten spektakulär wirkt. Sie ist aber nicht der Typ von Pflanze, der sich gut mit anderen Pflanzen der gleichen Höhe kombinieren läßt. Allein zwischen grauen Steinen kommt die Liriope erst richtig zur Geltung.

Eine panaschierte Pflanze, die der Liriope sehr ähnlich ist und häufig weiße Blüten trägt, ist der Schlangenbart *Ophiopogon spicatus* (syn. *O. planiscapus*). Mit der Liriope eng verwandt, ist er jedoch nicht so robust und auch nicht so üppig in der Blüte. *Liriope hyacinthiflora,* die blaßrosa Blütentrauben trägt, habe ich noch nicht gezogen. Bei all den verschiedenen Typen sitzen die Blüten dicht an dicht – fast wie kandierte Lavendelzweige.

Während die Elfenbeindistel *(Eryngium giganteum)* zu einem früheren Zeitpunkt im Sommer blüht, verblaßt im September ihre Farbe, und sie entwickelt sich zu einer bleichen, geisterhaften Schönheit. Die großen Gärtner zu Beginn dieses Jahrhunderts haben dies stachlige Geschöpf sehr geschätzt, da es als junge Pflanze die charakteristische blasse Farbe und die schönen Umrisse einer Edeldistel hat, im Laufe der Zeit aber, statt zu welken, weiß wird und eine papierne Konsistenz annimmt. Die berühmte Miss Willmott aus Warley hat die Elfenbeindistel so sehr geliebt, daß sie manchmal auch ›Miss Willmott's Ghost‹ genannt wird, und auch Gertrude Jekyll schätzte sie sehr. Sie ist zweijährig und sät sich selbst reichlich aus. Da sie aber lange Pfahlwurzeln hat, muß sie umgepflanzt werden, bevor sie zu groß wird.

Die meisten Herbstastern zeigen sich erst im Oktober in ganzer Pracht; die verschiedenen Sorten von *Aster amellus* erscheinen aber schon früher, und solche alten Freunde wie ›King George‹ in sattem Blau, ›Brilliant‹ in dunklem und ›Sonia‹ in blassem Rosa beginnen schon im September zu blühen. Eine der schönsten unter diesen ungefüllten Astern ist ›Ultramarine‹, die ziemlich kleine, tief dunkelblaue Blüten an langen Stielen trägt. Im Vergleich zu den anderen Sorten, die mir bis heute geblieben sind, habe ich mit ›Ultramarine‹ immer Schwierigkeiten gehabt, und inzwischen ist sie aus meinem Garten verschwunden. Eine neuere und sehr zuverlässige Varietät ist die mittelblaue ›Lac de Genève‹.

*Aster frikartii* ist eine Kreuzung zwischen *A. amellus* und *A. thomsonii*. Im Vergleich zu diesen beiden Arten wird sie höher und ist zarter in der Farbe. Und obgleich sie auch schwächer im Wuchs ist, erweist sie sich als ausgesprochen robust. Sie sollte möglichst weit nach hinten in eine Rabatte gepflanzt werden, und neben rosa Dahlien kommen ihre zarte Gestalt und ihr feiner Farbton besonders gut zur Geltung. Ich würde die großen Blüten der *A. frikartii* ›Wunder von Stäfa‹ als lavendelblau mit goldfarbener Mitte bezeichnen, obwohl es im Katalog einer Gärtnerei »pfauenblau mit orangefarbener Mitte« heißt.

Viele Sorten von *A. ericoides* und *A. cordifolius* blühen im Oktober. Es gibt aber noch eine Sorte, *Aster ericoides* ›Delight‹, die ihren Höhepunkt im September erreicht. Sie ist eine äußerst elegante Pflanze mit verzweigten, biegsamen Stengeln voller winziger weißer Blüten. Sie hält sich lange im Wasser und ist für Floristen so wertvoll die *Aster tradescantii* zu einem späteren Zeitpunkt.

# OKTOBER

Vor den Rot- und Goldtönen des sich langsam färbenden Laubs bilden die Herbstenziane einen wundervollen blauen Teppich. Damit sie richtig zur Wirkung kommen können, sollte man sie möglichst als zusammenhängende Masse und nicht fleckenartig in kleinen Horsten anpflanzen. Nie werde ich ein langgestrecktes Beet voll blühender Herbstenziane im Garten von Sissinghurst Castle vergessen, und auch die blauen Teppiche auf beiden Seiten eines Weges, der sich zwischen Bäumen zu dem See vor Forde Abbey hinabschlängelt, werden mir immer in Erinnerung bleiben.

Wer kalkhaltigen Boden hat, muß zu den verschiedensten Hilfsmitteln greifen, um die kalkhassenden Enziane im Garten zu halten. In einem Garten, den ich gut kenne, standen sie in alten Eimern und Waschkübeln, die man mit Drainagelöchern versehen, mit Torf gefüllt und dann im Boden versenkt hatte. Aus irgendeinem Grund gedeihen sie in kleinen, mit Torf gefüllten Trögen nicht gut; in einem nassen Jahr entwickeln sie sich bei mir aber recht gut in einem erhöhten Torfbeet, das ich mit Wänden aus Torfblöcken angefertigt und mit Torf ausgefüllt habe.

Recht wohl fühlen sie sich in alten, in den Boden versenkten und bis zum Rand mit einer Mischung aus Torf und etwas Sand gefüllten Abwaschbecken. Aber auch hier benötigen sie viel Wasser. In einem nassen Sommer breiten sich über die versenkten Becken blaue Decken aus, bestehend aus *Gentiana* × *macaulayi* und *G. newburyi,* die in ihrer Vitalität mit *G. sino-ornata* wetteifern.

Lange Zeit hatte ich ein Exemplar des Enzians *G.* × *macaulayi* ›Kidbrooke Seedling‹ in meinem Garten, aber in einem trockenen Sommer ist es verschwunden. Die Sorte ›Inverleith‹ hält sich noch in einem Becken neben der Gartentür. Sie vermehrt sich zwar nicht, aber da sie doch noch am Leben ist, lasse ich sie dort, wo ich mich an dem kräftigen Blau ihrer Blüten aus nächster Nähe erfreuen kann. Ich weiß nicht, ob sie einen besonders ungelenken Wuchs hat oder ob sie mir in dem Becken eher auffällt – jedenfalls scheint sie mir ungewöhnlich lange und unordentlich wuchernde Stengel zu haben, wenn sie verblüht ist.

Mein jüngstes Abenteuer mit *Gentiana sino-ornata* scheint das erfolgreichste von allen zu sein. Als wir dieses Haus kauften, mußten wir uns selbst um Strom kümmern; dazu stand ein kleiner steinerner Schuppen an der Rückwand des Hauses. Als wir dann an das allgemeine Stromnetz angeschlossen wurden, benutzten wir den Schuppen für die Aufbewahrung von Äpfeln, Werkzeug und allem möglichen Krimskrams, und ich weiß gar nicht, wieso ich nicht schon damals sah, was für ein unnötiger Auswuchs er war. Er verschandelte nicht nur ein schönes Stück Hausmauer, sondern nahm Raum ein, den man viel besser nutzen konnte.

Als mir schließlich die Augen aufgingen und ich den Schuppen entfernen ließ, stellte ich fest, daß ich Raum für ein nach Norden ausgerichtetes Beet gewonnen hatte – eines der besten Plätzchen im Garten für alle Arten von Pflanzen.

Das Beet füllte ich mit Grünsand, den ich über einer ordentlichen Schicht Drainagesteine ausbreitete. Große Brocken Hamstone lockern den Boden auf, und wenn noch zusätzlich Erde gebraucht wird, verwende ich jetzt Torf. In dieses Beet habe ich neben anderen Pflanzen den Enzian *Gentiana sino-ornata* gesetzt; sogar in den trockensten Sommern macht er einen glücklichen Eindruck, und ich kann ihn mehrmals im Jahr teilen.

Als Nachbar der Herbstenziane eignet sich die wunderliche kleine *Fuchsia procumbens* mit ihren grünlichgelben Blüten mit purpurfarbenen Spitzen. Sie gedeiht aber nur an einem sehr geschützten Standort.

Viele Leute fragen sich, warum wir uns soviel Mühe mit dem weißblütigen Enzian *Gentiana saxosa* machen, da doch der eigentliche Reiz der Enziane in dem wunderbaren Blau ihrer Blüten liege. Ich stimme ihnen zu; aber trotzdem möchte ich weißen Enzian ziehen. Es macht Freude, diese bezaubernde kleine Pflanze im Garten zu haben. Man vergißt beinahe, daß es sich um einen Enzian handelt, und zieht sie wie eine faszinierende alpine Pflanze mit weißen Blüten und dunklen, glänzenden Blättern. Nicht jeder begeistert sich für den weißen Enzian *Gentiana sino-ornata* mehr als für *G. saxosa*. Und auch in diesem Fall würden wir von den weißen, an der Basis grün angehauchten schneeweißen Trompetenblüten schwärmen, wenn es sich um eine andere Pflanzengattung handelte.

Für mich ist *Schizostylis coccinea* ›Mrs. Hegarty‹ von allen Spaltgriffeln der schönste. Aber nicht jeder wird mir darin zustimmen. Seine Farbe ist ein reines, dunkles Korallenrot. Aus irgendeinem Grund werden die Sorten ›Mrs. Hegarty‹ und ›Viscountess Byng‹ oft miteinander verwechselt, und letztere, kräftiger im Wuchs, bekommt man immer wieder statt ›Mrs. Hegarty‹ zugesandt. Ich habe gar nichts gegen die würdige Dame mit ihren dicken fleischigen Stielen und ihren blaßrosa Blüten, die so zart sind wie Satin. Ich möchte sie beide im Garten haben – ›Mrs. Hegarty‹, die einen schönen Kontrast zu der fröhlichen scharlachroten *S. coccinea* bildet, und ›Viscountess Byng‹, die dann zu blühen beginnt, wenn die beiden anderen dem Ende entgegengehen.

Es gibt noch zwei weitere rote Spaltgriffel. Der von Professor Tom Barnard gefundene und nach ihm benannte trägt weiter geöffnete, sternförmige Blüten, die mehr karmin- als scharlachrot sind. Der andere ist die Riesenform von *Schizostylis coccinea*. Ihre Stengel sind häufig 60 cm lang und die Blüten verhältnismäßig groß. Allerdings kann ein gutentwickelter gewöhnlicher Spaltgriffel *S. coccinea* manchmal fast genauso riesig werden, wenn er genügend Feuchtigkeit bekommt.

Wie gern hätten wir aber alle einen weißblühenden Spaltgriffel! In ihrer Heimat, Südafrika, sollen gelegentlich Albinos vorkommen, und ich habe Freunde gebeten, mir Kormusse oder

Samen davon zu schicken. Bis jetzt habe ich aber noch keine erhalten. Die Blütezeit der Spaltgriffel wird, glaube ich, auch sehr vom Wetter beeinflußt. In einem nassen Jahr beginnen sie ziemlich früh zu blühen – *S. coccinea* manchmal im August, ›Mrs. Hegarty‹ bald danach und ›Viscountess Byng‹ im September. In einem trockenen Jahr erscheinen die Blüten sehr viel später. ›Viscountess Byng‹ blüht dann erst ab Anfang November bis Weihnachten. In einem Jahr, in dem wir bis Neujahr keine harten Fröste hatten, konnte ich mein Haus an Weihnachten mit einem Strauß dieser zartrosa Blüten schmücken.

Ich freue mich darüber, daß wir heutzutage den Fackellilien (Kniphofia) mehr Beachtung schenken. In meiner Jugendzeit waren wir nicht so wählerisch in puncto Farben und Formen. In nahezu jedem Garten stand ein dicker Horst der gewöhnlichen orangefarbenen Fackellilien, ohne allzusehr beachtet zu werden. Verwelkte Blütenköpfe und Blätter wurden zwar entfernt, Stückchen abgetrennt und Freunden und Nachbarn geschenkt oder weggeworfen, wenn der Horst zu groß geworden war, aber um die verschiedenen Farben oder Typen dieser Pflanze kümmerte sich niemand so recht.

Da ich Orange im Garten nicht schätze, habe ich den Fackellilien niemals viel Aufmerksamkeit geschenkt, bis ich die schöne elfenbeinfarbene ›Maid of Orleans‹ kennenlernte. Ihr zarter Farbton und ihr üppiger Wuchs haben es mir angetan, und ich erfreue mich jetzt auch an der Hybride ›Bee's Lemon‹ mit ihren grünen Spitzen und an der blaßgelben Sorte ›Brimstone‹.

Aber orange- und lohfarbene Fackellilien sind immer noch sehr beliebt. Ich habe einmal amüsiert der Diskussion zugehört, die zwei Besucher in meinem Garten über meine Fackellilien führten: »Ich kann sie doch unmöglich ›Red-hot Pokers‹ nennen, wenn sie gelb sind. Ich finde, sie müssen orange sein.«

Ich bin sicher, daß meine Besucher die üppig blühende Spezies *Kniphofia snowdoni* schätzen würden, die noch Ende Oktober ihre zarten, leuchtend korallenroten Blütenähren hervorbringt. Soweit ich weiß, ist das die einzige Fackellilie, die Ausläufer macht, und deshalb läßt sie sich sehr leicht vermehren. Die zierliche, halbhohe orange *K. galpinii* blüht ebenfalls spät im Jahr, wie die Sorte ›Elf‹, die nicht ganz so klein ist, wie der Name vermuten läßt. Sie wird größer als *K. galpinii*, ist kräftiger in der Statur und trägt Blüten in einem leuchtenderen Farbton.

Erst kürzlich habe ich eine Fackellilie geschenkt bekommen, die ganz anders im Charakter ist. *K. comosum* trägt strubbelige Köpfe, die aus Blüten in einem hellen, klaren Mandarinenrot mit auffälligen Staubfäden bestehen. Ihr etwas zottiges Aussehen macht sie besonders reizvoll. Da sie aber als etwas frostempfindlich gilt, muß sie an einem heißen, trockenen Platz stehen.

Als ich *K. northii* geschenkt bekam, wußte ich nicht, was für eine Überraschung mich da erwartete. Statt schmaler, aufrechter Blätter, die mit der Zeit unordentlich werden und sich über andere Pflanzen legen, hat diese Pflanze gewaltige steife Blätter, die riesige Rosetten bilden. Sie sind glatt, graugrün und so exotisch im Aussehen, daß man kaum glauben mag, sie gehörten zu der vertrauten Gattung. Ihre kräftigen, gut proportionierten Blütenähren setzen sich aus grünlichgelben Blüten mit korallenroten Spitzen zusammen.

*K. caulescens* ist eine kleinere Ausgabe dieser Exotin, eher grau als grün, mit Stielen wie Elefantenrüssel, die in seitlicher Richtung wachsen und im Boden Wurzeln schlagen. Die Blüten sind kompakt, und ihr weicher Korallenton geht in ein blasses Grüngelb über.

Keine dieser Fackellilien würde ich zusammen mit ganz gewöhnlichen Pflanzen in eine schön geordnete Staudenrabatte setzen. Sowohl die Fackellilien als auch die anderen Pflanzen kämen sich nebeneinander etwas deplaziert vor. Allein an einen gesonderten Platz gepflanzt – in der Weise, wie man auch Yuccas verwendet –, wirken sie jedoch großartig. Sie blühen früher als zwei weitere Fackellilien, die sich auf andere Art hervortun.

Ich wußte zwar, daß es sich bei ›Prince Igor‹ um einen großen Vertreter der Gattung handelte, war aber nicht auf die 1,50 m hohen Blütenstengel gefaßt, die zwischen niedrigeren Pflanzen emporwuchsen. Und als diese kräftigen Stiele 45 cm lange leuchtendfarbige Blütenähren hervorbrachten, sah es so aus, als würden brennende Fackeln durch den Garten getragen. Sie waren so viel höher als alles, was in ihrer Nähe war, daß es eigentlich gar keine Rolle spielte, wie die Nachbarpflanzen aussahen. Die panaschierte Form der ungefüllten Kerrie, die zufällig in ihrer Nähe stand, erwies sich mit ihren zarten, flatternden Blättern jedoch als wohltuender Kontrast.

›C.M. Prichard‹, die sogar noch später blüht, wird zwar auch groß, aber nicht annähernd so hoch wie ›Prince Igor‹. Ihre Blütenköpfe, deren Farbton sich zwischen Korallenrot und Zitronengelb bewegt, sind im Verhältnis zu ihrer Länge ziemlich breit. In der langen Rabatte meines Gartens habe ich ihr die »Oktobermargeriten« *Chrysanthemum uliginosum* zugesellt. Diese Pflanze ist genauso kräftig gebaut und hat entsprechende Wurzeln. In einem gewöhnlichen Beet erreicht sie schnell eine Höhe von 1,20 bis 1,50 m, und ich glaube, daß sie an einem ganz feuchten Platz an die zweieinhalb Meter hoch werden kann. Die weißen Blüten mit grünlichen Mitten sind nicht groß, aber fest und flach; sie bilden einen schönen Kontrast zu der lavendelblauen *Aster frikartii*, die nahebei wächst und im Oktober noch blüht.

Ich glaube, für einen tristen Oktobergarten gibt es einfach keine Entschuldigung. Silberkerzen (Cimicifuga) blühen äußerst spät; es lohnt sich aber, auf sie zu warten. Da sie trockene Böden verabscheuen, sollte man ihnen einen möglichst feuchten Standort im Garten anbieten. *Cimicifuga racemosa* var. *cordifolia* beginnt zwar manchmal schon im August zu blühen, dehnt ihre Blütezeit aber bis in die Herbstmonate aus. *C. ramosa* und *C. simplex* indes erreichen ihren Höhepunkt im September und im Oktober. *C. ramosa* ist eine besonders spektakuläre Pflanze. Sie kann über zwei Meter hoch werden und trägt große, elegante Blätter und 40 cm lange, cremeweiße Blütenwedel.

Der eigentümliche Geruch der farnartigen Blätter, den manche Leute als unangenehm empfinden, wirkt angeblich auf Wanzen abschreckend; daher auch der lateinische Name (»Wanzenvertreiber«).

Es ist immer ermutigend, wenn eine alte Pflanze von neuem kultiviert wird. Vor vielen Jahren wurde *Bidens atropurpurea* regelmäßig gezogen. Mit ihren Wurzelknollen wurde diese Pflanze wie eine Dahlie behandelt. Jetzt ist sie als *Cosmos atrosanguineus* bekannt, und die wenigen Gärtnereien, die sie anbieten, verlangen für sie einen hohen Preis. Sie schmückt sich mit typischen Kosmeenblüten in einem samtigen Mahagoniton von einer Intensität, wie ich sie kaum von einer anderen Blume kenne. Die Blüten wirken deshalb so satt in der Farbe, weil ihre Mitten und die äußeren Blütenblätter genau die gleiche Farbe haben, die die wenigen winzigen gelben Flecken der Staubbeutel nicht aufzuhellen vermögen. Auch der Duft ist reich und voll – die Blüten riechen intensiv nach heißer Schokolade, und wenn ich meine Nase in ihnen vergrabe, bin ich wieder in einer kleinen Patisserie in Brüssel.

Es gibt noch eine weiße Form, die aber im Vergleich zu dem dunklen Farbton von *Cosmos atrosanguineus* recht verwaschen wirkt.

Die Schleierastern *(Aster cordifolius)* blühen später als einige andere Astern. Von dieser Art gibt es ein paar schöne Sorten, wie ›Silver Spray‹, ›Blue Star‹ und ›Elegans‹. Die alte Varietät ›Photograph‹, die in die gleiche Gruppe gehört, hat zartblaue Blüten, die im Vergleich zu den anderen eine Spur größer sind.

*Aster tradescantii* ist eine andere alte Art, die Ähnlichkeit mit der Myrtenaster *A. ericoides* hat. Mit ihren langen, gebogenen Stielen, dem fiedrigen Laub und den vielen weißen, margeritenähnlichen Blüten ist sie eine überaus elegante Pflanze. Einer ihrer besonderen Vorzüge besteht drin, daß die gelben Scheiben in der Mitte ihrer Blüten gelb bleiben, während sie sich bei vielen Astern verfärben und einen schmutzigen Ton annehmen.

Diesen Vorwurf kann man einer anderen kleinen Aster, die verhältnismäßig spät blüht, allerdings nicht machen. *A. diffusus horizontalis* ist eine echte Brünette – dunkle rötliche Blätter und kleine blaue Blüten mit kirschfarbenen Mitten. Sie erreicht nur selten eine Höhe von 60 cm, und ihre flachen, mit Blüten übersäten Stengel machen sie zu etwas ganz Besonderem.

›Empress‹ ist eine größere Ausgabe, die wie *A. diffusus horizontalis* im Alter an Schönheit zunimmt. Wenn sie ihre Blüten öffnet, sehen sie recht verwaschen und unscheinbar aus, und jedes Jahr frage ich mich von neuem, wieso ich einer derart faden Pflanze Platz eingeräumt habe. Ein, zwei Wochen später aber beginne ich dann wieder, ihre Blüten zu bewundern, die jeden Stiel dicht an dicht bedecken. Im Laufe der Zeit scheinen die Blüten größer zu werden; die lavendelfarbenen Blütenblätter werden immer zottiger, und die rubinroten Mitten nehmen einen dunkleren Farbton an.

Gärtner lassen sich in zwei Gruppen unterteilen: Die einen ziehen Herbstastern *(A. novae-angliae* und *A. novi-belgii),* die anderen nicht. Ich gehöre zu der ersten Kategorie, und manchmal wünschte ich mir, ich hätte die seelische Kraft, alle Hybriden hinauszuwerfen und nur die Spezies zu behalten. Ich weiß aber genau, daß der Garten dann um viele schöne Farben ärmer wäre, wenn ich mich auch nicht jährlich wieder mit der Frage herumplagen müßte, was ich denn mit all den verschiedenen Astern, die ich im Laufe eines Jahres gesammelt habe, anstellen soll. In großen Gärten läßt sich das Problem dadurch lösen, daß man eine ausschließlich den Herbstastern vorbehaltene Rabatte anlegt. Das wunderbare hufeisenförmige Herbstasternbeet in den Savill Gardens im Großen Park von Windsor zum Beispiel bietet im Herbst einen prachtvollen Anblick. Zieht man die Astern auf diese Weise, so kann man sie gut miteinander vergleichen und entscheiden, welche die schönsten sind und welche herausgenommen werden können, ohne daß man damit eine wichtige Stütze des Gartens opfert.

Das gerade Gegenteil der fröhlichen und farbenprächtigen Astern und Dahlien bilden zwei zurückhaltende kleine Herbstpflanzen, die ich besonders gern mag. Sie blühen beide im Oktober und haben Charakter und Charme, müssen aber unbedingt für sich allein stehen, denn neben grelleren Pflanzen könnte man ihre Farbe als ziemlich ausdruckslos empfinden. Der Steinquendel *Calamintha nepetoides* ist ein entzückender kleiner Busch von nicht mehr als 30 cm Höhe, bedeckt mit kleinen Blüten in einem äußerst zarten Lavendelton. Ich ziehe ihn in voller Sonne; er scheint sich aber im Schatten genauso wohl zu fühlen, wie ich in einer Schattenrabatte im Garten von Hidcote gesehen habe. Ebenfalls in Hidcote habe ich in einem Terrassenbeet das Helmkraut *Scutellaria indica japonica* wachsen sehen. Wenn diese Pflanze genügend Feuchtigkeit bekommt, breitet sie sich zu einer großen Matte aus grauen, samtigen Blättern aus. Sie öffnet ihre dunkellila Blüten schon verhältnismäßig früh im Jahr und blüht in der Regel noch im Oktober. Wenn sie auch überhaupt nicht spektakulär ist, so hat sie doch Charme und bringt Blumen mit leuchtenderen Farben zu größerer Wirkung.

Die zwergförmigen Knöterincharten sind fröhliche Oktoberblumen. Sie kommen und gehen zwar das ganze Jahr über, aber im Oktober fallen sie uns doch mehr ins Auge; vielleicht liegt das auch daran, daß sie in diesem Monat so richtig in Schwung kommen und sich in ihrer vollen Schönheit zeigen.

Der winzige Heidelbeerknöterich *(Polygonum vaccinifolium)* muß großflächig gepflanzt werden, um zur Wirkung zu kommen. Ich bewundere immer sein prächtiges Schauspiel im Steingarten von Kew, wo er große Flächen der riesigen Felsen bedeckt hat. Bei mir wächst er ganz vergnügt zwischen Steinen am Rand eines Weges, und nachdem ich ihn jetzt in Ruhe lasse, vermehrt er sich auch recht gut. Ich hielt ihn nämlich immer für eine problemlose Pflanze, und wenn jemand etwas davon haben wollte, riß ich ein Stückchen ab und dachte, er werde mir das nicht verübeln. Er tat es aber, und bald war kaum noch etwas von ihm übrig. Zusammen mit dem Alpenveilchen *Cyclamen neapolitanum* kann er besonders reizend aussehen.

Der Schneckenknöterich *(Polygonum affine)*, ein ledrig wirkender Knöterich, ist viel problemloser. Manche Leute beklagen seinen spärlichen Blütenflor, aber bei mir führt er sich immer gut auf. Ich ziehe ihn an mehreren steinigen Stellen im Garten, und offenbar fühlt er sich am Rande der Einfahrt besonders wohl, wo er von den Steinen herunterkriechen und sich im Weg verankern kann. Da er Wegränder besonders zu lieben scheint, reiße ich manchmal kleine Stückchen ab und pflanze sie vor die Steine einer Wegumrandung, wo sich Unkraut so gern ausbreitet. Einmal habe ich mich sehr amüsiert, als mich ein Besucher um ein

Pflänzchen bat und mit den Worten »Dieses Stückchen soll doch bestimmt nicht da wachsen!« auf ein Exemplar deutete, das ich sorgfältig an den Rand des Weges gepflanzt hatte. Es war schwer, ihm klarzumachen, daß ich Dinge gerade an solchen Stellen gern ziehe, wo sie manchmal gar nicht erwünscht sind. Jetzt verwende ich den Knöterich an den schäbigsten Plätzen: an Wegrändern, rings um Garagentüren, am Fuße von Wasserbehältern und an solchen Stellen, wo der harte Belag abgenutzt ist und eine Pflanze gebraucht wird, die das Unkraut kurzhält.

Die neue Sorte *P. affine* ›Darjeeling Red‹ hat Blüten in einem echten Karminrot. Wenn sie sich öffnen, haben sie aber oft erst einen anderen Farbton. Als ich diese Pflanze in meinen Garten holte, war ich sehr enttäuscht, als sich die ersten Blüten in dem gleichen blassen Rosa zeigten wie die gewöhnliche Varietät. Später aber wurden die Blüten dunkler und lebhafter, so daß sich mein Kummer als unnötig erwies.

Verschiedene Formen von *Polygonum affine,* die erst kürzlich von Expeditionen mitgebracht worden sind, haben sich besonders gut im Steingarten in Kew entwickelt. Die Varietät ›Loundes‹ zum Beispiel zeichnet sich durch auffallend schöne, leuchtende Blüten aus.

Obgleich ich die guten Eigenschaften des Lerchensporns *Corydalis lutea* durchaus anerkenne, kann ich mich nicht so recht mit ihm anfreunden, da er sich nach meinem Dafürhalten allzustark aussät und ich viel Zeit aufwenden muß, um ihn von Mauern und aus Blumenbeeten zu reißen. Die sehr ähnliche blaßblütige Art *C. ochroleuca* sät sich dagegen überhaupt nicht aus – zumindest nicht bei mir! Mit großer Sorgfalt habe ich mein kürzlich erworbenes Exemplar in einen Gartenteil gepflanzt, in dem sich die gewöhnliche Art nicht ausgebreitet hatte, und meine Hoffnung auf eine ganze Kolonie von Sämlingen hat sich bis jetzt noch nicht erfüllt. Die meisten immergrünen Lerchensporne säen sich gut aus. Der farnblättrige Lerchensporn *Corydalis cheilanthifolia,* der sich auch selbst aussät, bringt monatelang gelbgrüne Blüten hervor, die inmitten der bronzefarbenen Blätter sehr hübsch aussehen. Noch reizvoller ist der Lerchensporn *Cory-*

*dalis rubra* mit rosaroten Blüten und Blättern in den feinsten Schattierungen.

Das Gartenmaul *Antirrhinum asarina* (syn. *Asarina procumbens*) mag einen entweder ganz oder gar nicht. In manchen Gärten sät es sich so reichlich aus, daß es zur Plage wird, anderswo will es überhaupt nicht wachsen, vom Aussäen ganz zu schweigen. Ich liebe seine zart primelgelben Blüten und graugrünen Blätter und seine Art und Weise, über Steine zu kriechen. Jahrelang habe ich es ohne jeden Erfolg in verschiedenen Teilen des Gartens ausprobiert. Erst in einem großen, mit Grünsand gefüllten Steinbecken fühlte es sich heimisch, und dann begann es auch, sich auszusäen; bald breiteten sich seine langen Stengel vor dem Steintrog aus, und überall in den Ecken gingen Sämlinge auf, die sich mit den leuchtendblauen Blüten des Blauklees *Parochetus communis* vermischten.

Der Schneemohn *Eomecon chionantha* trägt vielleicht deshalb so etwas wie einen Heiligenschein, weil er nicht sehr bekannt ist. Aber vielleicht ist das nur gut, denn die meisten Leute, die ihn ziehen, empfinden ihn als Plage. Er hat ausgesprochen schöne Blätter, die unterseits bläulichgrün gefärbt sind und in ihrer Form an große Blätter der Kapuzinerkresse erinnern. Manchmal wird er auch »Cyclamen Poppy« genannt, was ich mir gar nicht richtig erklären kann, da seine Blätter keine große Ähnlichkeit mit denen der Alpenveilchen haben. Der Name »Poppy of the Dawn« läßt dagegen keine Zweifel aufkommen, wie die Pflanze wirklich aussieht. Die hübschen Blüten ähneln in der Tat kleinen Mohnblüten mit weißen Blütenblättern und großen gelben Mitten. Die Blütezeit reicht vom Sommer bis zum Oktober oder gar November; bei mir blüht *Eomecon chionantha* nur spärlich, und anderen Gärtnern geht es ebenso. Die Pflanze vermehrt sich durch Wurzelausläufer, und ich frage mich oft, ob sie nicht besser blühen würde, wenn man auf irgendeine Weise ihre Rhizome kontrollieren und sie dadurch auf andere Gedanken bringen könnte. Ich finde auch, daß ihr Laub fast so schön ist wie das der Bocconiaarten, würde es aber noch mehr schätzen, wenn es an einer Stelle bliebe, anstatt ein paar Meter entfernt von der Mutterpflanze zu erscheinen. Der Schneemohn ist insofern eine listige Pflanze, als man meint, seine Stengel seien genauso zerbrechlich wie die des Tränenden Herzens, und sie folglich mit großer Vorsicht behandelt. Statt dessen haben sie aber den gleichen eisernen Willen wie zum Beispiel der Lerchensporn *Corydalis lutea,* der ganz zerbrechlich wirkt, sich aber an den verschiedensten Plätzen so fest verankert, daß er nur schwer entfernt werden kann.

## Zweiter Teil

Es ist erfreulich, daß einige der weniger spektakulären Pflanzen erst spät im Jahr ihre Blüten öffnen. Würden sie nämlich zur gleichen Zeit blühen wie viele der prächtigsten Pflanzen, dann könnte man sie leicht übersehen. Ende Oktober ist mir zum Beispiel im Garten eines Freundes der Dost *Origanum vulgare* ›Bury Hill‹ aufgefallen, der eine Gemeinschaft mit Heliotrop und den schlanken Blütenzweigen eines Indigostrauchs bildete. An einem sonnigen Platz bietet er sich als Nachbar des Sauerklees *Oxalis floribunda* an.

*Origanum laevigatum* ist sogar noch reizvoller. Es ist aber gut, daß auch dieser Dost erst spät im Jahr blüht, wenn nicht mehr soviel Konkurrenz da ist. Aus einem dichten, nur 2,5 cm hohen Teppich aus dunklen, graugrünen Blättern erheben sich 30 cm hohe schlanke Stiele mit Doldentrauben aus kleinen violetten Blüten. Da diese Pflanze ziemlich langsam wächst, läßt sie sich nicht einfach vermehren. In meinem Garten bildet sie zusammen mit dem blaublühenden Lein *Linum perenne* und dem mahagonifarbenen Schmuckkörbchen *Cosmos atrosanguineus* eine glückliche Farbgemeinschaft.

Die Scharte *Serratula seoanei* (syn. *S. shawii*) ist ein weiteres ziemlich unscheinbares Pflänzchen, das aber großen Charme hat, wenn man nur die Augen offenhält. Die kornblumenähnlichen, ziemlich kleinen Blüten sind in einem feinen Purpurrosa getönt. Sie verstecken sich in bronzefarbenem, farnartigem zartem Laub. Die Scharte vermehrt sich nicht schnell, bildet aber allmählich Ausläufer, die sich so stark im Boden festklammern, daß jedes Jahr kleine Pflanzen wieder dort auftauchen, wo ursprünglich die Mutterpflanze gestanden hatte, auch wenn man diese inzwischen an eine andere Stelle gesetzt hat. Sie läßt sich gut mit den grauen Blättern des Storchschnabels *Geranium renardii* kombinieren.

Die andere Scharte, die ich in meinem Garten ziehe, *S. coronata,* blüht etwas früher und ist im Vergleich zu *S. seoanei* ein Riese. Die dunkelpurpurfarbenen Blüten an 1,50 m hohen Stielen haben die gleiche Distelform. Da die ganze Pflanze ausgesprochen kräftig und massiv wirkt, läßt sie sich gut an einem Platz verwenden, wo eine Pflanze so groß und dicht wie ein Strauch benötigt wird.

Blaue Blumen passen ausgezeichnet zu zwergförmigen Chrysanthemumarten, vor allem zu den kleinen blauen Astern, die im Herbst so exzessiv blühen. *Aster pappei* und *Agathaea coelestis* beginnen zwar schon im Spätsommer zu blühen, zeigen sich aber erst Ende September in vollem Blütenflor und bringen aus Leibeskräften Blüten hervor, bis der Frost einsetzt. Da sie nicht winterhart sind, müssen sie jedes Jahr durch Stecklinge erneuert werden. Falls man ein Gewächshaus hat, können die blühenden Pflanzen ausgegraben, eingetopft und ins Gewächshaus gestellt werden, wo sie den ganzen Winter über blühen. *Aster pappei* hat sehr feine, dunkelgrüne Blätter, *Agathaea coelestis* breitere, die in Größe und Form Buchsbaumblättern ähneln; beide Pflanzen haben aber die kleinen, eisvogelblauen Asternblüten, die im Herbst so willkommen sind.

Mit weißen Blumen läßt sich das grelle Gelb der Gartenchrysantheme ›Janté Wells‹ gut abmildern. Ich kenne die Geschichte dieser Pflanze nicht, kann mir aber schlechterdings nicht vorstellen, daß es sich dabei um eine alte Sorte handelt. Die Farbe ist zu hart und eigensinnig für Cottage-Gärten. Außerdem ist diese Chrysantheme auch nicht so robust wie die anderen Sorten. Im Gegensatz zu den anderen pomponblütigen Gartenchrysanthemen, die mir im Winter niemals eingegangen sind, kann ich

›Janté Wells‹ einfach nicht im Garten halten. Auch das ist ein Grund, warum ich sie für eine neuere Sorte halte. Da ich keine Pflanzen im Garten mag, die jedes Jahr erneuert werden müssen, habe ich beschlossen, sie aufzugeben, was ich auch nicht sonderlich bedauere. Wenn ich auch zu allen Jahreszeiten etwas Gelbblühendes im Garten haben möchte, so schätze ich doch einen blasseren, gedämpfteren Gelbton mehr als das aufreizende Gelb einer ›Janté Wells‹.

Da die alten Chrysanthemen zuverlässig und reichlich blühen, kann man sie getrost in die Mitte einer breiten Rabatte pflanzen. Den Krötenlilien (Tricyrtis) dagegen, die ebenfalls spät im Jahr blühen, sollte man ein intimeres Plätzchen einräumen, da sie bei weitem nicht so spektakulär sind. Betrachtet man diese aus Japan stammenden Pflanzen aus der Nähe, so kann man die Besonderheit und den Charme ihrer Blüten wahrnehmen; weitab vom Weg gepflanzt, geht aber ihr Reiz verloren. Die Krötenlilien tragen an den Spitzen ihrer schlanken Stiele, die mit spitz zulaufenden ovalen Blättern bedeckt sind, merkwürdig geformte gefleckte Blüten. Manchmal sind, wie bei *T. hirta*, die blaßrosa Blütenblätter mit purpurfarbenen Flecken versehen. Die reinweiße Form, die bei mir höher wird, verliert durch das Fehlen des zarten Farbtons und natürlich der Flecken etwas an Reiz. Die häufige Empfehlung, Krötenlilien in feuchte, sauren Boden zu pflanzen, kann ich nicht unterschreiben, da sich meine Krötenlilien bis jetzt in meinem schweren, kalkhaltigen Boden wohl fühlen. Manche Leute bedauern, daß sie so spät blühen; ich glaube aber, daß sie nicht so große Beachtung fänden, wenn sie früher blühen würden. Ihre faszinierende Wirkung beruht nämlich teilweise darauf, daß sie in dieser späten Jahreszeit so wenig Konkurrenz haben. Trotz ihrer Schönheit habe ich bis jetzt auf die Arten *T. macrantha*, *T. formosana* und *T. macropoda* in meinem Garten verzichtet.

Obgleich das zwergwüchsige Perlpfötchen *Anaphalis triplinervis* nun schon wochenlang mit flaumigen weißen Blüten bedeckt ist, nimmt man erst Ende Oktober richtig wahr, wie schön diese Pflanze doch ist. Um diese Zeit haben sich ihre Blüten, die vom Hochsommer an halb geöffnet waren, zu duftigen »Gänseblümchen« mit blaßgoldener Mitte entwickelt, um sich noch viele weitere Wochen so zu halten. Manche Leute schneiden sie ab, bevor sie sich öffnen, hängen sie auf und verwenden sie später in Trockensträußen. Das ist wahrscheinlich eine bessere Methode, als die Blüten dann abzuschneiden, wenn sie vollständig geöffnet sind, wie andere es gern tun. Dieses Perlpfötchen ist zu allen Jahreszeiten schön. Seine silbernen Blattrosetten sehen auch ohne die Blüten gut aus, und von Oktober bis Dezember – in guten Jahren sogar noch länger – bilden sie vor einem Hintergrund aus spitzen weißen Blättern Hügel in Weiß und Elfenbein. In dunklen Ecken kommen sie zu großer Wirkung; auch zu einem purpurfarbenen Essigbaum bilden sie einen eindrucksvollen Kontrast. Ein feinerer, nicht ganz so kräftiger Effekt läßt sich dadurch erzielen, daß man das Perlpfötchen mit Kugeln aus goldfarben panaschiertem Buchs, goldenem Salbei oder den zarten graugrünen Blättern des Frauenmantels *Alchemilla mollis* und den flachen blaugrauen Blättern von *Othonnopsis cheirifolia* kombiniert.

Im Oktober, wenn das mittelgroße Perlpfötchen *Anaphalis margaritacea* in seiner Schönheit verblaßt ist, sollten seine runzeligen Stiele abgeschnitten werden. Diese Spezies, die sich durch kriechende Rhizome ausbreitet, bringt nicht viel bodendeckendes Laub hervor. Im Frühsommer, wenn die 45 cm langen Stengel mit zarten silbergrünen Blättern und den typischen Perlpfötchenblüten bedeckt sind, zeigt es sich in seiner vollen Schönheit.

Ich freue mich im Herbst und im Winter immer über das Perlpfötchen *Anaphalis yedoensis,* das ich niemals vor Frühjahrsbeginn herunterschneide. Diese Pflanze muß sorgfältig abgestützt werden, da die Herbstwinde ihre 90 cm hohen Stiele in ein Tohuwabohu verwandeln können. Erhält sie aber eine gute Stütze, ist sie im spätherbstlichen Garten und selbst noch zu Beginn des Frühjahrs ein belebendes Element. Die schmalen, 7,5 cm großen Blätter, die die Stiele insgesamt bedecken, haben drei dunkle Adern und sind oberseits grün, unterseits silbern. Da sie sich drehen und wenden, wirken sie mehr silberfarben als grün, und selbst wenn sie sich nicht bewegen, zeigen sie einen charakteristischen silbernen Rand. Die Blüten erscheinen büschelweise an den Stielenden. In meinem Garten erhebt sich hinter dem Perlpfötchen die Wiesenraute *Thalictrum flavum* ssp. *glaucum* mit graugrünen Blättern und schwefelgelben Blüten.

Obgleich *Aster thompsonii* schon im Juli oder August zu blühen beginnt, wird ihr erst Ende Oktober die größte Bewunderung zuteil, wenn ihre hübschen kleinen Horste mit den lavendelblauen, innen orangefarbenen Blüten so richtig ins Auge fallen. Um diese Zeit haben die rosa Fetthennen schon geblüht, sind aber noch lange nicht am Ende ihrer Saison angelangt, da die üppigen, flachen Blütenköpfe der Fetthennen ›Herbstfreude‹ und ›Munstead Dark Red‹ noch bis zum Frühjahr ihre Farbe behalten. Gertrude Jekyll hat immer empfohlen, die Fetthenne *Sedum spectabile* mit den verschiedenen Perovskiaarten zusammenzupflanzen, die sich mit eleganten lavendelfarbenen Blütenzweigen schmücken. Meines Erachtens paßt *Aster thompsonii*, vor die Fetthennen gepflanzt, auch noch in diese Gruppe. Diese kleine Aster stammt aus dem Himalaya. Ich habe meine Pflanze jahrelang für die einfache *Aster thompsonii* gehalten. Sie wurde niemals höher als 22–25 cm und bildete immer hübsche, kompakte Horste. Nun stoße ich oft auf *Aster thompsonii* ›Nanus‹, die meinem Exemplar so sehr ähnelt, daß es sich dabei meines Erachtens nicht um eine besondere Sorte, sondern um die gleiche Art handelt. Ich wundere mich über die Bezeichnung ›Nanus‹ (»Zwerg«), da die ursprüngliche Pflanze auch nicht höher wird.

Die Winde *Convolvulus mauritanicus* ist eine andere Pflanze, die im Oktober besonders reich blüht, obgleich sie schon im Sommer ihre ersten Blüten öffnet. Der Name »Convolvulus« erschreckt vielleicht manche Gärtner; es sei ihnen aber gesagt, daß nicht alle Mitglieder dieser Gattung gefährlich sind – einige Arten sind sogar ziemlich empfindlich und benötigen eine warme Ecke. *C. cneorum* mit silbernen, satinartigen Blättern und zartrosa Blüten und *C. mauritanicus* gehören zu dieser Kategorie. Obwohl *C. mauritanicus* im Winter unter der Erdoberfläche verschwindet und ein Netzwerk aus unterirdischen Trieben bildet, wodurch die Überlebenschancen beträchtlich wachsen, kann diese Winde einer strengen Kälteperiode zum Opfer fallen. Den ganzen Sommer über sind ihre langen Ranken aus gekräuselten grünen Stengeln mit dunkelblauen, muschelförmigen Blüten bedeckt. Da sich diese Winde mit ihren vielen Blättern immer etwas im Hintergrund hält, kann man sie im Sommer mit der rosablühenden *Phuopsis stylosa,* die unter ihr eine moosartige Laubdecke in einem anderen Grünton ausbreitet, zu größerer Wirkung bringen. Hinter ihr wächst die winterharte Fuchsie ›Mrs. Popple‹, die sich mit purpurfarbenen und magentaroten Blüten schmückt.

Zu dieser Zeit gibt es nur wenige blühende Sträucher. Manchmal eröffnen schon die Schneebälle *Viburnum farreri, V. farreri* ›Candidissimum‹ (mit weißen Blüten) und *V.* × *bodnantense* (mit rosa Blüten) ihre Saison, aber für *Prunus subhirtella* ›Autumnalis‹ und auch die winterblühenden Heckenkirschen ist es noch zu früh. In der Regel warten auch der Schneeball *Viburnum tinus* und *Mahonia japonica* bis zum November, ehe sie ihre Blüten öffnen.

Nicht nur Blüten bringen Farbe in den Oktobergarten. Beeren und Blätter bilden lebhafte Farbflecke – und die Farben mancher Beeren bleiben bis in den Winter hinein erhalten. Die glitzernden weißen Früchte der Eberesche *Sorbus hupehensis* bekommen im Laufe der Zeit einen rosa Schimmer, während es bei *Sorbus vilmorinii* gerade umgekehrt ist – ihre anfänglich roten Beeren verblassen zu einem rosigen Weiß. Die Ebereschen hält man gern für selbstverständlich, aber in den letzten Jahren haben wir festgestellt, daß sie Trockenheit nicht vertragen.

Große Fortschritte sind bei den Schneebeeren erzielt worden. Die Schneebeere *Symphoricarpos* × *doorenbosii* ›Mother of Pearl‹ ist mir besonders an Herz gewachsen. Dieser niedrige, ausladende kleine Strauch schmückt sich mit dichten Büscheln aus kugeligen weißen, rosig angehauchten Früchten, die sehr lange halten. Die Gartenhybride ›White Hedge‹ ist sogar noch spektakulärer, da sie voller großer, glitzernder weißer Beeren hängt, die mitunter so schwer sind, daß die Zweige abgestützt werden müssen. Dieser aufrecht wachsende kleine Busch hat die gleichen schlanken, biegsamen Zweige wie die wilde Schneebeere, macht aber im Unterschied zu ihr nicht so unangenehme Ausläufer. Diese Schneebeeren wachsen zusammen mit einer anderen, nach Constance Spry benannten Schneebeere im Schatten von Apfelbäumen in der Nähe des Obstgartens. Die Gartenhybride ›Magic Berry‹ schmückt sich mit dunkelkarminroten Beeren; ich finde sie aber im Vergleich zu den anderen Schneebeeren nicht so ansehnlich.

Sträucher, die schöne Herbstfarben annehmen und gleichzeitig mit farbenprächtigen Beeren aufwarten, sind immer willkommen. Unser gewöhnliches Pfaffenhütchen, *Euonymus europaeus,* mit seinen reizenden altrosafarbenen Früchten trägt im Herbst karminrotes Laub. Die karminroten Blätter von *Euonymus alatus* sind sogar noch intensiver im Farbton, und die Früchte von *E. planipes* scheinen mir besonders groß und leuchtend in der Farbe zu sein.

Die Vögel holen sich zwar einen Großteil der wunderbaren blauschwarzen Beeren an den Heidelbeersträuchern, die ich in Torf ziehe, berauben mich aber zum Glück nicht der Blätter, die sich in dieser Jahreszeit prachtvoll verfärben.

Einer meiner Lieblingssträucher in Herbst und Winter ist *Stranvesia davidiana* var. *undulata,* die viele gute Seiten hat. Sie hat einen ziemlich ausladenden Wuchs und ist deshalb als Eckenfüller gut geeignet. Im Oktober sollte sie Bündel scharlachroter Früchte mit matter Oberfläche hervorbringen; diesen Teil ihrer Pflichten erfüllt meine Pflanze zwar nicht befriedigend, aber sie nimmt doch eine herrliche Herbstfärbung an, und den ganzen Herbst über leuchtet der Busch scharlachrot und golden. Außerdem hat er den Vorzug, lange Zeit seine Blätter zu behalten. Andere Sträucher sind bei weitem nicht so gefällig. Der Sumach *Rhus potaninii* ist ein rundkroniger kleiner Baum mit reizvoller Rinde in Graugrün. Wenn seine Blätter flammende Herbsttöne annehmen, sieht er wunderbar aus. Bei heftigem Wind, zeitigem Frost oder starkem Regen fällt das Laub aber leider ab. Ich liebe den Hirschkolbensumach *Rhus typhina,* wenn seine gefiederten Blätter rotorange getönt sind und seine dicht-behaarten karminroten Früchte wie Kerzen aufrecht stehen. Dieses Schauspiel ist aber schnell vorüber. *R. typhina* ›Laciniata‹ hat feinere, farnartige Blätter und wirkt sehr elegant.

Die Herbstfarbe ist nicht immer Scharlachrot. Goldfarbene Blätter können sehr schön sein, und kein Baum ist in seiner herbstlichen Aufmachung eindrucksvoller als *Ginkgo biloba.* Wenn seine zweilappigen fächerförmigen blaugrünen Blätter einen blassen Goldton annehmen, verwandelt dieser Baum seinen Charakter. Dann bilden seine Blätter einen dichten Teppich am Boden, und die Umrisse dieses ungewöhnlichen Nacktsamers zeichnen eine interessante Silhouette an den winterlichen Himmel. Ginkgos kommen immer mehr in Mode, da sie heute als geeignete Bäume für kleine Gärten empfohlen werden. Wenn sie auch einen beachtlichen Umfang annehmen können, so wachsen sie doch recht langsam.

Die Scharlacheiche, *Quercus coccinea,* insbesondere die Sorte ›Superbus‹, bietet im Herbst einen wunderbaren Anblick, vor allem, wenn sie mit *Hydrangea paniculata* unterpflanzt ist. Ihre großen weißen Blütenbüschel, die mit der Zeit einen fleischigen Rosaton annehmen, bewahren ihre Schönheit lange.

Die großen Blätter der Rebe *Vitis coignetiae* nehmen manchmal alle Schattierungen von Gold bis hin zu einem kräftigen Karminrot an. Sie tun es nicht in allen Gärten; zweifellos spielt der Boden eine Rolle. Die Rebe benötigt viel Platz, um sich in voller Schönheit zeigen zu können. Ich werde mich immer an das Exemplar erinnern, das an einer Mauer der Buckland Abbey in Devonshire wuchs. Die Rebe hatte eine stattliche Fläche bedeckt, und der graue Stein bildete einen schönen Hintergrund für die großen Blätter. Es war im Spätherbst, und die riesigen, grob texturierten Blätter hatten alle möglichen Farbtöne angenommen – von einem zarten Grün über Gelb und Orange bis hin zu vielen Rotschattierungen.

Die purpurfarbene Weinrebe *Vitis vinifera* ›Purpurea‹ trägt den ganzen Sommer über bordeauxrote Blätter; im Herbst nehmen sie einen trübpurpurnen Schimmer an und wirken sehr geheimnisvoll. Sie bilden einen schönen Kontrast zu dem zarten Blau von *Aster cordifolius* und *Ceratostigma willmottianum*. Ich habe diese Weinrebe einmal zusammen mit der Glockenrebe *Cobea scandens* wachsen sehen, wobei das blasse Grün der Glockenrebe mit ihren Blüten in Blaßgrün, Lila und Purpur einen schönen Anblick bot.

Eine Berberitze, die im Herbst besonders leuchtet und gut zu der Glockenrebe paßt, ist *Berberis thunbergii* ›Vermilion‹. Ihr Laub nimmt den gleichen scharlachroten Ton wie ihre Beeren an.

Die verschiedenen purpurfarbenen Sumacharten sind das ganze Jahr hübsch anzuschauen, aber dennoch meine ich, daß *Rhus cotinus* mit seinen zarten Herbsttönen einen ganz besonderen Reiz besitzt. Seine bläulichgrünen Blätter werden gelb und nehmen zarte Rosaschattierungen an. Der höhere *Rhus cotinoides* ist leuchtender in der Farbe; seine blassen Blätter färben sich im Herbst kräftig orange und scharlachrot.

Vor leuchtenden Karmin- und Goldtönen wirkt das zarte Grün und Silber des Pampasgrases (Cortaderia) besonders eindrucksvoll. Für normale Gärten ist die Zwergform, *Cortaderia argentea* ›Pumila‹, die beste Wahl. Dieses Pampasgras wird niemals höher als 1,50 m, und sein kompakter Wuchs ist in den meisten Gärten von Vorteil. Es muß ganz allein stehen und kommt vor einer Rasenfläche als Hintergrund am besten zur Geltung. Bei mir steht es am oberen Ende eines Treppenaufgangs, hinter dem sich ein Grasweg anschließt.

Um diese Zeit haben die weniger enthusiastischen Gärtner ihr Werkzeug an den Nagel gehängt und sich ins Haus zurückgezogen, um ihre Gartenarbeit am Kaminfeuer mit dem Studieren von Katalogen und dem Anfertigen von Plänen fortzusetzen.

Für die Fanatiker ist das Gartenjahr keineswegs beendet, wenn auch seine Freuden nicht ganz so offensichtlich sind. Die Blumen, die sehr spät im Jahr blühen, finden mehr Beachtung, da sie in kleineren Mengen als zusätzliches Geschenk erscheinen. Ihre Umgebung trägt aber nicht dazu bei, ihre Schönheit zu unterstreichen. Wind und Regen verderben den Anblick einer Rabatte, die kleineren Pflanzen können unter Haufen von Blättern begraben oder in durchnäßten Rasenflächen ertränkt werden, und die Wege laden nicht zum Spazierengehen ein. Aber dennoch sorgen Blätter, Stengel und Zweige für Farbe.

Die Stengel der Gelenkblume *Physostegia virginiana* ›Summer Spire‹ nehmen einen feinen Rotton an. Diese »gehorsame Pflanze«, die um einiges höher ist als die anderen Familienmitglieder, hätte ich nicht in das unterste, ziemlich schmale Terrassenbeet pflanzen sollen, wo ich die kleinen raren Alliumarten, *Aster thompsonii* und die alte gefüllte Bartnelke *Dianthus barbatus* ›Magnificus‹ besonders gern habe. Das kriechende buschige Kreuzkraut *Senecio monroi* läßt aber die Gelenkblume neben sich nicht ganz so hoch erscheinen, und seine Blätter mit den silbernen Unterseiten und gewellten Rändern bilden einen schönen Kontrast zu ihren knotigen Stielen.

Die farbigen Blätter der Päonien *P. mlokosewitschii* und *P. obovata* ›Alba‹ sind jetzt braun und unansehnlich, während die großen Blätter der Bergenien jeden Tag intensiver leuchten. Karminrot tut sich *B. cordifolia* hervor. Ihre Blätter sind herzförmig und ledrig und im Vergleich zu anderen Arten nicht so glänzend, aber ihr Grünton verwandelt sich in leuchtende karminrote Schattierungen, wodurch sie ausgesprochen fröhlich wirken. Die ovalen Blätter von *Bergenia crassifolia* verfärben sich auf andere Weise. Ihre Blätter, die an den Rändern zurückgebogen sind, haben einen intensiven Glanz und nehmen warme bernsteinfarbene und karminrote Töne an. Ich finde nicht, daß sich die Bergenien *B.* × *schmidtii* und ›Bee's Pink‹ stark verfärben, und es ist noch zu früh für Arten mit schmaleren Blättern, die mit wunderbaren karminroten Schattierungen ihr winterliches Schauspiel beginnen.

Viele Geraniumarten kleiden sich in herbstliche Farben, insbesondere alle Sorten des Storchschnabels *Geranium macrorrhizum,* wenn sie an einem offenen Standort in nährstoffarmen Boden gepflanzt werden. Bei *G. punctatum* werden die Blätter erst blaß, bevor sie sich neu zu färben beginnen. Aber nicht bei allen Blättern spielt sich dieser Vorgang ab; ich habe ihn vor allem bei einer Pflanzung unter einem Spindelstrauch *(Euonymus planipes)* bemerkt. Ich bin immer wieder überrascht, daß viele Gärtner diesen Prozeß noch nicht entdeckt haben. Manchmal scheint mir, daß ich zu dem gutmütigen Blutstorchschnabel, *G. sanguineum,* sehr unfreundlich bin. Die Pflanze, die zu den problemlosesten und freigebigsten Geschöpfen zählt, blüht das ganze Jahr über und läßt sich jede Art der Einschränkung gefallen. Ich nehme ihr das ziemlich grelle Magenta- bis Karminrot ihrer Blüten nicht übel, ärgere mich aber über ihre Art, das Reich anderer Pflanzen zu unterwandern. Wo dieser Storchschnabel einen Halt für seine Wurzeln findet, setzt er sich mit größter Entschlossenheit fest, und falls das zwischen Steinen geschieht, ist man ihm gegenüber nahezu machtlos. Im Herbst und im Winter zeigt er sich mit leuchtend farbigen Blättern freundlicher, wobei er immer noch seine kecken, zerknitterten Blüten hervorbringt. Die weißblühende Form und *G. sanguineum* ›Glen Luce‹ mit zart lavendelfarbenen Blüten breiten sich dagegen nicht so hemmungslos aus.

*G. wallichianum* ›Buxton's Blue‹ hat es nicht nötig, herbstliche Farbtöne anzunehmen, um unsere Gunst zu erwerben. Seine schön geformten und gezeichneten Blätter und seine klarblauen Blüten mit ihren weißen Mitten gehören zu den Freuden des Herbsts, und wenn sich noch dazu seine Blätter rot färben, ist das Bild vollkommen. Der rosablühende Storchschnabel *G. grevillianum*, der ohne Konkurrenten sehr geschätzt würde, erreicht niemals die Schönheit seines blaublühenden Verwandten.

Natürlich ist die Bleiwurz *Ceratostigma plumbaginoides* im Spätherbst am schönsten; ich weiß nicht, ob das Dunkelblau ihrer Blüten auch ohne die karminroten Blätter so intensiv und unergründlich blau wirken würde. Im Herbst vergesse ich die Art und Weise, wie die Pflanze ihre drahtigen Wurzeln nach allen Seiten ausschickt – zwar eher unauffällig, wohlgemerkt, aber immerhin doch so stark, daß sie kleine Pflanzen, die friedlich ihrem Geschäft nachgehen, von ihrem Platz verdrängen.

Das winzige aprikosenfarbene Fingerkraut *Potentilla × tonguei* scheint im Herbst am üppigsten zu blühen. Die leuchtenden kleinen Blüten mit ihren karminroten Augen erscheinen an den Enden langer, niederliegender Triebe; diese sind mit dunklen Blättern bedeckt, von denen viele fast genauso leuchten wie die Blüten.

Am Fuße der Mauer, wo ich die verschiedenen Hybriden und Sorten des Porzellanblümchens *Saxifraga umbrosa* hinpflanze, entdecke ich karminrote Blätter an der Hybride *S. × geum (S. hirsuta × S. umbrosa)*, und das goldfarben panaschierte Porzellanblümchen zeigt deutliche karminrote Schattierungen, vor allem dort, wo es an einem freien Standort gezogen wird.

Während ein großer Teil der leuchtenden Farben an den Sträuchern mit dem Laub weggeblasen worden ist, bringt das goldfarben und karminrot gefleckte dunkle, schimmernde Laub des Schneeballs *Viburnum utile* immer noch eine fröhliche Note in den Garten. Dieser Schneeball ist nicht sehr bekannt, und ich werde oft nach ihm gefragt; das einzig Rühmliche, was er vorzuweisen hat, scheint darin zu bestehen, daß er ein Elternteil des Schneeballs *V. burkwoodii* ist; der andere ist *V. carlesii*. In meinem

Garten gedeihen aber die stolzen Eltern weit besser als der Nach-
komme, und ich frage mich, warum sie unbedingt heiraten mußten; aber vielleicht habe ich mit meinen Exemplaren von *V. burkwoodii* einfach Pech.

Vor Weihnachten zeigen sich immer ein paar Nieswurzen; welche gerade aufgehen, ist von Jahr zu Jahr verschieden. Am häufigsten eröffnet wohl *Helleborus olympicus* die Saison. Diesen cremefarbenen Helleborus mit kräftigem Grünstich habe ich auch
schon in anderen Gärten zu einem frühen Zeitpunkt blühen
sehen. Er blüht gewöhnlich noch einmal im Frühling, und im allgemeinen scheint die Samenproduktion dann besser zu sein.
Weniger gierige Leute kümmern sich nicht um die Samen der
ersten Blüte und verlassen sich ganz auf die zweite, während ich
alle Samen einsammele, die ich nur bekommen kann.

Wenn ich mich auf das Datum festlegen müßte, wann im
Durchschnitt *Helleborus corsicus* zu blühen beginnt, würde ich
sagen, gleich nach Weihnachten. In manchen Jahren zeigt die
Korsische Nieswurz aber schon Anfang November erste Blüten.
Auch wenn sie schon so früh blüht, bietet sie noch bis zum späten Frühjahr einen erfreulichen Anblick. Die goldenen Staubgefäße bringen die runden grünen Blüten zum Leuchten, und die
schönen graugrünen Blätter, gezähnt und von einem Adernetz
durchzogen, bilden einen wunderbaren Hintergrund.

Vielleicht sind wir in Somerset ein bißchen früher dran; ich
glaube nämlich nicht, daß in anderen Gegenden die Dunkelrote
Nieswurz *(Helleborus atrorubens)* regelmäßig vor Weihnachten
zu blühen beginnt. Bei mir tut sie es aber immer, manchmal
sogar schon Anfang November. Wenn sie ihre Blüten öffnet, hat
sie in der Regel alle Blätter verloren, so daß ihre purpurfarbenen
Blütenglocken, die an 15 cm hohen Stielen hängen, besonders
ins Auge fallen. Ohne die Blätter kann man deutlich sehen, wie
sich die Knospen praktisch unmittelbar über dem Boden öffnen
und wie an den wachsenden Stengeln immer mehr Knospen
erscheinen. In manchen Gärtnereien wird *H. atrorubens* immer
noch als »Rosa Christrose« angeboten. Ich habe oft Mühe,
gewisse Gärtner davon zu überzeugen, daß diese Nieswurz keine

Varietät der echten Christrose *(H. niger)* ist, die immer nur weiße Blüten trägt.

Es soll schon im November blühende Christrosen geben, aber es ist nicht immer einfach, sie aufzutreiben. Ich werde immer wieder gefragt, welche Varietät zuverlässig vor Weihnachten blüht, und muß eingestehen, daß ich es nicht weiß. Ich kenne verschiedene Gärten, in denen schöne rosa überhauchte Formen sehr früh blühen – manchmal schon im September und Oktober –, aber die Besitzer können mir niemals sagen, um welche Formen es sich dabei handelt. Es gibt eine schöne Unterart, *Helleborus niger* ssp. *macranthus*, und einige gute Formen der gewöhnlichen Christrose wie ›Altifolius‹, ›Maximus‹, ›St. Brigid‹ und ›St. Margaret‹, die sich durch ausgesprochen feine Blüten auszeichnen, aber wohl von keiner kann man definitiv behaupten, daß sie sehr früh blühe. Der verstorbene B. Landhams hatte eine besonders schöne Form mit rosigen Blüten. Die beste Form, die ich besitze, trägt den Namen ›Eva‹; sie stammt aus Harrogate. Sie trägt noch feinere Blüten als ›Potter's Wheel‹, blüht aber nicht besonders früh.

Die ersten Blüten der Stinkenden Nieswurz *(Helleborus foetidus)* können schon früh erscheinen. In diesem Monat sind es in der Regel nur winzige grüne Knospen. Diese hängenden grünen Knospen sind aber ein Vorbote des winterlichen Schauspiels, an dem wir uns über Wochen erfreuen können – blaßgrüne Blüten und Brakteen über dichtem, dunklem Laub, das fein eingeschnitten und glänzend ist. Die Blätter vieler Hellebori reißen bei schlechtem Wetter in Fetzen und werden braun, während sie bei der Stinkenden Nieswurz fast den ganzen Winter über schön bleiben.

In der Regel blühen die gewöhnlichen Pflanzen am üppigsten, während die selteneren zurückhaltender sind. *Iris unguicularis* blüht nicht bei jedem, auch wenn sie noch so freundlich behandelt wird. Inzwischen gibt es aber eine neue Form in einem ganz blassen Blau, die sehr blühwillig zu sein scheint. Sie ist nach dem bekannten Gärtner Walter Butt benannt. Sie blüht nicht nur als erste, sondern ihre großen, ziemlich flachen Blüten öffnen sich nicht so zögerlich nacheinander wie bei anderen Arten. Im Gegensatz zu der gewöhnlichen Art blüht sie immer im November, und manchmal entdecke ich auch eine frühe Blüte an der kleinen *Iris angustifolia.*

Ich will nicht behaupten, daß meine nächste Novemberblume, die Lobelie *Lobelia tupa,* so zuverlässig ist. Jahrelang habe ich mich mit ihr abgemüht, aber sie will einfach nicht zur vollen Ausbildung kommen. Nach einem der kältesten Winter seit Menschengedenken ermannte sie sich und brachte eine einzige Blüte hervor. Ich bin froh, daß ich sie einmal habe blühen sehen, denn diese Blume hat etwas ganz Besonderes an sich. Ihre blaß graugrünen, spitzen Blätter kenne ich, da sie flüchtige Besuche in meinem Garten gemacht haben. Ich war aber nicht auf ihre schönen blutroten, ungefähr 20 cm großen Blütenköpfe vorbereitet, die an 1,20 m hohen Stengeln erscheinen. Die Pflanze soll eine Höhe von 2,40 m erreichen können, wenn sie »richtig kultiviert« wird. Ich kenne aber niemanden, der mir sagen könnte, was darunter zu verstehen sei. Diese Lobelie stammt aus Chile, und in der Regel gedeihen chilenische Pflanzen am besten im Schatten, da sie an ein Leben im Dschungel gewöhnt sind. Ich bewunderte die einzige Blüte meiner *Lobelia tupa* aus einer gewissen Entfernung und wünschte mir, daß ein halbes Dutzend von ihnen aufgehen möchte. Ich versäumte es aber, sie aus nächster Nähe zu betrachten. Wie es nun der Zufall wollte, entdeckte ich eines Morgens, daß ein heftiger Sturm den Blütenstengel direkt oberhalb des Stützstabes abgeknickt hatte. Wenn ich auch meine Hoffnung auf eine schöne Photographie begraben mußte, so konnte ich doch immerhin am Kaminfeuer die Schönheit dieser Blüte unter einem Vergrößerungsglas bewundern. Oberhalb eines großen Blütenblatts mit einer stark gezähnten Lippe befindet sich eine leuchtendrote Röhre, die Griffel und Staubgefäße einschließt. Die dicke schwarze Röhrenspitze, die einem Streichholzkopf ähnelt, ist leicht nach einer Seite gebogen, so daß sie an einen Vogel- oder Schlangenkopf erinnert. Zur Unterstreichung dieser Assoziation ragt die rote Narbe zusammen mit silbrigweißen Staubbeuteln heraus, die beidseitig fast wie die Stoßzähne eines Walrosses angeordnet sind. In meinen Büchern lese ich übrigens, daß *L. tupa* schon im September und nicht erst im November blühen soll.

Die Lobelie habe ich in den warmen Winkel zwischen einer niedrigen Hecke und dem Südende des Malzhauses gepflanzt. Daneben stehen ein paar halbstrauchige Salbeiarten, die ebenfalls spät im Jahr blühen. *Salvia neurepia*, die schon im Juli und August zu blühen beginnt, steht im November immer noch in Blüte. Unter den roten Arten ist mir dieser Salbei am liebsten. Seine kirschroten Blüten zeigen nicht den kleinsten Hauch von Blau. Die Blüten kommen vor den ziemlich hellen, gelbgrünen Blättern besonders gut zur Geltung. Es gibt verschiedene andere Salbeiarten, die manchmal als *S. neurepia* verkauft werden. Wenn sie aber leicht magentarot gefärbte Blüten haben, sind sie nicht echt. Ich wünschte mir, *S. neurepia* wäre völlig winterhart. Einen richtig harten Winter kann sie aber nicht überstehen, da alle ihre ziemlich schwachen Stiele über dem Boden bleiben, was sie sehr anfällig macht. Die dunkelblaue *Salvia ambigens* übersteht strenge Winter viel besser, da sie sich einzieht und rechtzeitig zu ihrer späten Blütezeit wiedererscheint.

Da der kleine Strauch *S. bethelli* gar nicht erst vorgibt, völlig winterhart zu sein, haben vorsorgliche Gärtner immer Stecklinge im Mistbeetkasten. *S. bethelli* blüht den ganzen Sommer über und bringt noch im November seine magentarot-rosafarbenen Blüten hervor, die vor dem purpurfarbenen Laub so schön aussehen. Auch die exotisch wirkende *S. leucothae* entfaltet noch so spät im Jahr aus wolligen Knospen violette Blüten.

*S. grahamii*, die sich mit karminroten Blüten schmückt, ist die widerstandsfähigste unter den strauchartigen Salbeiarten. Dieser Busch ist aber recht dünn und schütter, und sowohl seine Blüten als auch seine dunklen Blätter sind ziemlich klein. Mein Strauch, der neben dem Tor zum Wirtschaftshof steht, profitiert von der Bergenie, die vor ihm ihre behaglichen, kräftigen Blätter ausgebreitet hat. An der gleichen Stelle hat früher einmal *S. candelabrum* gestanden, deren große weiche Blätter einen schönen Hintergrund zu den langen, etwas verholzenden Stengeln und den zarten lavendelblauen Blüten bildeten. Die Verbene *Verbena rigida* wächst zwischen Steinen zu Füßen des Salbeistrauchs und zeigt im November immer noch Blüten.

Der zierliche kleine Bodendecker *Pratia treadwellii* ist noch halb mit kleinen weißen Blüten bedeckt, während er schon purpurfarbene Beeren zur Schau stellt. Die Blüten erinnern an kleine Lobelienblüten. Ich habe die Pratie in Mr. Walpoles Garten am Mt. Usher bei Dublin im Gras wachsen und blühen sehen; es scheint, als ob sie sich gern aus der festen Umarmung von Steinen befreien wolle, um auf Rasen Versteck zu spielen.

Jedes Jahr bin ich von neuem beunruhigt, weil meine Goldkrokusse so spät zu blühen beginnen. Während alle anderen große Flecken goldfarbener Blüten im Garten haben, kann ich nur dünne grüne Knospen zwischen den bandförmigen Blättern entdecken. Der gewöhnliche Goldkrokus ist *Sternbergia lutea;* die schmalblättrige Art *S. angustifolia* blüht angeblich besser. Vielleicht handelt es sich bei meinen Goldkrokussen um die Unterart *S. lutea* var. *sicula,* deren Blätter mit 3 – 5 mm Breite viel schmaler sind und deren Blüten sich später öffnen.


*Zweiter Teil*


Gegen Ende November ist das Kreuzkraut *Senecio scandens* immer noch mit kleinen, sternförmigen Blüten bedeckt, die sich wunderbar gegen seine blaßgrünen Blätter abheben. Daneben steht ein anderes Kreuzkraut, *Senecio leucostachys,* das unbedingt die Südmauer im Rücken haben muß, um sicher durch den Winter zu kommen. Beide Pflanzen bieten gemeinsam ein entzükkendes Bild – die silbernen Blätter der einen bilden einen wunderbaren Kontrast zu den goldfarbenen Blüten der anderen. Die zart elfenbeinfarbenen Blüten von *S. leucostachys* runden das schöne Bild ab.

Da das kletternde Kreuzkraut auch als Schutzschirm für eine andere frostempfindliche Pflanze, *Convolvulus cneorum,* dient, hoffe ich, daß es nicht zu stark zurückfriert. Das Kreuzkraut hat eigentlich überhaupt kein Recht, einen derartig begünstigten Platz einzunehmen, aber wegen der Pflichten, die es inzwischen übernommen hat, muß ich es jetzt dort lassen. Vorher stand an seinem Platz die immergrüne Kronwicke *Coronilla glauca,* deren reicher gelber Blütenflor mich im Winter immer erfreut hat, und ich weiß gar nicht, wie ich auf die Idee kam, diesen schönen Strauch durch das kletternde Kreuzkraut zu ersetzen. Inzwischen habe ich zwei neue Kronwicken vor dieselbe Mauer gesetzt – die gewöhnliche *C. glauca* und ihre hübsche panaschierte Form. Da sie im Moment durch davorgesetzte Sträucher gut gegen Zugluft geschützt sind, hoffe ich, daß ich sie diesmal durchbringe. Es war ein ebenso verrückter Einfall, eine Bleiwurz in dasselbe Beet zu pflanzen. Ihre liebreizenden blauen Blütenbüschel, die sich im Sommer entfalteten, wurden nämlich bald unter dem Gewirr kriechender Pflanzen begraben. Ich hoffe aber, daß diese sich als guter Winterschutz erweisen. Übrigens habe ich festgestellt, daß für die Winde *Convolvulus cneorum* nährstoffarmer Boden am besten ist. Wohlleben macht sie üppig, aber empfindlich.

Der Herbstenzian *Gentiana sino-ornata* blüht immer noch eifrig, vorausgesetzt, die Sonne scheint. An kalten, nassen Tagen ist er nicht so glücklich, aber trotzdem zeigt er noch viele Blüten. Er bietet ein wunderbares Schauspiel, wenn er mit großen Augen lachend in die Sonne schaut. Ich frage mich, ob ich das Enzianproblem dadurch, daß ich die Pflanzen jetzt in im Boden versenkten, mit Torf gefüllten Becken ziehe, endlich gelöst habe. Ich kenne viele Gärten, in denen die Herbstenziane Jahr für Jahr geblüht haben und völlig glücklich schienen, bis sie plötzlich nicht mehr wollten und abstarben. Und dabei haben diese Gärten alle einen kalkfreien Boden, an dem sie eigentlich nichts auszusetzen haben dürften. Wenn ich nun meine Herbstenziane blühen und gut gedeihen sehe, drücke ich die Daumen, daß es so bleiben möge.

Manche Leute behandeln den Steinbrech *Saxifraga cortusifolia* var. *fortunei* mit großem Respekt, während ich meine, daß diese Pflanze nicht besonders anspruchsvoll ist. Solange sie Schatten,

Feuchtigkeit und humusreichen Boden hat, kann man meines Erachtens alles mit ihr anstellen. Ich habe gehört, daß sie nur ungern gestört wird, aber ich teile und versetze meine Pflanzen, wann immer ich mehr Exemplare benötige. Diese Arbeit erledige ich natürlich im Winter, wenn alles feucht ist, und der Steinbrech läßt sie völlig klaglos über sich ergehen. Wohl weil er als schwierig gilt, findet man ihn in vergleichsweise wenig Gärten. Ich habe nur einmal Anzeichen von Mißmut an ihm entdeckt, und zwar während eines langen, trockenen Sommers. Unter solchen ungünstigen Bedingungen schrumpft er zusammen und scheidet fast unbemerkt aus dem Leben, wenn er kein Wasser bekommt. Bei mir hat er sich bis jetzt noch nie selbst ausgesät, aber in den Gärten von Freunden habe ich schon kleine Pflanzen rings um die Mutterpflanze wachsen sehen.

Samen von spätblühenden Pflanzen zu bekommen ist immer ein Problem. Die Nerinen sind in den meisten Jahren recht ertragreich, während die Belladonnalilien *(Amaryllis belladonna)* nicht so zuverlässig sind. Die am spätesten blühende und höchste Edeldistel, *Eryngium pandanifolium,* gibt immer Anlaß zu Besorgnis. Diese Pflanze, die jedermann haben möchte, ist so groß, kräftig und stachlig, daß nur ein Herkules sie teilen könnte. Sie läßt sich also nur durch Samen vermehren. Da sie aber erst Mitte November in voller Blüte steht, muß man sich immer sorgen, ob ihre Samen auch reif werden. Durch kräftige Winde können ihre Blütenstengel auch leicht abgeknickt werden; sie erreichen immerhin eine Höhe von vier Meter oder mehr. Am eindrucksvollsten ist diese Edeldistel, wenn sich ihre Myriaden winziger, runder, pilzfarbener Blüten wie Schattenrisse gegen den Himmel abheben.

Eine andere Pflanze, die erst spät im Jahr zu blühen beginnt und mir im November immer am üppigsten erscheint, ist der Wasserdost *Eupatorium ligustrinum* (syn. *E. micranthum*). »Micranthum« bedeutet »kleinblütig«, und da sich seine Blütenstengel in Wasser so gut halten, werden sie im Herbst manchmal als Ersatz für Schleierkraut verwendet. Der Wasserdost bildet einen schönen runden Busch, der in der Regel eine Höhe von 1,20 m

erreicht, in manchen Gegenden sogar mehr. Seine rosa angehauchten Blüten, die einen süßen Duft ausströmen, erscheinen
an langen Stielen. In Somerset übersteht er jeden normalen Winter. Eine strenge Kälte kann ihm aber übel mitspielen.

Der Schneeball *Viburnum farreri*, der in der Regel Ende Oktober, Anfang November zu blühen beginnt, blüht die ganzen
Wintermonate hindurch. An einem sonnigen Tag bringt er eine
Menge rosaweißer Blüten hervor, während er an sehr kalten
Tagen sein Blütenschauspiel unterbricht. Die Higankirsche *Prunus subhirtella* ›Autumnalis‹ verhält sich ebenso. Sie kann weiß
oder rosa blühen, und an sonnigen Wintertagen zeichnet sie mit
ihren mit Blütenschnee bedeckten Zweigen eine wunderbare Silhouette an den blauen Himmel. Bei sehr schlechtem Wetter
zieht sie sich aber entmutigt zurück. So geht es bis tief ins Frühjahr, und wenn ihre Saison allmählich endet und die winzigen
grünen Blätter zwischen den Blüten erscheinen, bietet sie einen
noch hinreißenderen Anblick.

Heute tragen die strauchartigen Veronikaarten den Gattungs-
namen »Hebe«, wenn auch manche Gärtnereien an dem alten
Namen festhalten. Meine Lieblingsstrauchveronika ist nach wie
vor die Zwerghybride ›Morning Glory‹. Zu Beginn entfaltet sie
immer ein paar Blüten, bis sie sich im November mit einem winterharten Blütenflor schmückt. Der Busch bleibt dann monatelang voller lavendelfarbener Blütenzweige.

Mit den großblättrigen Hebearten bin ich immer etwas grob
umgegangen, da sie mich zu sehr an öffentliche Gärten erinner-
ten. In der Regel werden sie ziemlich groß und tragen verhältnismäßig wenige und noch dazu ziemlich kleine Blüten. Ich fand
sie nie der Mühe wert, bis ich zu dem Schluß kam, daß sie durchaus eine Bereicherung sein können, wenn man sie nur richtig
behandelt.

Der richtige Weg besteht meines Erachtens darin, die Pflanzen
klein zu halten, also jedes Jahr Stecklinge abzunehmen und neu
anzufangen, sobald die Pflanzen zu groß werden. Wenn man so
vorgeht, hat man immer kleine Büsche, die ungefähr eine Höhe
von 30 cm erreichen. Im Verhältnis zur Buschgröße erscheinen

die Blüten fast zu groß. Die meisten dieser großblättrigen Arten sollen im britischen Binnenland nicht allzu winterhart sein; mir ist es aber über Jahre gelungen, meine kleinen Pflanzen ohne Schäden durch den Winter zu bringen. Verschiedene Formen mit nahezu rotem Laub blühen bis zum Januar. Sogar die weiß und grün panaschierten Formen von *Hebe* × *andersonii* und *H. speciosa* habe ich durch den Winter gebracht, so daß ich mich die ganze kalte Jahreszeit über an purpurfarbenen, karminroten und lavendelfarbenen Blüten erfreuen konnte. Den Namen der *H.-salicifolia*-Hybride ›Midsummer Beauty‹ kann ich mir bis heute nicht erklären, da diese Strauchveronika ihre Blütezeit gewiß nicht auf den Sommer beschränkt. Ihre langen lavendel-farbenen Blütentrauben, die im November hübsch anzuschauen sind, duften sogar, was zu einer Hebe eigentlich nicht zu passen scheint. Sie wirkt fast wie eine Buddleja. Die Strauchveroniken haben schönes, glänzendes Laub, das sich als Hintergrund für andere Pflanzen anbietet.

Der Losbaum *Clerodendron bungei* (syn. *C. foetidum*) ist immer ein unsicherer Kantonist. Jeden Winter friert er bis auf den Boden zurück, und seine neuen Triebe, die ganz gemächlich erscheinen, sind dann erst blühwillig, wenn schon die ersten winterlichen Fröste im Anzug sind. So laufen sie also um die Wette, und wenn die Losbäume gewinnen, können wir uns an flachen, kräftig rosafarbenen Blütenköpfen erfreuen, die sich zwischen purpurgetönten Blättern verstecken. In den Fachbü-chern wird der Clerodendron als »Halbstrauch« ausgewiesen; die Beschreibung »Superstaude« erschiene mir aber passender.

Ich kann mich nicht mehr erinnern, woher ich ihn habe und wohin ich ihn am Anfang gepflanzt habe. Es muß irgendwo im oberen Teil des Terrassengartens gewesen sein, denn jetzt erscheint er überall im Beet, inmitten der kleinen *Lonicera-nitida*-Hecke, im Beet unter der Hecke und im gepflasterten Weg dane-ben. Jedes Jahr grabe ich ungefähr ein Dutzend Pflanzen aus und verschenke sie, damit nicht ein ganzer Wald entsteht, aber mit dieser Methode läßt der Losbaum sich nicht ernsthaft unter Kon-trolle bringen. Er ist mit seinen großen rötlichen Blättern und den großen flachen, leuchtendrosa Blütenköpfen eine recht farbenprächtige Pflanze. Ich glaube gern, daß er fast die Größe eines Baumes erreichen kann, aber bei mir wird er niemals höher als 60–90 cm. Von Bodenhöhe beginnend, erreicht er im Hochsommer ungefähr seine 90 cm, um dann in Besitz seiner vollen Schönheit wieder von den ersten Frösten dahingerafft zu werden. Den Duft, den die Blüten ausströmen sollen, habe ich niemals wahrgenommen, vielleicht weil der unangenehme Geruch der Pflanze selbst stärker ist. Der alte botanische Name *Clerodendron foetidum* scheint mir deshalb ausgesprochen passend zu sein. Der kleine Baum *Clerodendron trichotomum* läßt sich dagegen besser handhaben. Seine Blätter riechen äußerst unangenehm, aber die Blüten duften herrlich und noch dazu so kräftig, daß der unangenehme Geruch der Blätter unterdrückt wird. Aber wie auch immer der Geruch – schon wegen der leuchtendblauen Beeren lohnt es sich, diesen Baum zu pflanzen.

Als ich in meinem Vorgarten eine Hortensienrabatte anlegte, mußte ich mir den Vorwurf ziemlicher Phantasielosigkeit gefallen lassen, da ich *Hydrangea macrophylla* (Gartenhortensien) in Weiß- und Rosatönen ausgewählt hatte. Wie schade, daß ich nicht von Anfang an auch noch einige Spezies dazugesetzt habe! Später pflanzte ich noch *Hydrangea villosa* dazu, die, wenn sie voll erblüht ist, mit ihren endlos wechselnden Rosatönen einen wunderbaren Anblick bietet. Nach der Blüte ist sie allerdings weniger ansehnlich. Den ganzen Spätherbst hindurch bis kurz vor Weihnachten sind die ganz gewöhnlichen Hortensien besonders schön und wertvoll. Ihre Blätter färben sich erfreulich, und die Blütenköpfe nehmen die wunderbarsten Farbtöne von Karminrot über Kupfer bis hin zu Grün an. Der große Busch der »Lacecap«-Hortensie ›Mariesii‹ sieht wunderbar aus – mit ausladenden Zweigen und übereinandergeschichteten großen, flachen farbenprächtigen Blüten, die noch intensiver in der Farbe sind als die Gartenhortensien.

Nach all dieser Pracht macht es keine Freude, die in ihrer Ecke zitternde *Hydrangea villosa* zu betrachten. Was von ihren Blüten übrigbleibt, sind traurige graue Büschel, und ihre großen schönen Blätter sind verdreht und farblos. Mit diesem fast fleischlosen Gerippe möchte man sich am liebsten gar nicht aufhalten. Andere Arten bieten auch keinen besseren Anblick. Die Kletterhortensie *H. petiolaris* ist voll erblüht eine schöne Pflanze; sobald aber ihre Blütezeit vorüber ist, sieht sie jämmerlich aus. Und nichts ist hübscher als ein kleiner Busch von *Hydrangea involucrata* ›Hortensis‹, wenn er mit kleinen gefüllten rosa Blüten bedeckt ist. Aus diesem Grund habe ich dieser Hortensie auch einen markanten Platz in meinem Garten eingeräumt. Da sie aber nach der Blütezeit völlig reizlos ist, setze ich gern eine Pflanze davor, die in der zweiten Jahreshälfte ihren Part übernimmt. Es ist nicht einfach, das Richtige für diesen Zweck zu finden. *H. serrata* ›Grayswood‹ sieht in ihren späteren Phasen besser aus. Ihr Laub nimmt karminrote Töne an, und ihre Blüten behalten etwas von ihrer blauen und lebhaften rosa Farbe.

Die Blütenköpfe meiner gewöhnlichen Hortensien schneide ich erst im Frühjahr ab. Viele Monate lang bereichern sie mit ihren schönen Farben den Garten, und auch später, wenn sie zu Skeletten werden, sind sie noch reizvoll anzuschauen. Ich war froh zu hören, daß es den Pflanzen besser bekommt, wenn man im Winter ihre Blütenköpfe noch stehenläßt. Erstens beschützen sie die Knospen, die sich am Zweig unterhalb der Blüte bilden, und zweitens enthalten sie Magnesium, das von der Pflanze wieder aufgenommen wird. Trotzdem bin ich sehr froh, wenn das Frühjahr kommt und ich die Köpfe abschneiden kann, die dann wirklich arg mitgenommen sind. Um diese Zeit kommen auch schon neue Blätter hervor.

Es gibt einige Rosen, die immer spät blühen, nicht bloß in einem Ausnahmejahr. Ich genieße Novemberrosen immer, sei es nun ›Madame Abel Chatenay‹, die das Wohnzimmerfenster umkränzt, oder ›Zéphirine Drouhin‹, die zu einer Zeit, da man denken sollte, alle braven Rosen schliefen, hinter der Mauer des Wirtschaftshofs hervorschaut. Aber die liebste Rose ist mir ›Dr. W. van Fleet‹, die an der Nordmauer gegenüber der Hausfront wächst. Warum ich sie dorthin gepflanzt habe, weiß ich eigentlich gar nicht. Es gibt einige Rosen, etwa ›Mermaid‹, die recht gern an einer Nordmauer stehen, aber ich glaube nicht, daß ›Dr. W. van Fleet‹ zu ihnen gehört. Freilich wächst an der Nordmauer gegenüber dem Eßzimmer sogar eine ›Guinée‹, aber hier ist die Mauer auch niedriger, und die Zweige sind nach der Südseite heruntergezogen, so daß die meisten Blüten auf der Mauer-kuppe oder an der Vorderseite erscheinen. ›Dr. W. van Fleet‹ habe ich aber unter eine ziemlich hohe Mauer gepflanzt und ganz in die Nähe eines Becherkätzchens *(Garrya elliptica)* – kein beson-ders intelligenter Einfall, aber trotz allem freue ich mich über das Ergebnis. Ich bin entzückt, wenn sich im November die muschel-rosa Blüten an der Mauer öffnen und sich die schweren Äste der Garrya wie ein Zeltdach über sie ausbreiten. Ich gerate niemals in Versuchung, meine späten Rosenblüten abzupflücken, weil ich sie so gern im Herbstnebel blühen sehe. Wie wunderbar ist auch der Geruch – am frühen Morgen, wenn der Garten von Tautrop-fen funkelt, oder in der Abenddämmerung, wenn der Duft der späten Rosen sich mit dem würzigen Geruch nasser Blätter ver-mischt.

Eine andere Rose, der man in ihrem zweiten Flor kaum wider-stehen kann, ist die grüne *Rosa chinensis* ›Viridiflora‹. Vor allem hat sie den Vorzug, daß ihre zweite Blüte, die im November beginnt, bis zum Januar ansehnlich bleibt.

Andere Rosen, die in diesem Monat einen schönen Anblick bieten, sind die *Rosa-moschata*-Hybriden (Pembertonhybriden) wie ›Felicia‹ und ›Penelope‹. Für ›Masquerade‹ kann ich mich nicht sehr begeistern, wenn ihre Blüten in einer Mischung aus Karminrot und Gelb getönt sind; um diese Jahreszeit aber ver-schwinden die karminroten Töne allmählich, und die Blüten nehmen einen angenehm zartgelben Farbton an.

Mit Hortensien und Rosen kann mein kleiner Vorgarten im November sehr fröhlich aussehen. Nerinen blühen bis zum Dezember, und häufig stehen noch Winteriris in Blüte. *Abutilon megapotamicum*, das ich an der Südseite des Hauses ziehe, bringt immer seine kleinen hängenden karminroten Blüten mit ihren gelben Petticoats hervor, und spät im Jahr, wenn Blüten rar sind, bewundert man sie um so mehr.

Als ich die panaschierte Form von *Iris japonica* geschenkt bekam, wurde ich gewarnt, sie sei nicht so winterhart wie die gewöhnliche Form. Ich pflanzte sie daraufhin in den Vorgarten, wo sie sich bis jetzt ganz wohl zu fühlen scheint, denn sie vermehrt sich sehr gut. Ihre zarten weißgrünen Blätter sind beinahe so schön wie blasse Blüten, wenn sie sich in einer geschützten Ecke sachte im Wind wiegen. Und erst ihre orchideenartigen Blüten, die sich im Sommer öffnen!

Am Westende des Vorgartens habe ich immer verschiedene Exemplare der Korsischen Nieswurz stehen; sie öffnen ihre Blüten früher als andere, weniger gut plazierte Geschwister.

Es ist interessant, daß Francis Bacon unter den Pflanzen, die im Spätnovember, Dezember und Januar das Herz erfreuen, an erster Stelle das Immergrün nennt. In seinem berühmten Essay »Of Gardens« führt er Blumen, Sträucher und Früchte auf, mit denen sich jeder Monat reizvoll gestalten läßt. Als ich diesen Aufsatz noch einmal las und das bescheidene kleine weiße, purpurfarbene oder blaue Immergrün zwischen »Ilex, Efeu, Lorbeer, Wacholder, Zypresse, Eiben, Kiefern, Tannen, Rosmarin und Lavendel« eingereiht fand, hatte ich das Gefühl, ich müßte hinausgehen und mich bei meinem großen, glänzend grünen Laubhügel entschuldigen, aus dem mir an einem kalten Tag die reinblauen Blüten so vertrauensvoll entgegenschauen. Immergrün, üppig und unbezähmbar – *Vinca major* ist wirklich eine unserer besten Winterpflanzen. Ich schäme mich, daß ich sie manchmal gerade wegen ihrer Eigenschaften, die ich bewundere, auch verwünsche.

Der November wartet gelegentlich mit angenehmen Überraschungen auf. Nachdem mir der Schneemohn *Eomecon chionantha* das ganze Jahr über nur Blätter – wenn auch schön geformte und farbenprächtige – beschert hat, wählt er mitunter diesen Monat aus, um eine seiner schönen weißen Blüten hervorzubringen, die wie eine Kreuzung zwischen einer Mohn- und einer Anemonenblüte aussehen und in der Mitte einen dunkelgelben Fleck haben. Diese Pflanze wird manchmal »Alpenveilchenmohn« genannt, da ihr Laub dem des Alpenveilchens ähnelt.

Die späten Alpenveilchen eröffnen jetzt ihre Wintersaison. Während *Cyclamen cilicium* im November schön blüht, setzen die anderen Knospen an. *C. neapolitanum* zeigt immer noch vereinzelte Blüten, und *C. pseudoibericum* bringt Blätter hervor, um uns anzuzeigen, daß es noch am Leben ist.

Wer Efeu als Feind betrachtet, hat sicherlich den falschen Platz für diese Pflanze ausgewählt. Efeu kann durchaus Mauern zerstören und unter Dachrinnen kriechen, aber meines Erachtens ist er für Bäume nicht so schädlich, wie man viele von uns zu glauben gelehrt hat. Wie dem auch sei, eine der Pflanzen am Wegesrand, die ich im November sehr schätze, ist der gewöhnliche Efeu *Hedera helix*. Ich liebe die Art und Weise, wie er unansehnliche Löcher in bröckelnden Mauern zudeckt, Baumstümpfe bekränzt und allerlei unschöne Stellen mit einer weichen grünen Decke überzieht. Wenn er nicht mehr weiterklettert und horizontal wächst, beginnt er zu blühen, und zu dieser Jahreszeit ist er voller kleiner dichter Büschel aus grünen Blüten mit winzigen gelben Staubbeuteln.

Trotz meiner Vorliebe für grüne Blüten würde ich es einem solchen Efeu nicht erlauben, nach Herzenslust an meinen Mauern emporzuklettern. So schön er auch ist und so gern ich ihn auch an anderer Leute Mauern wachsen sehe – von meinen Mauern muß er weichen. Ich liebe es aber, wenn × *Fatshedera* ihre großen glänzenden Blätter über die Böschung meines Grabens herabhängen läßt und im November ihre Blüten öffnet, die ganz genauso wie die Blüten des gewöhnlichen Efeus am Straßenrand aussehen. Diese bemerkenswerte immergrüne Pflanze – eine Kreuzung zwischen dem Irischen Efeu und der Japanischen Aralie *(Fatsia japonica)* – hat einen lockeren, eleganten Wuchs, der sich für eine naturnahe, zwanglose Bepflanzung anbietet. Die panaschierte Form mag ich noch lieber, und ich hoffe, daß sie sich an der verfallenen Mauer hinter meinem oberen Steingarten ziehen läßt. Da ich bis jetzt nur kleine Pflanzen habe, kann ich in den nächsten ein bis zwei Jahren nicht auf Blüten hoffen.

Viele Vertreter der Gattung Melde (Atriplex) gelten zwar als Küstenpflanzen, gedeihen aber genausogut im Binnenland. Ein schönes Exemplar, das von allen Seiten zu sehen ist, bietet mit seinem grauen, satinartigen Laub an einem Tag im Spätherbst einen erfreulichen Anblick. Die Melde läßt sich gut unter Kontrolle halten, wenn man sie jedes Frühjahr kräftig zurückschneidet. Da sie in erster Linie wegen ihres Laubs und nicht wegen ihrer Blüten gezogen wird, sollte man sie dorthin pflanzen, wo sie die Winterszenerie bereichern kann. Wie alle Pflanzen, die gut am Meer gedeihen, ist sie sehr robust. Kalte Winterwinde können den Blättern nichts anhaben, obgleich sie so zerbrechlich anmuten, und der Strauch insgesamt beugt sich mit dem Wind, läßt sich aber nicht von ihm brechen.

# DEZEMBER

Es ist eigentlich nicht ganz richtig, in diesem Buch alle Blüten aufzuführen, an denen wir uns im Dezember erfreuen können. In manchen Jahren blühen zum Beispiel noch viele Rosen. Insbesondere Chinarosen blühen häufig im Dezember, und die gewöhnliche Monatsrose, *Rosa chinensis,* bringt fast jeden Monat im Jahr Blüten hervor.

In der Regel trägt auch der Bartfaden noch ein paar vereinzelte Blüten. Der hohe Bartfaden ›Mrs. Hindley‹ und die leuchtend kirschrote Rose ›Independence‹ blühen häufig spät. Wenn beide Pflanzen nebeneinanderstehen und gleichzeitig ihre Blüten öffnen, entsteht eine großartige Wirkung. Die Rosenblüten nehmen mit der Zeit einen matten Purpurton an und passen wunderbar zu dem Bartfaden. Frühblühende Primeln, vereinzelte Veilchen, ein paar Anemonen, spätblühende Liriopen und vielleicht ein oder zwei Blütenzweige der Japanischen Zierquitte *(Chaenomeles japonica)* steuern Farbe bei.

Und während der ganzen Zeit, in der wir die letzten Blüten des Jahres hegen, öffnen sich die echten Dezemberblüten. Eine der besten Pflanzen, die Robert Fortune aus China nach England mitgebracht hat, ist der Winterjasmin, *Jasminum nudiflorum.* Zu keinem Zeitpunkt ist er unansehnlich, da seine immergrünen Zweige und die Blätter in einem frischen, leuchtenden Grün getönt sind und er sich im Sommer als wertvolle Laubpflanze erweist. Gewöhnlich wird er an einer Mauer gezogen, und da er so anpassungsfähig ist, daß er mit jedem Standort zurechtkommt, findet er sich natürlich am häufigsten an einer Nordmauer wieder. Über viele Wochen öffnen sich an seinen nackten Zweigen goldfarbene Blüten aus orangefarbenen Knospen. Freilich ist es nicht notwendig, ihn an einer Mauer zu ziehen. Regel-mäßig beschnitten, bildet er einen schönen Busch; pflanzt man ihn hinter einen Baumstumpf oder an eine niedrige Mauer, so kann er seine Zweige wie eine Fontäne darüberfallen lassen, wobei seine Blüten sogar noch besser zur Geltung kommen, als wenn er an einer Mauer wächst.

Daß dieser Jasmin schnell wächst, kann man leicht an der Art und Weise erkennen, wie Cottagers ihn für Lauben verwenden. Er bildet ein kompaktes grünes Dickicht; freilich gehen beim ständigen Beschneiden auch immer einige Blüten verloren.

Ich ziehe auch die panaschierte Form dieser Pflanze, aller-dings eher aus botanischem Interesse denn aus ästhetischen Gründen. Betrachtet man den Strauch aus einer gewissen Entfer-nung, so meint man fast, er sei erblüht, so kräftig gelb sind seine Blätter panaschiert. Es gibt auch eine Form des im Sommer blü-henden Echten Jasmins *(Jasminum officinale)*, deren Blätter gold-farben panaschiert sind. Auch dieser Strauch wirkt ziemlich bunt und ist bei weitem nicht so schön wie der silbern panaschierte Echte Jasmin mit seinen zarten Silber-, Grün- und Rosatönen, der leider vergleichsweise langsam wächst.

Der Winterjasmin läßt sich von schlechtem Wetter nicht beeindrucken; während der ganze Garten im Frost erstarrt ist, bringt er unermüdlich seine goldenen Blüten hervor.

Der Schneeball *Viburnum farreri,* der gleichfalls im November zu blühen beginnt, kommt und geht den ganzen Winter über. Er wirkt nie so spektakulär wie die Higankirsche *Prunus subhirtella* ›Autumnalis‹, da er frei stehend nicht so hoch wird und sich auch nicht zu so einem stattlichen Baum mit offener Krone entwik-kelt. In der Regel bildet er einen niedrigeren, dichteren Busch mit größeren Blütenbüscheln. Da er an einer Mauer höher wird, scheint ein derartiger Standort für ihn besonders passend zu sein. Seine weißen Blüten, die sich aus rosa Knospen öffnen, duf-ten köstlich. Starker Frost kann ihnen arg zusetzen, aber die nächsten Blüten sind dann wieder makellos.

Es gibt etliche Varietäten dieses Strauchs. Die Zwergform *V. farreri* ›Nanum‹, die für kleine Gärten besonders wertvoll ist, bringt Farbe in die Blumenbeete des winterlichen Gartens und sorgt danach für schönes Laub. *V. farreri* ›Candidissimum‹ schmückt sich, wie sein Name sagt, mit weißen Knospen und reinweißen Blüten, die sich wunderbar gegen seine dunkelbraunen Zweige abheben. Als Solitärpflanze sieht dieser Schneeball am schönsten aus, und mit der Zeit erreicht er eine Höhe von 3,60 m.

Als ich in einem berühmten Garten in Porlock voller Bewunderung vor einem *Viburnum grandiflorum* stand, bekam ich ein paar Stecklinge geschenkt und freute mich schon darauf, diesen hohen Strauch in meinem Garten zu ziehen. Er zeichnet sich durch größere Blüten aus, die in einem dunkleren Rosa getönt sind und in einem blassen Rosa vergehen. Erfahrene Freunde versicherten mir, daß ich mit diesem Schneeball kein Glück haben würde, und sie hatten recht. Zum einen ist er nicht vollständig winterhart, und zum anderen scheint er meinen kalkhaltigen Boden nicht zu mögen. Zum Glück hat das Kind *V.* × *bodnantense* ›Dawn‹, das aus der Verbindung von *V. grandiflorum* und *V. farreri* hervorgegangen ist, keine Schwächen und ist genauso kräftig wie der Typ. Seine Blüten sind nicht ganz so groß wie die von *V. grandiflorum,* dafür aber in einem sehr schönen dunklen Rosaton gefärbt. Auch *V. foetens* ähnelt *V. farreri.* Dieser Schneeball wurde mir zu Anfang als geeigneter Strauch zum Unterpflanzen großer Bäume empfohlen, da er Schatten haben muß. Er hat weiße Blüten in ziemlich lockeren Büscheln, und seine Blätter sind ungewöhnlich glatt. Er scheint in den Gärten anderer Leute besser zu gedeihen als *V. grandiflorum.*

Wenn wir uns über die verschiedenen Mitglieder der Schneeballfamilie unterhalten, darf auch unser alter Freund Laurustinus, der Lorbeerschneeball *(Viburnum tinus),* nicht fehlen. Wäre diese Pflanze in irgendeiner Hinsicht schwierig, dann würden wir ihr wohl mehr Beachtung schenken. Da sie aber völlig problemlos ist, weist man ihr häufig die schlechtesten Plätze im Garten zu. Erst kürzlich war ich ziemlich bestürzt, als ich einige Freunde besuchte, die dabei waren, ihren vernachlässigten Garten wieder in den ursprünglichen schönen Zustand zu bringen.

Wie alle neu bepflanzten Gärten wirkte auch dieser noch stellenweise karg und unausgeglichen, und ich war hoch erfreut, als ich vor einer niedrigen Mauer zwei Exemplare von *Viburnum tinus* stehen sah, die eine Steintreppe flankierten. Das dunkelgrüne Laub der Sträucher und die anmutige Art und Weise, in der sie sich in ihre Ecken schmiegten und sie ringsherum mit ihren üppigen Zweigen ausfüllten, waren herrlich anzuschauen, und ich war sicher, daß dieser kleine Teil der Bepflanzung auf jeden Fall von Dauer sein würde. Die Besitzer waren jedoch der Meinung, die beiden einfachen Schneebälle seien für einen so auffälligen Platz viel zu gewöhnlich und müßten durch seltenere Pflanzen ersetzt werden.

Der Laurustinus kann auf verschiedene Weisen verwendet werden. Als Solitärstrauch bietet er das ganze Jahr über einen reizvollen Anblick, und vom Spätherbst bis zum März trägt er flache Köpfe aus spitzenartigen weißen Blüten, die sich aus rosa Knospen öffnen. Er bildet eine wunderbare Hecke, da auf seine Blüten blaue Beeren folgen, die sich später schwarz färben. Und da der Strauch im Schatten gedeiht, bietet er unendliche Möglichkeiten. (Zur Abwechslung kann auch die panaschierte Form gezogen werden.)

Außerdem gibt es noch verbesserte Formen dieser unschätzbaren Pflanze; *V. tinus* ›Lucidum‹ ist wohl die bekannteste und zweifellos auch die schönste. Die Sortenbezeichnung weist auf die glänzenden Blätter hin, die größer sind als bei der gewöhnlichen Pflanze. Die Blüten sind ebenfalls größer und auch weißer, und die Pflanze wächst schneller. Diesen »Französischen Laurustinus« entdeckt man manchmal in den Gärten von Kennern.

Eine andere Varietät, die auch größere glänzende Blätter und größere Blüten trägt, ist *V. tinus* ›Clyne Castle‹. *V. tinus* ›Hirsutum‹ dagegen hat rauhhaarige Zweige und Blätter. In seinem »English Flower Garden« erwähnt William Robinson andere Formen des Laurustinus, die aber wohl nicht in größerem Stile kultiviert werden. *V. tinus* ›Rotundifolium‹, der runde Blätter trägt, hat auch eine panaschierte Form. Und auch *V. tinus* ›Variabile‹ und ›Froebeli‹ werden empfohlen.

Obgleich die Mahonie *Mahonia japonica* häufig schon im November zu blühen beginnt, eröffnet sie ihre eigentliche Saison erst im Dezember mit langen duftenden Blütentrauben. Was die Namen dieser blühenden Mahonien anbetrifft, so scheint man sich überhaupt nicht einig zu sein. Die von uns allen begehrte Mahonie mit den langen Blütentrauben trägt die botanische Bezeichnung *M. japonica,* wurde aber früher unter dem Namen *M. bealei* oder *Berberis bealei* geführt. Dann wurde festgesetzt, daß *M. bealei* die Form mit kurzen, aufrechten und ziemlich kompakten Blütentrauben und ilexartigen Blättern sei. Und bis heute ist die Situation noch nicht ganz geklärt. Manchmal werden die Namen vertauscht, und in manchen Listen wird unsere Mahonie zu allem Überfluß sogar als *Mahonia* (oder *Berberis*) *japonica bealei* aufgeführt. Ist es da noch verwunderlich, wenn sich der Laie nicht mehr auskennt? Wie dem auch sei, diese Mahonie ist ein ausgesprochen schöner immergrüner Strauch mit glänzenden Blättern, die sich im Herbst kräftig färben. Es wird empfohlen, sie in den Schatten in kühlen, torfhaltigen Boden zu pflanzen; sie gedeiht aber auch an einem offenen Standort in kalkigem, gut durchlässigem und ausreichend feuchtem Lehmboden.

Ich habe zwei Pflanzen an einem offenen, ungeschützten Platz stehen, und mir wurde gesagt, daß sie sich dort wohl nicht ganz glücklich fühlten, da sie sich im Herbst rot färben. Die Färbung soll darauf hinweisen, daß sie nicht optimal gedeihen. Mir allerdings ist dies Zeichen der Unzufriedenheit durchaus willkommen, da die karminroten Blätter im Herbst eine wahre Freude sind. Und wenn die langen primelgelben Blütentrauben unter den allmählich sich färbenden Blättern hervorschauen, ist das Bild vollkommen. Ich pflücke immer einzelne Blütentrauben, schneide aber niemals einen ganzen Trieb ab, bevor alle seine Blüten verwelkt sind. Dann entferne ich jeden einzelnen Blütenkopf, um daraus Stecklinge anzufertigen, was nicht ganz einfach ist. Ungefähr 15 cm unterhalb der Blüten ist der Stiel verdickt und rauh, und an dieser Stelle schneide ich. Nach dieser Prozedur sehen meine Büsche einfach erbärmlich aus, und etliche

Gärtner haben angesichts meiner rüden Behandlung der Pflanzen schon den Kopf geschüttelt. Besuchen sie mich aber ein paar Wochen später wieder, schlagen sie einen ganz anderen Ton an. Denn aus jedem Zweig, den ich beschnitten habe, sprießen zwei neue Triebe hervor, und es dauert nicht lange, bis der Busch üppiger belaubt ist als vorher. Dank meiner Methode bleiben die Büsche auch niedrig, breit und schön kompakt – Eigenschaften, die ich in meinem kleinen Garten brauche. Ich habe schon sehr ungelenke, unordentliche Exemplare der *Mahonia bealei* an freien Plätzen stehen sehen. Sie ist für eine solche Situation ungeeignet, da sie nur spärlich belaubt ist und allzuviel Astwerk sichtbar wird. Dieser Strauch, der sich mehr in die Länge streckt, kann vor einer Mauer recht reizvoll sein, und ich mag es am liebsten, wenn der ganze obere Teil des Buschs über eine Mauer wächst und seinen duftenden Blütenflor über die andere Seite ausschüttet.

Die aristokratischer wirkende *M. lomariifolia*, die im Oktober und November blüht, schmückt sich mit Blütenständen, die so lang sind wie bei *M. japonica* und so aufrecht stehen wie bei *M. bealei*. Die Blätter der Halskrause, aus der die Blütenstände hervorwachsen, sind kleiner und zierlicher als bei den beiden anderen Formen. Da diese Pflanze für mich etwas Steifes und Abweisendes hat und außerdem ihre Blüten keinerlei Duft ausströmen, bevorzuge ich die gewöhnlicheren Arten. Major Lawrence Johnston hat im Jahre 1931 die Samen dieser Pflanze aus China mitgebracht. Sie ist übrigens nicht ganz winterhart, nicht einmal in Somerset. Aber selbst wenn sie ihre Blätter verliert und ihre Zweige wie abgestorben wirken, treibt sie in der Regel wieder von unten her neu aus. Besucher der Savill Gardens im Großen Park von Windsor kennen sicher die schöne Hybride zwischen dieser Pflanze und *M. japonica,* die den Namen *M. × media* ›Charity‹ trägt. Sie vereint in sich die Vornehmheit von *M. lomariifolia* und die Widerstandskraft von *M. japonica*.

Wenn man die Winterblüte *(Chimonanthus praecox)* pflanzen will, muß man bedenken, daß sie viel Raum benötigt, um sich entwickeln zu können. Wir möchten sie so nah am Haus wie möglich haben und vergessen dabei immer wieder, wie groß sie werden kann. Wenn sie ihre langen, belaubten Zweige über die Fenster auszubreiten beginnt, muß sie zurückgeschnitten werden, was natürlich auch den Tod vieler Blüten bedeutet. Genau das ist bei mir geschehen, und nun erscheinen die meisten dieser kostbaren duftenden Blüten an den oberen Zweigen, die zwar die Fenster nicht beschatten, aber zu hoch sind, als daß ich vom Boden aus Blüten pflücken könnte. Demnächst werde ich sie natürlich vom Schlafzimmerfenster aus erreichen können; in der Zwischenzeit muß ich mich mit ein oder zwei duftenden Blütenzweigen in der Vase zufriedengeben. Schon eine einzelne winzige Blüte genügt, um einen kleinen Raum mit würzigem Duft zu erfüllen. Es ärgert mich immer wieder, wenn Leute die Blüten als düster und matt bezeichnen. Wahrscheinlich würden wir im Juni nicht zweimal hinschauen, aber im Dezember widmet man den durchscheinenden, krallenartigen Blütenblättern viel Aufmerksamkeit. Es läßt sich nur schwer sagen, ob die Farbe eher an Stroh oder an Bienenwachs erinnert. Die inneren Blütenblätter sind matt karminrot, und wenn von hinten Licht darauffällt, beginnen sie zu leuchten. Die beiden folgenden Varietäten sind vielleicht eindrucksvoller, aber ihr Duft ist nicht so kräftig: *Chimonanthus praecox* ›Grandiflorus‹ hat größere gelbe Blüten mit karminroten Blütenblättern im Innern, *C. praecox* ›Luteograndiflorus‹ große, offene blaßgelbe Blüten ohne jedes Karminrot. Den Anblick eines schönen Exemplars nach einem Regenguß, wenn jede Blüten voller Regentropfen funkelt und die Wintersonne die Blüten strahlen läßt, wird man nicht so schnell vergessen. Alle Varietäten – in nährstoffarmem Boden scheinen sie am besten zu gedeihen – brauchen ein paar Jahre, bis sie zu blühen beginnen.

Ein Strauch, der häufig im Dezember am schönsten ist – zumindest in meinem Garten –, ist der Hammerstrauch *Cestrum parqui*. Diese chilenische Pflanze, die im Sommer blühen sollte, schmückt sich in meinem Garten im Dezember mit einem zweiten Blütenflor, der sogar noch schöner ist als der erste. Oder hat man einfach nur mehr Zeit, ihn zu genießen? Seine gelbgrünen

Blüten kommen natürlich besser zur Geltung, wenn nur wenige andere Pflanzen in der Umgebung in Blüte stehen, aber was man zu dieser Jahreszeit vermißt, ist der Duft. Da er sich nämlich in der Nacht entfaltet, hat man gewöhnlich nur im Sommer etwas davon. Ich ziehe den Hammerstrauch übrigens an einer Südmauer neben einem *Eucalyptus gunnii*.

Für alle, die auf Kalkböden gärtnern, ist es ein Glück, daß die vielen Formen der Schneeheide *(Erica carnea)* im Winter blühen. Eine Entschuldigung für kahle Erde unter Sträuchern kann es da nicht geben. Wie es auch bei vielen anderen Pflanzen der Fall ist, wächst die namenlose Varietät ausgesprochen bereitwillig. Sie ist eine wertvolle Pflanze für unebene Plätze und große Bereiche, wo etwas Schnellwachsendes, Problemloses gebraucht wird. Ich habe diese reizvolle zarte, malvenrosa Heide gleich am Anfang gepflanzt, und inzwischen haben sich ansehnliche Büsche entwickelt, obwohl ich von Zeit zu Zeit Stücke abtrenne. Später habe ich dann versucht, Varietäten in leuchtenderen Farben in den Garten zu bringen, aber meine kleinen neuerworbenen Pflanzen haben sich im Vergleich zu der gewöhnlichen Schneeheide widerwillig gezeigt und nur langsam vermehrt.

*Erica carnea* ›Vivelli‹ halte ich immer noch für die beste unter den dunkelroten Varietäten. Sie hat außerdem kupferfarbenes Laub, das eine gewisse Tiefenwirkung gibt. *E. carnea* ›Eileen Porter‹ ist eine neue Varietät mit leuchtend karminroten Blüten. Sie vermehrt sich aber noch langsamer als ›Vivelli‹. ›Ruby Glow‹ ist eine andere farbenprächtige Varietät, und ›Praecox Rubra‹ trägt kräftig dunkelrosafarbene Blüten. ›James Backhouse‹, ›King George‹ und ›Pink Pearl‹ sind weitere schöne rosablühende Sorten. Die weiße Form der Schneeheide, *E. carnea* ›Alba‹, ist eine hübsche kleine Pflanze, und auch ›Snow Queen‹ ist eine bewährte weiße Sorte.

Alle diese Varietäten eignen sich vorzüglich für Stellen, wo kompakte Kissen gewünscht werden; für Böschungen und wildwachsende Bereiche sollte man aber möglichst die ›Springwood‹-Varietäten auswählen. Da sie einen horizontalen, kriechenden Wuchs haben, kommen sie an einem Hang am besten zur

Geltung. ›Springwood White‹ ist starkwüchsiger als ›Springwood Pink‹, und ihre langen, urnenförmigen Blüten haben vorspringende braune Staubgefäße. Beide Varietäten sind vorzügliche Bodendecker, die alles Unkraut ersticken und weite Flächen überziehen.

Eine andere gute bodendeckende Winterheide ist die starkwüchsige, dunkelrosa blühende *Erica × darleyensis*. Andere Formen der Kreuzung zwischen *E. carnea* und *E. erigena* sind ›Arthur Johnson‹ und ›George Rendall‹ mit rosafarbenen Blüten und die hübsche, weißblühende ›Silberschmelze‹, deren tiefgrünes Laub im Winter etwas gerötet ist.

Mit Heidepflanzen lassen sich schöne Wintereffekte unter Sträuchern erzielen. Die dunkleren Rosa- und Malventöne machen sich gut unter graugrünen Koniferen, während die blaßrosa Heidearten gut unter blaugrünen Sträuchern zur Geltung kommen. Die weißblühenden Formen wiederum sind unter goldfarbenen Sträuchern besonders schön anzuschauen. Es gibt zwei immergrüne goldfarbene Strauchveroniken: *Hebe armstrongii* ist ein kleiner ausladender Busch mit altgoldenen Blättern; *H. hectori* hat leuchtend goldgrüne Blätter; *Cassinia fulvida* schließlich, die manchmal auch als »Goldheide« bezeichnet wird, ist ein aufrechtwachsender Busch in einem leuchtenden Goldton. Man kann ihn kompakt halten, wenn man ihn im Frühjahr kräftig zurückschneidet.

## Zweiter Teil

Mitte Dezember ist die Zeit, in der ich voll Entzücken zuschaue, wie meine großen Wolfsmilchpflanzen die Spitzen ihrer langen Stiele herunterneigen. Ich werde niemals müde, diesen wunderbaren Kunstgriff der Natur zu beobachten. An einem Tage sind die Stengel, die an den oberen Enden hübsche kleine Rosetten tragen, ziemlich gerade. Dann straffen sie sich, und ich gehe in müßigen Augenblicken immer wieder hinaus, um vorsichtig nachzufühlen, ob dieser Prozeß der Versteifung schon begonnen hat. Dann nämlich dauert es nicht mehr lang, und die Stengel beugen sich mählich herab, um die Gestalt eines Krummstabs anzunehmen. Meines Erachtens schützen sie damit die sich entwickelnden Blütenknospen vor den Unbilden des Winters, denn wenn sich die Blüten schließlich öffnen, hat sich der ganze Blütenkopf wie durch ein Wunder wieder aufgerichtet. In den Pflanzenlisten der meisten Gärtnereien wird übrigens das Frühjahr als die Blütezeit dieser Wolfsmilcharten angegeben. Im Frühjahr bieten sie tatsächlich immer noch einen wunderbaren Anblick, aber ihre Blütezeit beginnt oft schon kurz nach Weihnachten. In meinem Garten entschließt sich *Euphorbia wulfenii* vor *E. characias* zum Blühen; der zeitliche Unterschied ist aber nur gering.

Eine gute Freundin von mir hat sich am Ende ihres Gartens einen kleinen Wintergarten angelegt. Es ist ein kleiner, streng gestalteter Garten, von schmalen, backsteingepflasterten Wegen durchzogen. Eine Gartenvase in der Mitte ist ringsherum von Beeten umgeben, die mit Buchs eingefaßt sind; weiter außen liegen größere Beete. Zwar sind alle Pflanzen dort von großem Liebreiz – Sternbergien und Krokusse im Spätherbst, Winteralpenveilchen und Nieswurzen in allen Farbtönen –, aber die Euphorbien, die wie Wachtposten an den Ecken der Beete stehen, verleihen dem Garten erst seinen Charakter. Meine Freundin hat die kompakte *Euphorbia characias* verwendet, die sich durch ihre schwarzen »Augen« auszeichnet.

*Iris unguicularis* beginnt gewöhnlich um den 14. Dezember zu blühen. In manchen Jahren, vor allem nach einem kalten, nassen Sommer, kommt sie erst später, wenn der Sommer aber sehr heiß und trocken war, bis zu einem Monat früher. Ich glaube auch, daß das Verhalten der winterblühenden Iris zu einem sehr großen Teil von ihrem Standort abhängt. Die Pflanzen, die bei mir an der vorderen Hauswand stehen, blühen immer als erste. Noch viele andere Exemplare wachsen am Fuße von Südmauern, aber sie blühen später. Wahrscheinlich spielt die Wärme des Hauses eine Rolle. Es ist schade, daß die verschiedenen weißen Formen von *Iris unguicularis* so viel langsamer aufgehen. Ich habe die gewöhnliche weiße Art und eine weiße Form von *I. unguicularis,*

›Speciosa‹, im Garten, aber sie vermehren sich sehr langsam und sind ausgesprochen zögerlich im Blühen. Es gibt noch andere Formen der *I. unguicularis* mit feinerem Laub und kleineren Blüten. *I. angustifolia* hat schmale Blätter, und bei *I. cretica* sind sie sogar noch schmaler.

Während das gewöhnliche blaue und rosafarbene Lungenkraut, *Pulmonaria officinalis,* nicht vor Ende Februar, Anfang März blüht, schaut mich die grünblättrige, rotblühende Art *P. rubra* schon im Dezember verstohlen an. Ich liebe dieses Lungenkraut mit seinen klaren, hellroten Blüten sehr. Sie strahlen richtig, und die frischgrünen Blätter, die völlig ohne Flecken sind, bilden einen schönen Hintergrund. Ich habe noch ein anderes Lungenkraut, das Blüten im gleichen Farbton, aber gefleckte Blätter trägt, wenn auch die Markierungen nicht so deutlich hervortreten wie bei einigen der blaublühenden Formen. Dieses rotblühende Lungenkraut wird Mr. Bowles zugeschrieben, und an einem kalten Wintertag kann ich mir kaum etwas Fröhlicheres vorstellen. Dieses Lungenkraut wird manchmal auch als »Christmas Cowslip« (»Weihnachtsschlüsselblume«) bezeichnet.

Ich ziehe viele Lungenkräuter wegen ihrer schönen Blätter. Bei den Pflanzen mit besonders deutlichen Markierungen handelt es sich wahrscheinlich um Formen von *P. saccharata.* Die Blätter dieser Art sind lang und schmal, im Gegensatz zu den fast herzförmigen Blättern des gewöhnlichen Lungenkrauts. Ich pflanze diese schön markierten Lungenkräuter immer an einen besonderen Platz und hoffe, daß ich mit der Zeit nur noch hübsch gefleckte Exemplare in meinem Garten haben werde. Leicht gesagt – das gewöhnliche Lungenkraut ist nämlich ganz anderer Meinung. Während ich mich bemühe, meine guten Formen zu züchten, ist es damit beschäftigt – und zwar eifrig –, seine Kinder überall dorthin zu verteilen, wo ich lieber meine besonderen Lungenkräuter wachsen sähe. Da ich indessen nicht das Herz habe, all diese kleinen Eindringlinge auszureißen und zu vernichten, muß ich weiter mit einigen guten und vielen gewöhnlichen Exemplaren in meinem Garten leben. Ein Lungenkraut, dessen Blätter ganz silbrig und ungefleckt sind, habe ich *P. argentea* genannt. Ich versuche es zu vermehren und teile es, sobald es nur etwas zu teilen gibt.

Schon seit Mitte November stecken die faszinierenden Blätter des Aronstabs *Arum italicum* ›Pictum‹ ihre Nase durch den Boden. Ich bin dieser Pflanze immer wieder für ihre schönen und interessanten Blätter zu dieser Jahreszeit dankbar. Mit ihrem tiefdunkelgrünen Fond und den elfenbeinfarbenen Markierungen tragen sie viel zur Belebung des winterlichen Gartens bei. Dieser Aronstab blüht auf die gewöhnliche Weise und zur gewöhnlichen Zeit, scheint aber besonders leuchtende Fruchtstände zu haben, die sich recht lange halten. Ich denke immer, daß die Blüten des Gefleckten Aronstabs *(Arum maculatum)* zu den schönsten im Garten gehören, und komme mir barbarisch vor, wenn ich sie so einfach ausreiße. Die zartgrünen Blüten sind hübsch anzuschauen, und die leuchtend orangefarbenen Beeren, die später folgen, verleihen dem Garten eine willkommene fröhliche Note. Ich ziehe aber so viele Aronstabgewächse, die alle botanisch interessant sind, daß ich nicht mehr ein noch aus wüßte, wenn ich alle wilden Exemplare am Leben ließe. Da die meisten meiner interessanten Aronstabgewächse ebenfalls an aufrechten Stielen orangefarbene Früchte tragen, besteht wirklich keinerlei Notwendigkeit, dem Gefleckten Aronstab gegenüber sentimental zu sein.

Ich habe niemals beobachten können, daß die Drachenwurz *Dracunculus vulgaris,* eine enge Verwandte des Aronstabs, nach der Blüte Samen angesetzt hätte. Ich habe diese stinkende, böse dreinschauende Pflanze mit ihren ochsenblutfarbenen Blüten nicht jedes Jahr im Garten; da ich aber häufig Sämlinge finde, muß sie aber wohl doch immer wieder Samen ansetzen.

Wir können nicht erwarten, daß wir alle unsere Gartenfreuden im Winter blühenden Pflanzen verdanken. Die Blüten, die wir zu dieser Jahreszeit haben, sind natürlich kostbar – eine Blüte im Winter ist soviel wert wie hundert zu einer anderen Jahreszeit; aber es gibt noch andere Möglichkeiten, den Garten im Winter reizvoll zu gestalten. Ich freue mich zum Beispiel sehr über den

Strauch *Leycesteria formosa,* dessen Zweige das ganze Jahr über ausnehmend schön sind. Glatt und in einem kräftigen Seegrün getönt, erinnern sie an einen sehr eleganten Bambus. Im Sommer trägt dieser Strauch anmutige, hängende Ähren cremefarbener Blüten, die von purpurvioletten Brakteen umgeben sind. Die Brakteen halten sich noch bis in den Dezember und hüllen dann statt der cremefarbenen Blüten rote Beeren ein.

Jetzt treten auch die Bergenien mit ihren roten Blättern in den Vordergrund. *Bergenia delavayi* ist sehr kräftig in der Farbe; *B. purpurascens* ist beinahe genauso eindrucksvoll. Die Hybride ›Ballawley‹ färbt sich später und bietet einen wunderbaren Anblick, wenn ihre großen Blätter karmin-purpurfarben getönt sind. *Tellima grandiflora* ›Purpurea‹, die sich fast das ganze Jahr über vom Typ kaum unterscheidet, fällt im Winter besonders ins Auge, wenn sich ihre Blätter leuchtendrot färben und aus der Ferne wie ein Flecken karminroter Blüten aussehen.

Auch die roten Äste einiger Hartriegel ziehen jetzt den Blick auf sich. Die goldgelb gerandeten, teils auch ganz goldgelben Blätter von *Cornus alba* ›Spaethii‹ sind die ganze Saison über eindrucksvoll, und wenn sie im Winter abfallen, kommen die leuchtend dunkelkarminroten Zweige zur Geltung und bringen Farbe in den Garten. Das silberfarben panaschierte Gegenstück, *C. alba* ›Sibirica Variegata‹, das wunderbar zu karminroten und blauen Farbtönen in der Sommerrabatte paßt, hat gleichfalls karminrote Zweige, wie auch zwei weitere elegante Mitglieder der Gattung, *C. alternifolia* ›Argentea‹ und *C. controversa* ›Variegata‹, die beide weißbunte Blätter tragen. Beide Sträucher, die sich durch einen flachen, ausladenden Wuchs auszeichnen, lassen sich gut in gemischte Rabatten einfügen. Auch eine Weide, *Salix britzensis,* stellt im Winter rotes Astwerk zur Schau. Goldfarbene Zweige beleben den winterlichen Garten ebenfalls. *Cornus flaviramea* trägt grünes Laub und hat im Winter ockergelbe Zweige, und die goldene Rinde der Trauerweide *Salix vitellina* ›Pendula‹ schimmert warm.

Noch strahlender ist der grünlaubige Hartriegel *Cornus alba* ›Westonbirt‹, dessen Zweige in einem kräftigen Siegelwachsrot daherkommen. Falls nötig, kann er im Frühjahr drastisch bis auf den Boden zurückgeschnitten werden. Diese Methode hat auch den Vorteil, daß dann die neuen Zweige im Winter eine schöne Färbung zeigen.

Es gibt natürlich auch Sträucher mit goldenen Blättern, die Wärme in den winterkalten Garten bringen. Ich verwende gern die goldfarbene Heckenkirsche *Lonicera nitida* ›Baggensen's Gold‹ als Einzelpflanze. Bis jetzt sieht es so aus, als wachse sie ganz langsam – meine drei Jahre alte Pflanze hat erst eine Höhe von 60 cm erreicht. Dieser niedrige Strauch mit seinem unregelmäßigen breiten Wuchs paßt gut zwischen zwergförmige Stauden. Auch der aufrecht wachsende Strauch *Cassinia fulvida*, mehr bronze- als goldfarben, paßt zusammen mit niedrigeren Pflanzen in den Vordergrund einer Rabatte. Wegen seiner kleinen Blätter könnte man ihn fast für eine goldfarbene Heide halten. Da er, wenn er sich selbst überlassen bleibt, mit der Zeit etwas langbeinig wird, sollte man ihn im Frühjahr drastisch zurückschneiden. Wie ich gehört habe, kann man ihn auch durch regelmäßiges Beschneiden gut in Form halten. Ich habe diese Methode bis jetzt aber noch nicht ausprobiert.

Seine kleinen, flachen, flaumigen Blütenköpfe, die den Farbton von altem Elfenbein haben, erinnern an Strohblumen. Ich schneide sie nicht ab, da sie auch im Winter wirkungsvoll sind. Dieser Strauch gedeiht am besten in einem leichten Boden und an einem heißen, trockenen Standort; aber auch zu meinem schweren Lehmboden macht er gute Miene. Obgleich der niedrige Gelbbunte Buschbambus, *Pleioblastus viridistriatus* (syn. *Arundinaria auricoma*), nicht immergrün ist, flattern seine Blätter im Dezember noch an 1,20 m hohen Trieben im Wind. Die goldgrün gestreiften Blätter sind 15 – 20 cm lang. Da sie im Schatten einen grünlichen Ton anzunehmen scheinen, ziehe ich den Bambus jetzt an einem freien Standort. Ich habe das Perlpfötchen *Anaphalis triplinervis* davorgepflanzt, da seine silberfarbenen Blätter das ganze Jahr über ansehnlich sind und die dauerhaften Blüten noch im Dezember einen akzeptablen Anblick bieten. Bei sehr nassem Wetter wirken sie ein bißchen schmuddelig, aber auch noch spät im Jahr plustern sie sich wieder zu winzigen silbernen Bällen auf, wenn nur die Sonne scheint.

Einen ähnlichen Effekt kann man mit der Strauchveronika *Hebe armstrongii* und einem der blaugrünen Stachelnüßchen (Acaena) erzielen. Die Strauchveronika ist ein ausladender zwergförmiger Strauch mit zypressenartigem Laub in einem dunklen Goldton. Es gibt drei Acaenaarten mit kräftig blaugrünem Laub, zwischen denen man je nach Standort auswählen kann. Wo viel Platz ist, bildet das größte Stachelnüßchen, *Acaena ascendens,* eine quirlige Masse aus farnartigen Blättern, die über Steine fallen oder eine allzustrenge Begrenzung mildern können. Ein anderes, viel adretteres Stachelnüßchen, das als Mr. Bowles' Form bekannt ist, hat schwarze Stengel und kleinere Blätter. Bis jetzt habe ich seine botanische Bezeichnung noch nicht herausbekommen. Das kleinste Stachelnüßchen von allen, *A. buchananii,* ist eine teppichartige Pflanze, die im Vergleich zu den anderen Arten mehr am Boden haftet und deren Blätter eher seegrün gefärbt sind. Statt eines Stachelnüßchens kann man der Strauchveronika auch *Hertia cheirifolia* (syn. *Othonnopsis cheirifolia*) beigesellen. Sie wird selten höher als 22 – 30 cm, und ihre eng gepackten Bündel runder Blätter bilden einen dichten Teppich am Boden. Ich habe niemals entdecken können, wann die eigentliche Blütezeit dieser Pflanze ist. Jeden Monat bringt sie ein paar vereinzelte Blüten hervor, und noch im Dezember entdecke ich häufig ein paar fleischige gelbe »Gänseblümchen«.

*Hebe hectori,* die ebenfalls gold-bronzefarben ist, hat aufrechte, glänzende, drehrunde Zweige. Ein schönes Bild entsteht, wenn man die kriechende blaugrüne Wolfsmilch *Euphorbia myrsinites* davorsetzt, die sich vielleicht über einen flachen Stein rekelt und sich in der Sonne wärmt, wenn sie einmal hinter den Wolken hervorschaut.

In einem normalen Dezember bietet das blaugraue Laub von *Hebe cupressoides* einen schönen Anblick, und ihr Weihrauchduft scheint an einem frostigen Tag immer besonders intensiv zu sein. Ihre blasse Farbe paßt gut zu den samtigen Blättern des purpurfarbenen Salbeis *Salvia purpurascens.*

Ein winterblühendes Geißblatt ist manchmal etwas enttäuschend, da die wenigen Blüten von den üppig wuchernden Blättern ganz verdeckt werden. Ich bin immer wieder kurz davor, das Geißblatt *Lonicera fragrantissima,* das ich schon seit Jahren im Garten habe, hinauszuwerfen, habe diese Drohung aber niemals in die Tat umgesetzt. Es verdient einen wichtigen Platz im Garten und scheint am besten im Schatten zu gedeihen, wo es sich nicht so üppig belaubt. Eine weit bessere Pflanze ist *L.* × *purpusii,* eine Hybride zwischen *L. fragrantissima* und *L. standishii,* die nur halb immergrün ist. Anstatt mit einem Wald von Blättern konkurrieren zu müssen, erscheinen die duftenden, cremefarbenen Blüten dieser Pflanze an nackten Zweigen und sind deshalb viel wirkungsvoller.

Vielleicht ist es nicht ganz fair, die Seidelbaste als Dezembersträucher zu bezeichnen, obgleich sie häufig schon in diesem Monat ein paar Blüten zeigen. Die weiße Form des Seidelbasts *Daphne mezereum* blüht häufig im Dezember, erreicht aber erst in den Monaten Januar und Februar ihren Höhepunkt. Der immergrüne Seidelbast *Daphne odora* schmückt sich im Winter mit Blüten, und ihr intensiver Duft gehört zu meinen großen Dezemberfreuden. Obwohl meines Wissens der immergrüne Seidelbast *D. blagayana* nicht ganz so früh blühen soll, tut er es bei mir sehr häufig.

Der einzige Rhododendron, der im Dezember blüht, *Rhododendron mucronulatum,* wirft sein Laub ab und trägt kleine magenta-rosafarbene Blüten. Da er mahagonifarbene Zweige hat, ist er das ganze Jahr über eine reizvolle Pflanze.

Einige Sträucher sind wegen ihrer Früchte von großem Wert. Wenn die Zwergmispel *Cotoneaster* × *watereri* ›Exburiensis‹ sich Anfang Dezember locker und elegant mit gelblichen Früchten schmückt, bietet sie an einem Wintertag einen Anblick, den man nicht so schnell vergißt. Meines Erachtens sollte diese Zwergmispel frei stehen, damit ihre schöne Silhouette durch nichts beeinträchtigt wird und voll zur Geltung kommen kann. Der sommer- bis wintergrüne *Cotoneaster frigidus,* dessen Beeren hellrot sind, kann in milden Gebieten Baumgröße annehmen.

Die derb ledrigen, am Rande gewellten Blätter des Becherkätzchens *Garrya elliptica* sehen aus, als würden sie auch mit der größten Kälte fertig, sind tatsächlich aber ziemlich frostempfindlich, und wenn sie einmal schwarz und fleckig geworden sind, hat der Strauch für die ganze Saison seine Schönheit verloren. Das Becherkätzchen scheint mir nicht so winterhart, wie wir gerne annehmen, und braucht einen geschützten Platz. Bei mir steht es an einer Nordmauer, wo es sich so lange wohl gefühlt hat, wie es noch klein war und den Schutz der Mauer genießen konnte. Seit es aber über die Mauer hinausgewachsen ist, wird es häufig von Frösten und kalten Winden arg gebeutelt. Wenn ich es bis auf die Höhe der Mauer zurückschneide, verliere ich alle meine Blütentriebe und muß an Weihnachten auf die entzückenden blaßgrünen, 30 cm langen Kätzchen verzichten.

Die cremefarben-grün gestreiften Blätter von *Iris foetidissima* ›Variegata‹ sind im Winter am schönsten. Einige der panaschierten Irisarten verschwinden nahezu, aber diese Iris wird vom November an immer schöner; ihre Blätter werden glatter und stellen sich leuchtend zur Schau. Ich ziehe sie gern vor einem dunklen Hintergrund oder umgebe sie nur mit niedrigen grünen Pflanzen wie dem Storchschnabel *Geranium macrorrhizum* oder sogar dem wertvollen kleinen Bodendecker für schattige Stellen, *Symphytum grandiflorum,* der im November seine rahmgelben Blätter mit orangefarbenen Spitzen über dunklen, behaarten Blättern hervorbringt. Die Iris, die in der Sonne oder im Schatten wächst, vermehrt sich reichlich und gedeiht nach meiner Erfahrung eingekeilt zwischen Steinen besonders gut.

Auch die panaschierte Form des Immergrüns *Vinca major* bereichert auf fast ebenso eindrucksvolle Weise das winterliche Gartenbild. Die beste Form, *V. major* ›Elegantissima‹, hat große Blätter, die so aussehen, als seien sie kräftig mit Farbe in einem Cremeton bespritzt worden. Das Immergrün läßt sich auf verschiedene Arten verwenden. Man kann es als leuchtenden Akzent zwischen Sträucher setzen und es als hübschen kleinen Busch ziehen, wenn man seine langen Triebe immer kurz hält. Man kann es aber auch an den Rand einer Mauer pflanzen, so daß es seine Triebe über sie herabhängen lassen kann. Und schließlich paßt es auch an den Rand eines Beetes voller Lampionblumen *(Physalis franchetii),* von denen einige noch bis Weihnachten ihre orangefarbenen Laternen tragen.

Auch panaschierte Efeuarten tun das Ihre, so etwa *Hedera colchica* ›Dentata Variegata‹ mit großen, goldfarben panaschierten Blättern, *H. canariensis* ›Souvenir de Marengo‹ an schattigen Mauern oder am Boden unter Sträuchern, ferner die kleineren Efeusorten *H. helix* ›Harold‹, ›Tricolor‹ oder ›Marmorata Minor‹, die über eine schattige Böschung kriechen.

Die warmen Farbtöne der *Magnolia grandiflora* ›Exmouth‹ tragen mit ihrer Schönheit zu einem Wintertag bei. Wird diese Form an einem offenen Standort gezogen, so kommen ihre glänzenden grünen Blätter mit zigarrenbraunen Unterseiten besonders gut zur Geltung. Nach dem Einpflanzen soll sie schneller blühen als die gewöhnliche *M. grandiflora,* aber meine Pflanze, die ich vor ungefähr sechs Jahren erworben habe, hat sich bis heute noch nicht zum Blühen entschließen können. Die Zweige der Weiden, die die Böschungen des Grabens befestigen, sind im Winter rotbraun. Die Traubenspiere *Neillia longiracemosa* hat warme Winterzweige, und der Geißbart *Aruncus sylvester* und der Felberich *Lysimachia clethroides* erfreuen im Winter mit leuchtendbraunen Stengeln.

Die weißen Zweige des *Rubus cockburnianus* (syn. *R. giraldianus*) haben einen pudrigen Überzug, und seine Blätter sind mit einem weißen Filz bedeckt. Mit der Zeit erreicht er eine Höhe von drei Meter, während der kleine *Rubus thibetanus* mit seinen elegant gebogenen, gleichfalls bläulich bereiften Zweigen nicht höher als 1,50 m wird. Seine seidig behaarten Blätter haben graufilzige Unterseiten. Meine *Perovskia atriplicifolia* schneide ich immer erst im Frühjahr ab, da ihre langen weißen Stengel zusammen mit all den anderen Skeletten den ganzen Winter über schön aussehen. Es ist gut, daß wir die Pflanzen in unseren Gärten nicht mehr so drastisch zurückschneiden, wie wir es früher gewohnt waren. Nicht nur ästhetische Erwägungen, sondern wohl auch der Mangel an Hilfskräften hat zu diesem Wandel geführt. Wahrscheinlich hat es damit begonnen, daß wir vor Winterbeginn nicht mehr alle Stauden zurückschneiden konnten und plötzlich gewahr wurden, wie schön ein unaufgeräumter Garten aussehen kann. Die Stengel der Herbstastern sehen ganz anders aus, wenn sie mit Rauhreif überzogen sind, und statt nackter, flacher Beete haben wir wunderbare Farben und die Formen der Skelette, die sich vor dem Winterhimmel abzeichnen.

Irgendwie hat die Karde *Dipsacus fullonum* (syn. *D. sylvestris*) Eingang in meinen Garten gefunden, und obgleich sie ihre Samen gern übereifrig ausstreut, bin ich manchmal froh über ihre Gesellschaft. Die schönen, zart malvenfarbenen Blüten haben die seltsame Angewohnheit, sich bandartig zuerst rings um den untersten Teil des Kopfes zu öffnen. Im Winter aber sind die Pflanzen am spektakulärsten, wenn sie sich mit weiß gewordenen Stengeln und faszinierenden stachligen Köpfen zeigen. Sie überstehen jeden Winter unbeschädigt und scheinen von unzerstörbarer Natur zu sein, und wollte man darauf warten, daß sie verrotten, so brauchte man endlose Geduld.

Bäume mit gewundenen und gedrehten Zweigen mag ich am liebsten im Winter, wenn sie unbelaubt sind und feine Muster an den Winterhimmel zeichnen. Im Sommer, wenn die Korkenzieherhasel voll belaubt ist, wirkt sie ziemlich häßlich, da sie nicht die schlanke Eleganz der Korkenzieherweide *Salix matsudana* ›Tortuosa‹ besitzt. Im Winter üben ihre gedrehten braunen Zweige aber eine seltsame Faszination aus, vor allem, wenn sie mit Kätzchen behangen sind.

Die gebleichten Blätter einiger Gräser sind im Winter geradezu spektakulär. Sogar das unordentliche Rohrglanzgras *Phalaris arundinacea* ›Picta‹ bekommt einen warmen Elfenbeinton und trägt zur Schönheit des Gartens bei. Es spielt keine Rolle, welche Miscanthusform wir ziehen – ob grün, panaschiert oder gestreift wie ein Zebra, sie alle werden im Winter papieren weiß und bilden elegante Silhouetten. Einige Arten bringen im Spätherbst Blütenbüschel hervor, die über den Blättern aufragen.

Der Dezember ist vielleicht nicht der beste Monat im Garten, aber es gibt doch Blumen und Sträucher, die auch ihn reizvoll machen, wenn wir nur richtig hinschauen. Kleine winterharte Alpenveilchen öffnen sich jeden Tag, es blühen Veilchen und Primeln, und Bäume und Sträucher warten mit farbigen Blättern und Zweigen auf. Meine silbernen Birken liebe ich im Winter am meisten, und es empfiehlt sich auch, *Prunus serrula* zu ziehen, deren ältere Zweige eine spiegelglatte, glänzende, mahagonibraune Rinde ziert. Auch der schöne graugrüne Stamm des Sumachs *Rhus potaninii* trägt auf zurückhaltende Art zum Charme dieses wohlgestalteten kleinen Baumes bei. Halten wir also die Augen offen – es gibt so viel Schönes, auch im Dezembergarten.

# REGISTER

Rasselblume s. Catananche
Raute s. Ruta
Reifrocknarzisse s. *Narcissus bulbo-codium*
*Reineckea carnea* 79
Rhabarber s. Rheum
*Rhazya orientalis* 105
*Rheum palmatum* 152
*Rhododendron arborea* 28
– *dauricum* 28
– *eclecteum* 28
– *mucronulatum* 254
– *parviflorum* 28
– *repens* 35
*Rhus cotinoides* 220
– *cotinus* 220
– *potaninii* 218, 258
– *typhina* 219
– – ›Laciniata‹ 219
*Ribes laurifolium* 40 f.
Rittersporn s. Delphinium
Rohrglanzgras s. *Phalaris arundi-nacea*
*Rosa* ›Albertine‹ 100
– *chinensis* 100 f., 239
– – ›Viridiflora‹ 101, 235
– *complicata* 148
– ›Dr. W. van Fleet‹ 234 f.
– ›Felicia‹ 235
– ›Guinée‹ 116, 235
– ›Independence‹ 168, 239
– ›Ingrid Stènzig‹ 158
– ›Madame Abel Chatenay‹ 234
– ›Masquerade‹ 235
– ›Mermaid‹ 234
– *mutabilis* 101
– ›New Dawn‹ 152
– ›Paul's Scarlet‹ 114
– ›Penelope‹ 235
– ›Radium‹ 173
– ›Rosemary Rose‹ 116, 168
– *rugosa* ›Frau Dagmar Hastrup‹ 117

*Rosa rugosa* ›Roseraie de l'Hay‹ 117
– ›Zéphirine Drouhin‹ 234
Rosmarinseidelbast s. *Daphne cneorum*
*Rubus cockburnianus* (syn. *R. giral-dianus*) 256
– *thibetanus* 256
*Ruta graveolens* ›Jackman's Blue‹ 41

Säckelblume s. Ceanothus
Salbei s. Salvia
*Salix britzensis* 251
– *matsudana* ›Tortuosa‹ 42, 257
– *vitellina* ›Pendula‹ 251
Salomonssiegel s. Polygonatum
*Salvia ambigens* 227
– *bethelli* 227
– *candelabrum* 227 f.
– *grahamii* 227
– *leucothae* 227
– *neurepia* 227
– *patens* 191
– *purpurascens* 253
– *verticillata* 157
*Sanguinaria canadensis* 79
*Santolina chamaecyparissus* (syn. *S. incana*) 42, 136
– ›Lemon Queen‹ 137
– *pinnata* 137
– *rosmarinifolia* (syn. *S. neapoli-tana*) 136 f.
– *sulphurea* 137
– *viridis* 137
Sarcococca 26 f.
– *hookeriana digyna* 27
– *humilis* 27
– *ruscifolia* 27
*Satureia montana* ssp. *illyrica* 188
Sauerklee s. Oxalis
*Saxifraga cortusifolia* var. *fortunei* 229

## Naturnah und schön: pflegeleichtes Gärtnern

## Ich schuf Gärten in aller Welt

## Klassische Rosen

Blütenträume für jeden Garten

Von Peter Beales. 432 Seiten mit 537 farbigen Abbildungen, Karten und grafischen Illustrationen, umfassendem, farbig illustriertem Rosenlexikon mit mehr als 1000 Kurzbeschreibungen der zahlreichen Arten und Varietäten, Verzeichnis weltweit wichtiger Rosengärten, Bibliographie, Register, Leinen mit Schutzumschlag, Oktober 1992

## Die Welt der Rose

Von Christopher Baker und Allen Lacy. 240 Seiten mit 187 farbigen, teils doppelseitigen Abbildungen, Bibliographie, Register, Leinen mit Schutzumschlag

## Stauden

Ein Garten, der immer wieder blüht

Von Rob Proctor. 160 Seiten mit 163 farbigen Abbildungen, Register, Leinen mit Schutzumschlag

## Englische Gärten des 20. Jahrhunderts

Eine Einladung zum Besuch

Von Jürgen Strassel. 200 Seiten mit 86 farbigen Abbildungen, 14 Gartenplänen und Zeichnungen sowie einer Landkarte, Leinen mit Schutzumschlag

## Die schönsten italienischen Gärten

Eine Einladung zum Besuch

Von Judith Chatfield. 231 Seiten mit 106 farbigen und 109 einfarbigen Abbildungen. 3 Übersichtsplänen, einer Tabelle der weiteren historischen Gärten Italiens, Glossar, Literaturauswahl, Leinen mit Schutzumschlag

## Die Kunst der Gartengestaltung

Von Penelope Hobhouse. 216 Seiten mit 245 Farbfotos, Leinen mit Schutzumschlag

## DuMont's Geschichte der Gartenbaukunst

Von Germain Bazin. 264 Seiten mit 144 farbigen und 89 einfarbigen Abbildungen, Gartenplänen, Fachwörterverzeichnis, Bibliographie, Register, Leinen mit Schutzumschlag

## Der Garten als Wohnraum

Gartenmöbel, Zäune, Pavillons und viele andere Gestaltungsentwürfe für den Garten, aus Holz und Stein liebevoll gefertigt
Von Terence Conran. 160 Seiten mit 146 farbigen, zum Teil ganzseitigen Abbildungen und über 200 zum Teil farbigen Konstruktionszeichnungen, Anhang mit Informationen zu Baumaterialien und Werkzeugen, Erläuterungen der Arbeitstechniken, Register, Leinen mit Schutzumschlag

## Strauch-Päonien

Aristokraten der Blumenwelt
Von Josh Westrich. 120 Seiten mit 82, meist doppelseitigen farbigen Abbildungen, Bezugsquellennachweis, Leinen mit Schutzumschlag

## Beeren

Kultivierung – Festliche Dekorationen – Die schönsten Rezepte
Von Mary Forsell und Tony Cenicola. 256 Seiten mit 194 farbigen Abbildungen, Rezepten, Adressen deutscher Baumschulen und Gartencenter, Register, Leinen mit Schutzumschlag

## Kräuter

Gärten – Küche – Dekors
Von Emelie Tolley und Chris Mead. 232 Seiten mit mehr als 450 farbigen Abbildungen, Leinen mit Schutzumschlag

## Kräuter- und Blumendüfte im Haus

Vom Lavendel zum duftenden Rosenblatt
Von Barbara Milo Ohrbach. 142 Seiten mit 113 farbigen Abbildungen, Leinen mit Schutzumschlag

## Bewahrte Schönheit: Gepreßte Blumen und Blätter

Techniken und künstlerisches Gestalten
Von Penny Black. 120 Seiten mit zahlreichen farbigen und 34 einfarbigen Abbildungen, Leinen mit Schutzumschlag

## Duftende Potpourris

Alte und neue Anleitungen für das Trocknen, Mischen und Arrangieren von aromatischen Blumen und Kräutern
Von Penny Black. 128 Seiten durchgehend farbig illustriert mit Fotos von Geoff Dann, Verzeichnis der geschützten Pflanzen und der giftigen Beeren, Register, Leinen mit Schutzumschlag

# DuMont Taschenbücher